797,885 Books
are available to read at

www.ForgottenBooks.com

Forgotten Books' App
Available for mobile, tablet & eReader

ISBN 978-0-259-16437-1
PIBN 10686211

This book is a reproduction of an important historical work. Forgotten Books uses state-of-the-art technology to digitally reconstruct the work, preserving the original format whilst repairing imperfections present in the aged copy. In rare cases, an imperfection in the original, such as a blemish or missing page, may be replicated in our edition. We do, however, repair the vast majority of imperfections successfully; any imperfections that remain are intentionally left to preserve the state of such historical works.

Forgotten Books is a registered trademark of FB &c Ltd.
Copyright © 2017 FB &c Ltd.
FB &c Ltd, Dalton House, 60 Windsor Avenue, London, SW19 2RR.
Company number 08720141. Registered in England and Wales.

For support please visit www.forgottenbooks.com

1 MONTH OF FREE READING

at
www.ForgottenBooks.com

By purchasing this book you are eligible for one month membership to ForgottenBooks.com, giving you unlimited access to our entire collection of over 700,000 titles via our web site and mobile apps.

To claim your free month visit:
www.forgottenbooks.com/free686211

* Offer is valid for 45 days from date of purchase. Terms and conditions apply.

English
Français
Deutsche
Italiano
Español
Português

www.forgottenbooks.com

Mythology Photography **Fiction** Fishing Christianity **Art** Cooking Essays Buddhism Freemasonry Medicine **Biology** Music **Ancient Egypt** Evolution Carpentry Physics Dance Geology **Mathematics** Fitness Shakespeare **Folklore** Yoga Marketing **Confidence** Immortality Biographies Poetry **Psychology** Witchcraft Electronics Chemistry History **Law** Accounting **Philosophy** Anthropology Alchemy Drama Quantum Mechanics Atheism Sexual Health **Ancient History Entrepreneurship** Languages Sport Paleontology Needlework Islam **Metaphysics** Investment Archaeology Parenting Statistics Criminology **Motivational**

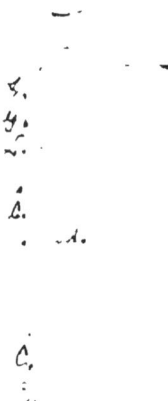

Q. HORATIUS FLACCUS.

LONDON: PRINTED BY
SPOTTISWOODE AND CO., NEW-STREET SQUARE
AND PARLIAMENT STREET.

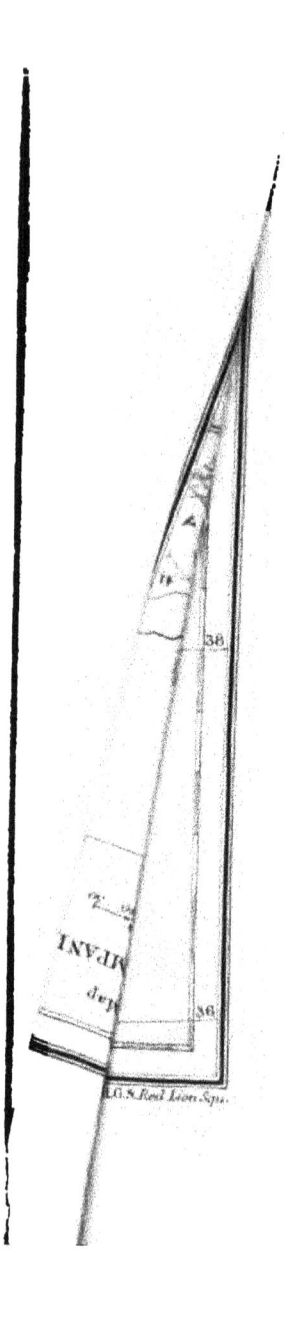

HORACE.

THE TEXT REVISED

BY

J. E. YONGE,

ASSISTANT MASTER,
ETON.

LONDON:
LONGMANS, GREEN, AND CO.
1868.

21325

INTRODUCTION.

THE favourable reception accorded to my recent octavo edition of Horace encourages the publication of this volume.

Allowance being made for some corrections, and greater accuracy, it reproduces in its main features the same text; and supplies, with additions, the same marginal apparatus. In purity of text and the novel feature of side-references, it thus claims a preference over existing editions.

The select list of various readings comprises all which have either intrinsic merit of their own or fair MS. authority, or which bear in any way upon moot points. They are taken from the selections of Orelli, and (as to the Odes) from the later and more minute list of Keller and Holder; also from a partial examination of the MS. in Queen's College, Oxford, and the Harleian Collection in the British Museum.

IN THE FIRST ODE I venture, following Stallbaum, to arrange the two first lines as prefatory to the rest, and the two last as the complements of the stanza. Taken in this order the quatrains end each with a suitable pause; the second (vv. 7–10) has its two antitheses, the third and fourth balance each other; the only stanza fairly broken is the penultimate one at v. 30.

I may make a remark here upon Bentley's reading at v. 6. *evehere*—certainly not one of his happy conjectures—that it is founded on a wrong interpretation: *Hunc* (v. 7) is undoubtedly governed by *juvat*; the intervening clauses (*metaque—palmaque —evehit*) are in parenthesis, and epexegetic, a particular description in terms subordinate to the general idea. The construction is of the kind illustrated in Hermann's Ed. of Sophocles' 'Antigone,' 533; and Lobeck on the 'Ajax,' p. 295.

C. 1. 13. 6. I read *manet*. Orelli's reading *manent* seems to involve positive error equally with his interpretation of Epod. 5. 87.

C. 1. 26. 10. *possunt* has indeed authority; but *prosunt* is well maintained by Orelli.

C. 2. 13. 16. I note Lachmann's conjecture *timetve* as highly probable.

C. 2. 13. 23. *discretas*. v. l. *descriptas* b. T. But K. reads *discriptas*, and rightly, I suspect. There is the same variety of readings in Cic. Inv. I. xxx. 49, and in Livy, xxxi. 34. In both places it is pretty clear that *discripte, discripta*, ought to be read. *Discribo* and its formations have evidently been confounded with *descr.* (see Long's note, Verr. v. 24). Cp. Cic. in Cat. III. iv. 8; pro Planc. xviii. 45; de Divin. I. xvii. 31. And this may have led to the substitution in some passages of *discretus*, where the idea of 'separation' or 'distinction' was required, which *descriptus* would not naturally express.

C. 3. 4. 10. I have not displaced the corrupt *Apuliæ*; Bentley's epithet *sedulæ* would be out of place; the only tolerable

INTRODUCTION.

correction ever proposed was *patriæ*, which might derive some support from Cic. Legg. II. ii. 5, but is not satisfactory. I have been led by the ductus litterarum to propose *limina villulæ*, as supplying the sense wanted, and confirmed by the Scholium '*extra casæ limen expositus.*' (See Preface to the 8vo Edition, pp. vi. vii.) An objection has been made to the word as a diminutive, which may be met by the instance of C. 2. 7. 10.

C. 3. 24. 4. I admit Lachmann's correction as certain.

ib. v. 24. *emori.* The reading here is certainly debateable. I have argued the point in my notes.

C. 3. 25. 12. *ut—libet!* I have little doubt as to this passage: I cannot assent to Orelli's construction.

C. 3. 29. 34. *alveo.* Orelli reads *æquore.*

C. 4. 4. 65. *evenit.* Orelli adopts a conjecture, *exiet.*

C. 4. 15. 15. *ortus.* Many MSS. have *ortum*, seemingly against Latin usage.

Epod. 8. 8. *quales.* I find no authority or parallel for this construction. The instances given by Lambinus are not to the purpose. The best MSS. have *qualis*, perhaps indicating *qualia.*

Epod. 9. 28. Lachm. ad Lucr. ii. 829 reads *mutabit.*

S. 1. 1. 88. Here I follow Orelli.

S. 1. 3. 7. I place Lachmann's conjecture among the v. l., but I think it probably right.

S. 1. 3. 70–72. I prefer Gesner's punctuation to Orelli's, but agree with the latter in taking *cum* as a preposition, justifying the order of words thus: In *vitiis bona* the juxtaposition is antithetical, evidently more so than *cum vitiis mea*; e contra, *cum vitiis bona c. mea* would preserve the contrast of words, but give an extravagant and unmeaning emphasis to *mea*.

S. 1. 6. 87. *at hoc.* There is the same uncertainty about this reading as about Epod. ix. 17.

S. 1. 6. 96. *honestos.* I should prefer the v. l. *honustos*, but that probably the two words may be synonymous.

S. 1. 9. 64. *prensare.* This is the reading of the old Montpelier MS. Orell. p. 919.

S. 2. 2. 2. *Ofella.* This is a conjectural correction of the MSS. reading *Ofellus*, proposed by Bentley, adopted by Orelli, on the grounds that Ofellus is a form probably due to copyists, 'quibus terminatio *a* in viro falsa videretur;' that it occurs nowhere else, though the gentile name Ofellius and the cognomen Ofella do occur; that, further, the true form is given in the St. Gallen MS. On the other hand, Ritter asserts that Orelli is mistaken, and that the MS. in question gives Ofellus; also he supposes the name to be Oscan, which is not unlikely in the case of a Venusian farmer. It might perhaps be questioned whether it is a personal name, though no doubt a real person is intended. The use of *Ofella* in Martial for simple frugal fare suggests that it may be a made-up and descriptive name; in such a case the form analogous to Roman usage would surely be adopted.

S. 2. 3. 119. *tinearum.* I note in v. l. the form approved by Wagner.

INTRODUCTION.

S. 2. 3. 119. *deducere.* There can be no doubt that this reading has been wrongly altered by copyists who did not understand its technical sense.

S. 2. 3. 322. The text here is uncertain. I retain the older reading.

S. 2. 4. 61. *immorsus.* The credit of this reading is due to Orelli.

E. 1. 6. 53. *Cuilibet.* I see no reason for rejecting this reading.

E. 1. 13. 14. *Pyrrhia.* Lachm. on Lucr. vi. 971 condemns this form.

E. 1. 17. 43. *sua*—so Bentley, Gesner, Buttmann, and Lachmann on Lucr. iv. 472, whose argument is conclusive if his canon is accepted, 'ne post vocabulum iambicum in vocalem desinens syllaba acuta ponatur nisi cum hiatu' (note on Lucr. iii. 954).

E. 2. 2. 16. *lædit.* This has the best MS. authority; *lædat* is less Horatian, though it may perhaps be right in a purely hypothetical sentence.

I admit the now recognised form *interemo* in S. 2. 3. 131; *neglego* and the like are in the MSS.; *derexit* is set among the v. l., not as authorised, but as probably correct.

In *Danubius, Virgilius*, the spelling is not altered; 'auctoritatem consuetudo superavit,' as Quintilian says, 1. 5. 64.

The form *st* for *est*, which the copyists have done their best to obliterate, must be admitted sometimes. The MSS. give it in a few places, they indicate it in many more; for I take it that those numerous instances, where *est* is inserted by some MSS.,

point them out accordingly. I should feel quite justified
admitting *sceleratust* in S. 2. 3. 221, but as the present readi[ng]
makes good sense, it may suffice to suggest the alteration at t[he]
foot of the page. For the four instances in which the form
adopted meo periculo (C. 1. 3. 37; 4. 3. 21; Ep. 15. 12; S. 2.
232), I refer to Lachmann's notes on Lucr. i. 993; iii. 954; a[nd]
Orelli on C. 1. 3. and S. 1. 9. 42.

The termination *is* for the accusative plural of i-nouns
perhaps too much insisted on in the editions of Bentley a[nd]
Obbar. It is a common form, but the exceptions imply a suf[fi]
cient freedom in the use of it; *ignis* and *ignes* were probab[ly]
interchanged as readily as *igni* and *igne*. See Munro's Intr[o]
duction to Lucretius, p. 27, and his citations from Varro.

It is to be observed that the form is not absolutely confined
the i-nouns, nor to the accusative case. See the same editor
Lucr. ii. 467; i. 808.

My conclusion is to admit the use wherever a good MS. h[as]
sanctioned it.

The MAP *to be placed opposite Title-page.*

CHRONOLOGICAL TABLE.

B.C.
- 65. Birth of Horace. Consulship of L. A. Cotta and L. M. Torquatus (Carm. III. xxi.; Epod. xiii. 8).—Ad Aufidum (Carm. III. xxx. 10; IV. ix. 2).
- 60. The first triumvirate (Carm. II. i. 1-4).—The Civil War and victories of Julius Cæsar (vv. 20-28).
- 59. Consulship of Julius Cæsar and M. Calp. Bibulus (Carm. III. xxviii. 8).
- 53. Defeat of Crassus (alluded to, Carm. III. vi. 9).
- 46. Death of Cato Uticensis (Carm. I. xii. 35).
- 43. (? 42.) Brutus in Asia as prætor (Sat. I. vii. 18).
- 42. Philippi (Carm. II. vii. 9; III. iv. 26; Ep. II. ii. 49).—Consule Planco (Carm. III. xiv. 28).
- 41. Horace's introduction to Mæcenas (Sat. I. vi. 55; II. vi. 40).
- 40. War with the Parthians, and defeat of Antony's troops under D. Saxa (Carm. III. vi. 9).—Herod is mentioned, Ep. II. ii. 184: he received his kingdom in this year.
- 39. A. Pollio's successes in Illyria (Carm. II. i.)
- 37. The journey to Brundisium (Sat. I. v.)
- 36. Defeat off Naulochus, crushing Sextus Pompeius (Epod. ix. 7).
- 31. Actium (Ep. I. xviii. 61).—Wars on the Dacian Frontier (Carm. III. vi. 14. Sat. II. vi. 53).
- 30. Death of Antony and Cleopatra (Carm. I. xxxvii.; IV. xiv. 35).
- 29. Temple of Janus shut (Carm. IV. xv. 9).
- 27. The name of Augustus conferred (Carm. II. ix. 19. The name does not occur in the Satires, Epodes, or 1st Book of Odes). Augustus in Spain: meditates an expedition to Britain (Carm. I. xxxv. 29).
- 25. Horace marks his 40th year, Carm. II. iv. 23.—Dacian conquests (Carm. III. viii. 18).
- 24. Æl. Gallus' march in Arabia (Carm. I. xxix. and xxxv. 31).—The conquest of N. Spain (Carm. III. viii. 22).—Augustus returns to Italy (Carm. III. xiv.).—Death of Q. Varus, of Cremona (Carm. I. xxiv.)

CHRONOLOGICAL TABLE.

B.C.
23. Augustus, at the point of death, cured by A. Musa; of whom Ep. I. xv. 3.
22. Conspiracy and death of Murena (of whom, Carm. II. x. His brother Proculeius mentioned, Carm. II. ii. 5).
21. Horace 44 (Epod. I. 20, 28).–Coss. Æm. Lepidus, M. Lollius.
20. Tiberius in the East. Pacification of Armenia and Parthia. The standards recovered. (Ep. I. xii. 27; I. xviii. 56; Carm. II. ii. 17; II. ix. 20.)
19. *Final* conquest of the Cantabri (Ep. I. xii. 26).—Death of Virgil (of whom, Carm. I. iii.); of Tibullus (to whom, Carm. I. xxxiii. Ep. I. iv.)
17. The Carmen Sæculare.
16. Lollius legate in Gaul; his defeat ('Lolliana clades' of Tac. Ann. i. 10), perhaps alluded to Carm. IV. xiv. 51; and ii. 34.
15. Conquests of Drusus and Tiberius over the Northern and Alpine tribes (Carm. IV. iv. and xiv. : 15 years after the submission of Alexandria, Ib. xiv. 37).
13. Augustus returns from the frontier in Gaul (Carm. IV. ii. 43).
8. (In Nov.) Death of Horace, aged 57, and Mæcenas. C. M. Censorinus Cos., to whom Carm. IV. viii.

ABBREVIATIONS.

C.	Carmina.
C. S.	Carmen Sæculare.
S.	Satiræ.
E.	Epistolæ.
Ep.	Epodi.
Bent.	Bentley.
O.	Orelli.
K.	Keller (generally quoted as representing the Paris MSS.)
Bl.	Codex MS. Blandinius.
B. b. S. T. c.	Orelli's MSS.
κ.	MS. in Queen's Coll. Oxford.
Hl. A. B., &c.	The Harleian MSS.

The Marginal References, when they illustrate the general sentiment, are noted by the number of the line; when a word, by the first letters.

Q. HORATI FLACCI CARMINA.

LIBER PRIMUS.

I.

Mæcenas atavis edite regibus,
O et præsidium et dulce decus meum,
Sunt quos curriculo pulverem Olympicum   *pulv.* E. 1. 1. 50.
Collegisse juvat, metaque fervidis   S. 1. 4. 31.
5   Evitata rotis, palmaque nobilis   *Oly.* C. 4. 2. 17.
Terrarum dominos evehit ad Deos;
Hunc, si mobilium turba Quiritium   *mob.* E. 1. 19. 17.
Certat tergeminis tollere honoribus;   8. S. 1. 6. 11.
Illum, si proprio condidit horreo
10   Quidquid de Libycis verritur areis.
Gaudentem patrios findere sarculo
Agros, Attalicis condicionibus
Numquam dimoveas, ut trabe Cypria   *Cyp.* C. 3. 29. 60.
Myrtoum pavidus nauta secet mare.
15   Luctantem Icariis fluctibus Africum   *Ic.* C. 3. 7. 21.
Mercator metuens, otium et oppidi
Laudat rura sui; mox reficit rates
Quassas, indocilis pauperiem pati.   18. E. 1. 1. 46.

13. demoveas.

B

2   Q. HORATI FLACCI

Mas. C. 2. 7. 21.
S. 2. 4. 51.
C. 3. 21. 5.
20. E. 1. 14. 34.
21. Ep. 2. 23.

lit. C. 2. 1. 18.

m. d. Ep. 16. 8.

Est qui nec veteris pocula Massici,
Nec partem solido demere de die   20
Spernit, nunc viridi membra sub arbuto
Stratus, nunc ad aquae lene caput sacrae.
Multos castra juvant, et lituo tubae
Permixtus sonitus, bellaque matribus
Detestata. Manet sub Jove frigido   25
Venator, tenerae conjugis immemor,
Seu visa est catulis cerva fidelibus,
Seu rupit teretes Marsus aper plagas.

hed. E. 1. 3. 25.

nem. E. 2. 2. 77.
30. E. 1. 19. 4.
C. 2. 19. 3.

Me doctarum hederae praemia frontium
Dis miscent superis: me gelidum nemus   30
Nympharumque leves cum Satyris chori
Secernunt populo, si neque tibias
Euterpe cohibet, nec Polyhymnia
Lesboum refugit tendere barbiton.

35. C. 4. 3. 15.

Quod si me lyricis vatibus inseres,   35
Sublimi feriam sidera vertice.

II.

Jam satis terris nivis atque dirae
Grandinis misit Pater, et rubente
Dextera sacras jaculatus arces,

urb. C. 1. 35. 10.

        Terruit urbem;

Terruit gentis grave ne rediret   5
Saeculum Pyrrhae, nova monstra questae,

Prot. E. 1. 1. 90.

Omne quum Proteus pecus egit altos
        Visere montis,

27. ? visast.   35. inseria.   5. gentes.   8. montes.

CARMINUM LIB. I. ii.

      Piscium et summa genus hæsit úlmo,
10   Nota quæ sedes fuerat columbis,
      Et superjecto pavidæ natarunt
          Æquore dammæ.

      Vidimus flavum Tiberim, retortis   *flav.* C. 1. 8. 8.
      Litore Etrusco violenter undis,
15   Ire dejectum monumenta Regis
          Templaque Vestæ.   16. C. 3. 5. 11.

      Iliæ dum se nimium querenti   *Ili.* C. 4. 8. 22.
      Jactat ultorem, vagus et sinistra
      Labitur ripa, Jove non probante, u-
20   xorius amnis.

      Audiet civis acuisse ferrum,
      Quo graves Persæ melius perirent;   22. C. 3. 5. 4.
      Audiet pugnas, vitio parentum
          Rara, juventus.

25   Quem vocet Divom populus ruentis   *ru.* Ep. 16. 2.
      Imperi rebus? prece qua fatigent   *reb.* C. 4. 6. 23.
      Virgines sanctæ minus audientem
          Carmina Vestam?

      Cui dabit partis scelus expiandi   29. C. 2. 1. 5.
30   Juppiter? Tandem venias, precamur,
      Nube candentis umeros amictus,
          Augur Apollo;   32. C. S. 61.

      Sive tu mavis, Erycina ridens,
      Quam Jocus circum volat et Cupido;   34. C. 1. 30. 5.

   10. palumbis.   12. damæ.   13. flavom.   21. cives.
   25. Divum.   29. partes.   31. candentes, humeros.

Q. HORATI FLACCI

Sive neglectum genus et nepotes   35
Respicis, auctor,

lud. C. 1. 28, 17.   Heu! nimis longo satiate ludo,
Quem juvat clamor galeaeque leves,
Acer et Mauri peditis cruentum
Voltus in hostem;   40

juv. S. 2. 5. 62.   Sive mutata juvenem figura
Ales in terris imitaris, almae
Filius Maiae, patiens vocari
Caesaris ultor:

Serus in caelum redeas, diuque   45
Laetus intersis populo Quirini,
Neve te, nostris vitiis iniquum,
Ocior aura

Tollat: hic magnos potius triumphos,
50. C. 1. 21. 14;   Hic ames dici Pater atque Princeps,   50
4. 14. 6.
E. 2. 1. 256.
equ. C. 2. 9. 24.   Neu sinas Medos equitare inultos,
Te duce, Caesar.

III.

1. C. 1. 30. 1;   Sic te Diva potens Cypri,
3. 26. 9.
2. C. 4. 8. 31;   Sic fratres Helenae, lucida sidera,
1. 12. 27.   Ventorumque regat pater,
Iap. C. 3. 27. 20.   Obstrictis aliis praeter Iapyga,
cred. C. 1. 24. 11.   Navis, quae tibi creditum   5
Debes Virgilium finibus Atticis?
8. C. 2. 17. 5.   Reddas incolumem, precor,

35. neclectum, B.   40. vultus.   6. Vergilium, κ.

CARMINUM LIB. I. iii.

    Et serves animæ dimidium meæ.
  Illi robur et æs triplex
10   Circa pectus erat, qui fragilem truci
Commisit pelago ratem
    Primus, nec timuit præcipitem Africum   12. C. 1. 1. 15;
Decertantem Aquilonibus,   14. 5.
                                                            3. 29. 57.
    Nec tristes Hyadas, nec rabiem Noti,   dec. C. 1. 9. 11.
15 Quo non arbiter Hadriæ   15. C. 3. 3. 5.
    Major, tollere seu ponere vult freta:
Quem Mortis timuit gradum,
    Qui siccis oculis monstra natantia,
Qui vidit mare turgidum et
20   Infames scopulos Acroceraunia?
Nequiquam Deus abscidit
    Prudens Oceano dissociabili   prud. C. 3. 29. 29.
Terras, si tamen impiæ
    Non tangenda rates transiliunt vada,
25 Audax omnia perpeti
    Gens humana ruit per vetitum nefas.
Audax Iapeti genus   27. C. 2. 18. 35.
    Ignem fraude mala gentibus intulit: Ep. 17. 67.
Post ignem ætheria domo
30   Subductum, Macies et nova Febrium
Terris incubuit cohors,
    Semotique prius tarda necessitas
Leti corripuit gradum.
    Expertus vacuum Dædalus aëra
35 Pennis non homini datis;
    Perrupit Acheronta Herculeus labor.

    18. rectis, *Bent.*   19. turbidum.   35. pinnis, K..

Nil mortalibus arduist;
   Cælum ipsum petimus stultitia, neque
Per nostrum patimur scelus
   Iracunda Jovem ponere fulmina.   40

IV.

1. C. 4. 7. 1.
   4. 12. 1.
	Solvitur acris hiemps grata vice veris et Favoni,
	   Trahuntque siccas machinæ carinas.
	Ac neque jam stabulis gaudet pecus, aut arator igni;
	   Nec prata canis albicant pruinis.
	Jam Cytherea choros ducit Venus, imminente Luna, 5

6. C. 2. 8. 14.	Junctæque Nymphis Gratiæ decentes

7. C. 3. 18. 16.	Alterno terram quatiunt pede, dum graves Cyclopum
	   Volcanus ardens urit officinas.
	Nunc decet aut viridi nitidum caput impedire myrto,
	   Aut flore, terræ quem ferunt solutæ. 10
	Nunc et in umbrosis Fauno decet immolare lucis,
	   Seu poscat agna, sive malit hædo.

13. C. 2. 3. 21.
   2. 14. 11.
   2. 18. 32.
	Pallida Mors æquo pulsat pede pauperum tabernas
	   Regumque turris. O beate Sesti,
	Vitæ summa brevis spem nos vetat inchoare longam.

nox, C. 1. 28. 15.	Jam te premet nox, fabulæque Manes, 16 Et domus exilis Plutonia: quo simul mearis,
tal. S. 2. 7. 17.	Nec regna vini sortiere talis, Nec tenerum Lycidan mirabere, quo calet juventus Nunc omnis, et mox virgines tepebunt. 20

    37. ardui, arduum, est.   1. hiems.   8. Vulcanus; visit.
                14. turres.

V.

Quis multa gracilis te puer in rosa
Perfusus liquidis urget odoribus
   Grato, Pyrrha, sub antro?
     Cui flavam religas comam   *rel.* C. 2. 11. 24.
                                                            4. 11. 5.
5 Simplex munditiis? Heu! quotiens fidem
Mutatosque Deos flebit, et aspera   6. Ep. 15. 23.
   Nigris aequora ventis
     Emirabitur insolens.

   Qui nunc te fruitur credulus aurea;   *cred.* C. 4. 1. 30.
10 Qui semper vacuam, semper amabilem
   Sperat, nescius aurae
     Fallacis. Miseri, quibus

Intemptata nites! Me tabula sacer
Votiva paries indicat uvida   14. C. 3. 26. 4.
15   Suspendisse potenti   *pot. mar.* C.1.3.1.
     Vestimenta maris Deo.   1. 6. 10.

VI.

Scriberis Vario fortis et hostium
Victor Maeonii carminis alite,   *al.* C. 2. 20. 2.
Quam rem cumque ferox navibus aut equis
   Miles, te duce, gesserit.

5 Nos, Agrippa, neque haec dicere, nec gravem   *Agr.* E. 1. 12. 26.
Pelidae stomachum cedere nescii,   S. 2. 3. 185.
                                                               E. 1. 6. 26.
                                                               6. Ep. 17. 14.
       2. urguet.   13. intentata.   A.P. 121.
                                                                       stom. C. 1. 16. 16.

Q. HORATI FLACCI

  Nec cursus duplicis per mare Ulixei,
   Nec saevam Pelopis domum

9. C. 3. 3. 69.
4. 15. 1.
E. 2. 1. 257.

  Conamur, tenues grandia: dum pudor
  Imbellisque lyrae Musa potens vetat   10
  Laudes egregii Caesaris, et tuas
   Culpa deterere ingeni.

ad. C. 3. 24. 5.
pul. C. 2. 1. 22.

  Quis Martem tunica tectum adamantina
   Digne scripserit? aut pulvere Troïco
  Nigrum Merionen? aut ope Palladis   15

16. C. 1. 15. 26.

   Tydiden Superis parem?

  Nos convivia, nos proelia virginum
   Sectis in juvenes unguibus acrium

ur. C. 1. 13. 9.
19. 5.

  Cantamus, vacui. sive quid urimur,
   Non praeter solitum leves.   20

VII.

Laudabunt alii claram Rhodon, aut Mytilenen;
 Aut Epheson, bimarisve Corinthi
Moenia, vel Baccho Thebas, vel Apolline Delphos

4. C. 3. 1. 24.

 Insignis, aut Thessala Tempe.
Sunt quibus unum opus est, intactae Palladis urbem 5
 Carmine perpetuo celebrare, et

fron. C. 1. 1. 29.

Undique decerptam fronti praeponere olivam.
 Plurimus, in Junonis honorem,
Aptum dicet equis Argos, ditesque Mycenas.
 Me nec tam patiens Lacedaemon,   10
Nec tam Larissae percussit campus opimae,
 Quam domus Albuneae resonantis,

  4. Insignes.   5. arces, *v.* arcem.   9. dicit.

CARMINUM LIB. I. viii. 9

    Et præceps Anio, ac Tiburni lucus et uda   *Tib.* C. 1. 18. 2.
        Mobilibus pomaria rivis.   2. 6. 5.
15 Albus ut obscuro deterget nubila cœlo   *pom.* S. 2. 4. 70.
        Sæpe Notus, neque parturit imbres   *Alb.* C. 3. 27. 19.
    Perpetuo : sic tu sapiens finire memento   *17.* C. 1. 11. 6.
        Tristitiam vitæque labores   Ep. 13. 17.
    Molli, Plance, mero, seu te fulgentia signis   *moll.* C. 3. 29. 2.
20   Castra tenent, seu densa tenebit
    Tiburis umbra tui.   Teucer Salamina patremque   *Teuc.* C. 1. 15. 24.
        Quum fugeret, tamen uda Lyæo   *uda,* C. 2. 19. 18.
    Tempora populea fertur vinxisse corona,   4. 5. 39.
        Sic tristis affatus amicos :
25 Quo nos cumque feret melior Fortuna parente,
        Ibimus, o socii comitesque.
    Nil desperandum Teucro duce et auspice Teucro ;   *aus.* C. 3. 27. 8.
        Certus enim promisit Apollo
    Ambiguam tellure nova Salamina futuram.
30   O fortes, pejoraque passi
    Mecum sæpe viri, nunc vino pellite curas ;
        Cras ingens iterabimus æquor.

VIII.

    LYDIA, dic, per omnis
        Te deos oro, Sybarin cur properes amando
    Perdere ? cur apricum   *ap.* A.P. 162.
        Oderit Campum, patiens pulveris atque solis ?
5   Cur neque militaris
        Inter æquales equitat, Gallica nec lupatis

   15. detergit, K.   17. perpetuos.   24. tristes.   1. omnes.
   2. Hoc deos, K.   properas.   VIII. 6. equitet ; temperet, B.

Q. HORATI FLACCI

  Temperat ora frenis?
flav. C. 1. 2. 13.   Cur timet flavum Tiberim tangere? cur olivum
  Sanguine viperino
   Cautius vitat, neque jam livida gestat armis   10
11. S. 2. 2. 13. Bracchia, saepe disco,
  Saepe trans finem jaculo nobilis expedito?
  Quid latet, ut marinae
lacr. C. 1. 21. 13. Filium dicunt Thetidis sub lacrimosa Trojae
14. C. 4. 6. 6.
 Ep. 13. 12. Funera, ne virilis   15
  Cultus in caedem et Lycias proriperet catervas?

IX.

  Vides, ut alta stet nive candidum
  Soracte, nec jam sustineant onus
lab. C. 2. 9. 7.   Silvae laborantes, geluque
   Flumina constiterint acuto?

5. C. 3. 17. 13.   Dissolve frigus, ligna super foco   5
  Large reponens: atque benignius
dep. C. 1. 36. 11.   Deprome quadrimum Sabina,
 Ep. 2. 47.   O Thaliarche, merum diota.

  Permitte Divis cetera, qui simul
  Stravere ventos aequore fervido   10
   Depraeliantes, nec cupressi
   Nec veteres agitantur orni.

13. C. 3. 29. 29. Quid sit futurum cras, fuge quaerere, et
 E. 1. 4. 14. Quem Fors dierum cumque dabit, lucro

CARMINUM LIB. I. x.

15 Appone, nec dulces amores
   Sperne, puer, neque tu choreas,

  Donec virenti canities abest   *vir.* Ep. 13. 4.
  Morosa. Nunc et Campus et areæ,   C. 4. 13. 6.
  Lenesque sub noctem susurri
20   Composita repetantur hora:

  Nunc et latentis proditor intimo
  Gratus puellæ risus ab angulo,
   Pignusque dereptum lacertis
   Aut digito male pertinaci.

X.

  Mercuri, facunde nepos Atlantis,   1. S. 2. 6. 5.
  Qui feros cultus hominum recentum   2. S. 1. 3. 99.
  Voce formasti catus, et decoræ   *cat.* C. 3. 12. 13.
   More palæstræ,   E. 2. 2. 39.

5 Te canam, magni Jovis et deorum
  Nuntium, curvæque lyræ parentem;
   Callidum, quidquid placuit, jocoso
   Condere furto.

  Te, boves olim nisi reddidisses
10 Per dolum amotas, puerum minaci
   Voce dum terret, viduus pharetra
   Risit Apollo.

  Quin et Atridas, duce te, superbos,
  Ilio dives Priamus relicto   14. Ep. 17. 15.
15 Thessalosque ignes et iniqua Trojæ   *Thes.* C. 2. 4. 10.
   Castra fefellit.

Temperat ora frenis?
 Cur timet flavum Tiberim tangere? cur olivum
Sanguine viperino
 Cautius vitat, neque jam livida gestat armis 10
Bracchia, sæpe disco,
 Sæpe trans finem jaculo nobilis expedito?
Quid latet, ut marinæ
 Filium dicunt Thetidis sub lacrimosa Trojæ
Funera, ne virilis 15
 Cultus in cædem et Lycias proriperet catervas?

flav. C. 1. 2. 13.
11. S. 2. 2. 13.
lacr. C. 1. 21. 13.
14. C. 4. 6. 6.
 Ep. 13. 12.

IX.

Vides, ut alta stet nive candidum
 Soracte, nec jam sustineant onus
  Silvæ laborantes, geluque
   Flumina constiterint acuto?

Dissolve frigus, ligna super foco 5
 Large reponens: atque benignius
  Deprome quadrimum Sabina,
   O Thaliarche, merum diota.

Permitte Divis cetera, qui simul
 Stravere ventos æquore fervido 10
  Deprœliantes, nec cupressi
   Nec veteres agitantur orni.

Quid sit futurum cras, fuge quærere, et
Quem Fors dierum cumque dabit, lucro

lab. C. 2. 9. 7.
5. C. 3. 17. 13.
dep. C. 1. 36. 11.
 Ep. 2. 47.
13. C. 3. 29. 29.
 E. 1. 4. 14.

15   Appone, nec dulces amores
         Sperne, puer, neque tu choreas,

      Donec virenti canities abest   *vir.* Ep. 13. 4.
      Morosa. Nunc et Campus et areæ,   C. 4. 13. 6.
      Lenesque sub noctem susurri
20   Composita repetantur hora:

      Nunc et latentis proditor intimo
      Gratus puellæ risus ab angulo,
      Pignusque dereptum lacertis
         Aut digito male pertinaci.

X.

      MERCURI, facunde nepos Atlantis,   1. S. 2. 6. 5.
      Qui feros cultus hominum recentum   2. S. 1. 3. 99.
      Voce formasti catus, et decoræ   *cat.* C. 3. 12. 13.
         More palæstræ,   E. 2. 2. 39.

5   Te canam, magni Jovis et deorum
      Nuntium, curvæque lyræ parentem;
      Callidum, quidquid placuit, jocoso
         Condere furto.

      Te, boves olim nisi reddidisses
10   Per dolum amotas, puerum minaci
      Voce dum terret, viduus pharetra
         Risit Apollo.

      Quin et Atridas, duce te, superbos,
      Ilio dives Priamus relicto   14. Ep. 17. 15.
15   Thessalosque ignes et iniqua Trojæ   *Thes.* C. 2. 4. 10.
         Castra fefellit.

Q. HORATI FLACCI

7. C. 1. 24. 16.

Tu pias lætis animas reponis
Sedibus, virgaque levem coërces
Aurea turbam, superis deorum
    Gratus et imis.   20

XI.

. C. 1. 9. 13.
cf. C. 4. 4. 22.

Tu ne quæsieris, scire nefas, quem mihi, quem tibi
Finem di dederint, Leuconoë; nec Babylonios
Temptaris numeros. Ut melius, quidquid erit, pati!
Seu plures hiemes, seu tribuit Jupiter ultimam,
Quæ nunc oppositis debilitat pumicibus mare   5

p. C. 1. 7. 17.
. C. 1. 4. 15.
2. 11. 11.
. E. 1. 4. 13.
C. 3. 8. 27.

Tyrrhenum, sapias, vina liques, et spatio brevi
Spem longam reseces. Dum loquimur, fugerit invida
Ætas. Carpe diem, quam minimum credula postero.

XII.

Quem virum aut heroa lyra vel acri
Tibia sumis celebrare, Clio?
Quem deum? Cujus recinet jocosa

m. C. 1. 20. 8.

    Nomen imago,

Aut in umbrosis Heliconis oris,   5
Aut super Pindo, gelidove in Hæmo?
Unde vocalem temere insecutæ

. C. 1. 24. 13.
A. P. 391.

    Orphea silvæ,

Arte materna rapidos morantem
Fluminum lapsus celerisque ventos,   10
Blandum et auritas fidibus canoris
    Ducere quercus.

    XI. 3. tentaris.   XII. 2. sumes.   10. celeresque.

CARMINUM LIB. I. xii. 13

  Quid prius dicam solitis Parentis
   Laudibus? qui res hominum ac deorum,   14. C. 3. 4. 45.
15 Qui mare ac terras, variisque mundum
    Temperat horis: 16. E. 1. 12. 16.

  Unde nil majus generatur ipso,
  Nec viget quicquam simile aut secundum:
  Proximos illi tamen occupavit
20   Pallas honores.

  Prœliis audax, neque te silebo,   21. C. 2. 19. 26.
  Liber, et sævis inimica Virgo   22. C. 4. 6. 34.
  Beluis: nec te, metuende certa   3. 22. 1.
    Phœbe sagitta.

25 Dicam et Alciden, puerosque Ledæ,   25. C. 4. 5. 35.
  Hunc equis, illum superare pugnis   26. S. 2. 1. 26.
  Nobilem: quorum simul alba nautis   27. C. 1. 3. 2.
    Stella refulsit,   4. 8. 31.

  Defluit saxis agitatus humor,
30 Concidunt venti, fugiuntque nubes,
  Et minax, quod sic voluere, ponto
    Unda recumbit.

  Romulum post hos prius, an quietum   33. E. 2. 1. 5.
  Pompili regnum memorem, an superbos
35 Tarquini fasces, dubito, an Catonis   *Tar.* S. 1. 6. 12.
    Nobile letum.   *Cat.* C. 2. 1. 24.

  Regulum, et Scauros, animæque magnæ
  Prodigum Paullum, superante Pœno,

   29. umor.   31. nam sic; sic di.

14   Q. HORATI FLACCI

            Gratus insigni referam Camena,
               Fabriciumque.   40

inc. C. 2. 15. 11.   Hunc et incomptis Curium capillis
            Utilem bello tulit, et Camillum,
43. C. 2. 15. 13.   Sæva paupertas et avitus apto
    3. 6. 37.
    3. 2. 1.   Cum lare fundus.

            Crescit, occulto velut arbor ævo,   45
            Fama Marcelli ; micat inter omnis
            Julium sidus, velut inter ignis
48. Ep. 15. 2.
    C. 5. 35.   Luna minores.

            Gentis humanæ pater atque custos,
            Orte Saturno, tibi cura magni   50
            Cæsaris fatis data ; tu secundo
               Cæsare regnes.

53. S. 2. 5. 62.   Ille, seu Parthos Latio imminentis
54. C. 3. 3. 49.   Egerit justo domitos triumpho,
            Sive subjectos Orientis oræ   55
56. C. 3. 29. 27.   Seras et Indos,

57. C. 3. 5. 1.   Te minor latum reget æquus orbem ;
58. C. 1. 34. 8.   Tu gravi curru quaties Olympum,
            Tu parum castis inimica mittes
               Fulmina lucis.   60

XIII.

            Cum tu, Lydia, Telephi
            Cervicem roseam, cerea Telephi

       46. omnes.   47. ignes.   53. imminentes.
           57. lætum, B.   regat æquos, B.

Laudas bracchia, væ, meum
  Fervens difficili bile tumet jecur.   4. S. 1. 9. 66.
Tum nec mens mihi nec color
  Certa sede manet; humor et in genas
Furtim labitur, arguens
  Quam lentis penitus macerer ignibus.   *mac.* Ep. 14. 16.
Uror, seu tibi candidos   *ur.* C. 1. 19. 5.
  Turparunt umeros immodicæ mero
Rixæ, sive puer furens
  Impressit memorem dente labris notam.
Non, si me satis audias,
  Speres perpetuum, dulcia barbare
Lædentem oscula, quæ Venus
  Quinta parte sui nectaris imbuit.
Felices ter et amplius,
  Quos irrupta tenet copula, nec malis
Divolsus querimoniis
  Suprema citius solvet amor die.

XIV.

O NAVIS, referent in mare te novi
  Fluctus! O quid agis? fortiter occupa
    Portum. Nonne vides, ut
      Nudum remigio latus,

Et malus celeri saucius Africo   C. 3. 29. 57.
  Antennæque gemant, ac sine funibus
    Vix durare carinæ
    Possint imperiosius

brachia.   5. tunc.   6. manent; umor.   10. humeros.
  19. divulsus.   XIV. 1. referunt.   6. antemnæ.

Æquor? Non tibi sunt integra lintea,
Non di, quos iterum pressa voces malo: 10
   Quamvis Pontica pinus,
    Silvæ filia nobilis,

Jactes et genus et nomen inutile;
Nil pictis timidus navita puppibus
   Fidit. Tu, nisi ventis 15
    Debes ludibrium, cave.

Nuper sollicitum quæ mihi tædium,
Nunc desiderium, curaque non levis,
   Interfusa nitentis
20. C. 3. 28. 14.   Vites æquora Cycladas. 20

XV.

       Pastor quum traheret per freta navibus
2. C. 3. 3. 26. Idæis Helenen perfidus hospitam,
  4. 9. 13.   Ingrato celeres obruit otio
          Ventos, ut caneret fera

ævi, C. 3. 3. 61. Nereus fata: Mala ducis avi domum 5
       Quam multo repetet Græcia milite,
       Conjurata tuas rumpere nuptias,
          Et regnum Priami vetus.

9. Ep. 10. 15.   Heu, heu! quantus equis, quantus adest viris
       Sudor! quanta moves funera Dardanæ 10
æg. C. 3. 4. 57. Genti! Jam galeam Pallas et ægida
          Currusque et rabiem parat.

      19. nitentes.   xv. 2. Helenam.   9. Eheu.

CARMINUM LIB. I. xv.

Nequiquam, Veneris praesidio ferox,
Pectes caesariem, grataque feminis
Imbelli cithara carmina divides;
    Nequiquam thalamo graves

Hastas et calami spicula Cnosii   *Cnos.* C. 4. 9. 17.
Vitabis, strepitumque, et celerem sequi
Ajacem; tamen, heu, serus adulteros
    Crines pulvere collines.   20. C. 4. 6. 12.

Non Laërtiaden, exitium tuae
Genti, non Pylium Nestora respicis?
Urgent impavidi te Salaminius
    Teucer et Sthenelus sciens   24. C. 4. 9. 17—20.

Pugnae, sive opus est imperitare equis,
Non auriga piger; Merionen quoque   *Mer.* C. 1. 6. 15.
Nosces. Ecce furit te reperire atrox
    Tydides, melior patre:

Quem tu, cervus uti vallis in altera   29. C. 4. 4. 50.
Visum parte lupum graminis immemor,
Sublimi fugies mollis anhelitu,
    Non hoc pollicitus tuae.

Iracunda diem proferet Ilio
Matronisque Phrygum classis Achillei;
Post certas hiemes uret Achaicus
    Ignis Iliacas domos.   36. C. 4. 4. 53.

excidium.   22. gentis.   24. Teucer, te; Teucerque, et.   36. Pergameas.

XVI.

O MATRE pulchra filia pulchrior,
Quem criminosis cumque voles modum
   Pones iambis, sive flamma
     Sive mari libet Hadriano.

Non Dindymene, non adytis quatit   5
Mentem sacerdotum incola Pythius,
   Non Liber æque, non acuta
     Sic geminant Corybantes æra,

Tristes ut iræ; quas neque Noricus
Deterret ensis, nec mare naufragum,   10
   Nec sævus ignis, nec tremendo
     Juppiter ipse ruens tumultu.

Fertur Prometheus, addere principi
Limo coactus particulam undique
   Desectam, et insani leonis   15
     Vim stomacho apposuisse nostro.

Iræ Thyesten exitio gravi
Stravere, et altis urbibus ultimæ
   Stetere causæ, cur perirent
     Funditus, imprimeretque muris   20

Hostile aratrum exercitus insolens.
Compesce mentem: me quoque pectoris
   Temptavit in dulci juventa
     Fervor, et in celeres iambos

    8. Si, K.   23. tentavit.

CARMINUM LIB. I. xvii.   19

25 Misit furentem: nunc ego mitibus
    Mutare quæro tristia; dum mihi
        Fias recantatis amica
            Opprobriis, animumque reddas.

XVII.

Velox amœnum sæpe Lucretilem
Mutat Lycæo Faunus, et igneam
    Defendit æstatem capellis
        Usque meis, pluviosque ventos.

5   Impune tutum per nemus arbutos   5. C. 3. 18. 13.
    Quærunt latentes et thyma deviæ
        Olentis uxores mariti:
            Nec viridis metuunt colubras, 8. Ep. 16. 52.

    Nec Martialis Hædiliæ lupos:
10 Utcumque dulci, Tyndari, fistula
        Valles et Usticæ cubantis
            Levia personuere saxa.

    Di me tuentur: dis pietas mea
    Et Musa cordi est. Hic tibi copia
15   Manabit ad plenum benigno
            Ruris honorum opulenta cornu.   16. E. 1. 12. 29.
                                            C. S. 60.
                                            red. Ep. 2. 11.
    Hic in reducta valle Caniculæ   Can. C. 3. 13. 9.
    Vitabis æstus, et fide Teïa   E. 1. 10. 16.
        Dices laborantis in uno   Te. C. 4. 9. 9.
                                            Ep. 14. 10.
20   Penelopen vitreamque Circen.   lab. C. 1. 27. 19.

    8. virides.   9. Martiales.   14. ? cordist.   19. laborantes.
                            c 2

　　　　　　　　　Q. HORATI FLACCI

　　　　　　　　Hic innocentis pocula Lesbii
duc. C. 3. 3. 34.　Duces sub umbra; nec Semeleïus
Sem. C. 1. 19. 4.
　　　　　　　　　Cum Marte confundet Thyoneus
24. C. 1. 6. 17.　　· Prœlia, nec metues protervum

　　　　　　　　Suspecta Cyrum, ne male dispari　　　25
　　　　　　　　Incontinentis iniciat manus,
　　　　　　　　　Et scindat hærentem coronam
　　　　　　　　　　Crinibus, immeritamque vestem.

　　　　　　　　　　XVIII.

　　　　　　　　Nullam, Vare, sacra vite prius severis arborem
Tib. C. 1. 7. 13.　Circa mite solum Tiburis et mœnia Catili.
　　　　　　　　Siccis omnia nam dura deus proposuit, neque
mor. C. 2. 11. 18.　Mordaces aliter diffugiunt sollicitudines.
5. C. 3. 21. 19.　Quis post vina gravem militiam aut pauperiem crepat?　5
　　　　　　　　Quis non te potius, Bacche pater, teque, decens Venus?
7. C. 1. 13. 10.　At ne quis modici transiliat munera Liberi,
8. C. 2. 12. 5.　Centaurea monet cum Lapithis rixa super mero
　　4. 2. 14.
9. C. 1. 27. 2.　Debellata, monet Sithoniis non levis Euhius,
　　　　　　　　Quum fas atque nefas exiguo fine libidinum　　　10
　　　　　　　　Discernunt avidi. Non ego te, candide Bassareu,
　　　　　　　　Invitum quatiam: nec variis obsita frondibus
　　　　　　　　Sub divum rapiam. Sæva tene cum Berecyntio
　　　　　　　　Cornu tympana, quæ subsequitur cæcus Amor sui,
15. C. 3. 16. 19.　Et tollens vacuum plus nimio Gloria verticem,　　15
16. C. 3. 21. 15.　Arcanique Fides prodiga, perlucidior vitro.
　　E. 1. 5. 16.

　　　　　　　　26. incontinentes; injiciat.　　XVIII. 7. ac, B.

XIX.

    Mater sæva Cupidinum,   1. C. 4. 1. 5.
      Thebanæque jubet me Semeles puer,
    Et lasciva Licentia,
      Finitis animum reddere amoribus.
5   Urit me Glyceræ nitor   nit. C. 3. 12. 8.
      Splendentis Pario marmore purius:
    Urit grata protervitas,
      Et voltus nimium lubricus adspici.
    In me tota ruens Venus
10   Cyprum deseruit; nec patitur Scythas,   Cyp. C. 1. 3. 1.
    Et versis animosum equis   Scy. C. 3. 8. 23.
      Parthum dicere, nec quæ nihil attinent.   11. C. 2. 13. 17.
    Hic vivum mihi cæspitem, hic   13. C. 3. 8. 4.
      Verbenas, pueri, ponite, thuraque   ter. C. 4. 11. 7.
15 Bimi cum patera meri:
      Mactata veniet lenior hostia.

XX.

    Vile potabis modicis Sabinum
    Cantharis, Græca quod ego ipse testa   can. E. 1. 5. 23.
    Conditum levi, datus in theatro   tes. C. 3. 14. 20.
      Cum tibi plausus,   E. 1. 2. 70.

5   Care Mæcenas eques, ut paterni   5. C. 3. 16. 20.
    Fluminis ripæ, simul et jocosa
    Redderet laudes tibi Vaticani
      Montis imago.   8. C. 1. 12. 4.

    xix. 12. attinet.   14. turaque.   xx. 5. clare.

Cæcubam et prelo domitam Caleno
Tu bibes uvam: mea nec Falernæ 10
Temperant vites, neque Formiani
    Pocula colles.

XXI.

Dianam teneræ dicite virgines:
Intonsum, pueri, dicite Cynthium:
    Latonamque supremo
    Dilectam penitus Jovi.

Vos lætam fluviis et nemorum coma, 5
Quæcumque aut gelido prominet Algido,
    Nigris aut Erymanthi
    Silvis, aut viridis Cragi:

Vos Tempe totidem tollite laudibus,
Natalemque, mares, Delon Apollinis, 10
    Insignemque pharetra
    Fraternaque umerum lyra.

Hic bellum lacrimosum, hic miseram famem
Pestemque a populo, et principe Cæsare, in
    Persas atque Britannos 15
    Vestra motus aget prece.

XXII.

Integer vitæ scelerisque purus
Non eget Mauris jaculis, neque arcu,
Nec venenatis gravida sagittis,
    Fusce, pharetra:

xxi. 16. agit.

5 Sive per Syrtes iter aestuosas,   5. Ep. 9. 33.
   Sive facturus per inhospitalem
   Caucasum, vel quae loca fabulosus   fab. C. 3. 4. 9.
       Lambit Hydaspes.   1. 4. 16.

   Namque me silva lupus in Sabina,
10 Dum meam canto Lalagen, et ultra
   Terminum curis vagor expeditis,
       Fugit inermem.

   Quale portentum neque militaris   por. E. 2. 1. 11.
   Daunias latis alit aesculetis,   Dau. C. 3. 30. 11.
15 Nec Jubae tellus generat, leonum
       Arida nutrix.

   Pone me, pigris ubi nulla campis   17. C. 3. 3. 55;
   Arbor aestiva recreatur aura;   24. 37.
   Quod latus mundi nebulae malusque
20   Juppiter urget: Jup. C. 1. 1. 25;
                                                  16. 12.
   Pone sub curru nimium propinqui
   Solis, in terra domibus negata:
   Dulce ridentem Lalagen amabo,
       Dulce loquentem.

XXIII.

Vitas inuleo me similis, Chloë,
Quaerenti pavidam montibus aviis
    Matrem, non sine vano
    Aurarum et siluae metu.   sil. Ep. 13. 2.

11. expeditus, K.   XXIII. 1. hinnuleo.

Q. HORATI FLACCI

    Nam seu mobilibus veris inhorruit 5
Adventus foliis, seu virides rubum
Dimovere lacertæ,
    Et corde et genibus tremit.

    Atqui non ego te, tigris ut aspera
10. C. 3. 11. 41;   Gætulusve leo, frangere persequor: 10
  20. 2.   Tandem desine matrem
    Tempestiva sequi viro.

XXIV.

    Quis desiderio sit pudor aut modus
cap. Ep. 5. 74.   Tam cari capitis? Præcipe lugubris
  S. 2. 1. 27.   Cantus Melpomene, cui liquidam Pater
    Vocem cum cithara dedit.

erg. S. 2. 5. 101.   Ergo Quinctilium perpetuus sopor 5
sop. C. 3. 11. 38.   Urget! cui Pudor, et Justitiæ soror,
6. C. S. 57.   Incorrupta Fides, nudaque Veritas
    Quando ullum inveniet parem?

    Multis ille bonis flebilis occidit:
    Nulli flebilior, quam tibi, Virgili. 10
fr. pi. C. 2. 14. 2.   Tu frustra pius, heu! non ita creditum
cr. C. 1. 3. 5.   Poscis Quinctilium deos.

13. C. 1. 12. 11.   Quod si Threïcio blandius Orpheo
    Auditam moderere arboribus fidem,
    Non vanæ redeat sanguis imagini, 15
16. C. 1. 10. 18.   Quam virga semel horrida,

    2. lugubres.   5. Quintilium.   10. Vergili, B.   15. num, B. K.

Non lenis precibus fata recludere,
  Nigro compulerit Mercurius gregi.
  Durum! Sed levius fit patientia,
20   Quidquid corrigere est nefas.

XXV.

  PARCIUS junctas quatiunt fenestras   1. C. 3. 26. 8.
  Ictibus crebris juvenes protervi,
  Nec tibi somnos adimunt: amatque
      Janua limen,

5 Quæ prius multum facilis movebat
  Cardines. Audis minus et minus jam,
  'Me tuo longas pereunte noctes,
      Lydia, dormis?'

  Invicem mœchos anus arrogantis   *arr.* C. 3. 26. 12.
10 Flebis in solo levis angiportu;
  Thracio bacchante magis sub inter-   *Thr.* C. 4. 12. 2.
      lunia vento,   Ep. 13. 3.

  Cum tibi flagrans amor, et libido,
  Quæ solet matres furiare equorum,
15 Sæviet circa jecur ulcerosum;
      Non sine questu,

  Læta quod pubes hedera virenti
  Gaudeat pulla magis atque myrto,
  Aridas frondes Hiemis sodali
20   Dedicet Hebro.   *Heb.* E. 1. 3. 3;
                                                    16. 13.

xxv. 2. jactibus.   9. arrogantes.   17. virente.
         20. Euro, *Bent.*

XXVI.

Musis amicus, tristitiam et metus
Tradam protervis in mare Creticum
   Portare ventis, quis sub Arcto
      Rex gelidæ metuatur oræ,

Quid Tiridaten terreat, unice 5
Securus. O, quæ fontibus integris
   Gaudes, apricos necte flores,
      Necte meo Lamiæ coronam,

Pimplea dulcis; nil sine te mei
Prosunt honores: hunc fidibus novis, 10
   Hunc Lesbio sacrare plectro,
      Teque tuasque decet sorores.

XXVII.

Natis in usum lætitiæ scyphis
Pugnare, Thracum est: tollite barbarum
   Morem, verecundumque Bacchum
      Sanguineis prohibete rixis.

Vino et lucernis Medus acinaces 5
Immane quantum discrepat: impium
   Lenite clamorem, sodales,
      Et cubito remanete presso.

xxvi. 10. possunt.   xxvii. 2. ? Thracumst.

CARMINUM LIB. I. xxviii.

  Voltis severi me quoque sumere
10 Partem Falerni? dicat Opuntiæ
   Frater Megillæ, quo beatus
    Volnere, qua pereat sagitta.

  Cessat voluntas? non alia bibam
  Mercede. Quæ te cumque domat Venus,
15   Non erubescendis adurit
    Ignibus, ingenuoque semper   *ign.* C. 3. 7. 11.

  Amore peccas. Quidquid habes, age,   *pec.* C. 3. 7. 19.
  Depone tutis auribus—Ah miser,
   Quanta laborabas Charybdi,   *Cha.* A.P. 145.
20   Digne puer meliore flamma!

  Quæ saga, quis te solvere Thessalis
  Magus venenis, quis poterit deus?   *ven.* Ep. 5. 8.
   Vix illigatum te triformi   S. 1. 8. 19.
    Pegasus expediet Chimæra.   *Peg.* C. 4. 11. 27.
                 Chi. C. 2. 17. 13.
                     4. 2. 16.

XXVIII.

 Te maris et terræ numeroque carentis harenæ
  Mensorem cohibent, Archyta,   *coh.* 2. 20. 8;
 Pulveris exigui prope litus parva Matinum   14. 9;
  Munera, nec quicquam tibi prodest   18. 38.
5 Aërias temptasse domos, animoque rotundum
  Percurrisse polum, morituro.
 Occidit et Pelopis genitor, conviva deorum,   *Pel.* Ep. 17. 65.
  Tithonusque remotus in auras,   C. 2. 18. 37.

   9. vultis.   12. vulnere.   XXVIII. 1. arenæ.
      5. tentasse.

	Et Jovis arcanis Minos admissus, habentque	
10. Ep. 15. 21.	Tartara Panthoiden iterum Orco	10
	Demissum; quamvis, clypeo Trojana refixo	
	Tempora testatus, nihil ultra	
	Nervos atque cutem Morti concesserat atrae,	
	Judice te non sordidus auctor	
nox, C. 1. 4. 16.	Naturae verique. Sed omnes una manet nox,	15
16. C. 2. 14. 9.	Et calcanda semel via leti.	
17. C. 1. 2. 37.	Dant alios Furiae torvo spectacula Marti;	
	Exitio est avidum mare nautis;	
	Mixta senum ac juvenum densentur funera, nullum	
Pro. C. 2. 13. 21. S. 2. 5. 110. Ori. C. 3. 27. 18. Ep. 10. 10. 15. 7.	Saeva caput Proserpina fugit.	20
	Me quoque devexi rapidus comes Orionis	
	Illyricis Notus obruit undis.	
	At tu, nauta, vagae ne parce malignus harenae	
	Ossibus et capiti inhumato	
	Particulam dare: sic quodcumque minabitur Eurus	
Hes. C. 2. 17. 20.	Fluctibus Hesperiis, Venusinae	26
	Plectantur silvae, te sospite, multaque merces,	
	Unde potest, tibi defluat aequo	
	Ab Jove, Neptunoque sacri custode Tarenti.	
	Neglegis immeritis nocituram	30
	Postmodo te natis fraudem committere? Fors et	
	Debita jura vicesque superbae	
	Te maneant ipsum: precibus non linquar inultis,	
34. Ep. 5. 90.	Teque piacula nulla resolvent.	
	Quamquam festinas, non est mora longa; licebit	35
	Injecto ter pulvere curras.	

18. ? exitiost.   23. arenae.

XXIX.

Icci, beatis nunc Arabum invides   1. C. 2. 12. 24.
Gazis, et acrem militiam paras
   Non ante devictis Sabææ
     Regibus, horribilique Medo
5 Nectis catenas? Quæ tibi virginum,
Sponso necato, barbara serviet?
   Puer quis ex aula capillis
     Ad cyathum statuetur unctis,
Doctus sagittas tendere Sericas
10 Arcu paterno? Quis neget arduis
   Pronos relabi posse rivos
     Montibus, et Tiberim reverti;

Cum tu coëmptos undique nobilis   co. C. 2. 3. 17.
Libros Panæti, Socraticam et domum,   Soc. C. 3. 21. 9.
15   Mutare loricis Hiberis,   A. P. 310.
     Pollicitus meliora, tendis?

XXX.

O Venus, regina Cnidi Paphique,   1. C. 3. 28. 13.
Sperne dilectam Cypron, et vocantis   2. C. 1. 3. 1;
Thure te multo Glyceræ decoram   19. 10.
   Transfer in ædem.   3. 26. 9.
                                      Gly. C. 1. 19. 5.
5 Fervidus tecum Puer, et solutis   3. 19. 28.
Gratiæ zonis, properentque Nymphæ,   6. C. 1. 4. 6.
Et parum comis sine te Juventas,   3. 21. 22.
   Mercuriusque.

    XXIX. 13. nobiles.   XXX. 3. ture.

XXXI.

1. E. 1. 3. 17.
2. 1. 216.
pat. C. 4. 5. 34.
	Quid dedicatum poscit Apollinem
	Vates? quid orat, de patera novum
	  Fundens liquorem? Non opimæ
	    Sardiniæ segetes feraces,

œs. Ep. 16. 62.
Cal. Ep. 1. 27.
	Non æstuosæ grata Calabriæ 5
	Armenta, non aurum, aut ebur Indicum,
	  Non rura, quæ Liris quieta
	    Mordet aqua taciturnus amnis.

Cal. C. 1. 20. 9.
4. 12. 14.
cul. A. P. 434.
	Premant Calena falce, quibus dedit
	Fortuna, vitem: dives et aureis 10
	  Mercator exsiccet cululļis
	    Vina Syra reparata merce,

	Dis carus ipsis, quippe ter et quater Anno revisens æquor Atlanticum
15. E. 2. 1. 123.	Impune. Me pascunt olivæ, 15 Me cichorea, levesque malvæ.

par. S. 1. 4. 108.
2. 3. 167.
	Frui paratis et valido mihi,
	Latoë, dones, et, precor, integra
	  Cum mente; nec turpem senectam
	    Degere, nec cithara carentem. 20

XXXII.

umb. E. 2. 2. 78.	Poscimur. Si quid vacui sub umbra Lusimus tecum, quod et hunc in annum

    XXXI. 3. opimas....4. feracis. 10. ut. 15. pascant.
        XXXII. 1. poscimus, *Bent.*

CARMINUM LIB. I. xxxiii.

Vivat et plures; age, dic Latinum,
 Barbite, carmen,
5 Lesbio primum modulate civi,
Qui, ferox bello, tamen inter arma,
Sive jactatam religarat udo *rel.* S. 1. 5. 19.
 Litore navim,

Liberum et Musas, Veneremque, et illi
10 Semper hærentem Puerum canebat,
Et Lycum, nigris oculis nigroque 11. E. 1. 7. 26.
 Crine decorum. A. P. 37.

O decus Phœbi, et dapibus supremi 15. C. 3. 11. 5.
Grata testudo Jovis, o laborum
15 Dulce lenimen, mihi cumque salve
 Rite vocanti.

XXXIII.

Albi, ne doleas plus nimio, memor
Immitis Glyceræ, neu miserabiles
Decantes elegos, cur tibi junior
 Læsa præniteat fide;

5 Insignem tenui fronte Lycorida *fro.* E. 1. 7. 26.
Cyri torret amor, Cyrus in asperam
Declinat Pholoën; sed prius Apulis
 Jungentur capreæ lupis,

Quam turpi Pholoë peccet adultero.
10 Sic visum Veneri, cui placet impares
Formas atque animos sub juga aënea 11. C. 3. 9. 18.
 Sævo mittere cum joco.

Ipsum me melior quum peteret Venus,
Grata detinuit compede Myrtale
Libertina, fretis acrior Hadriæ 15
    Curvantis Calabros sinus.

XXXIV.

Parcus deorum cultor et infrequens,
Insanientis dum sapientiæ
  Consultus erro, nunc retrorsum
    Vela dare, atque iterare cursus

Cogor relictos. Namque Diespiter, 5
Igni corusco nubila dividens
  Plerumque, per purum tonantis
    Egit equos volucremque currum;

Quo bruta tellus, et vaga flumina,
Quo Styx et invisi horrida Tænari 10
  Sedes, Atlanteusque finis
    Concutitur. Valet ima summis

Mutare, et insignem attenuat deus,
Obscura promens. Hinc apicem rapax
  Fortuna cum stridore acuto 15
    Sustulit, hic posuisse gaudet.

XXXV.

O diva, gratum quæ regis Antium,
Præsens vel imo tollere de gradu

xxxiv. 5. relectos, *Bent.*   7. tonantes.

CARMINUM LIB. I. xxxv.

    Mortale corpus, vel superbos
      Vertere funeribus triumphos;

5 Te pauper ambit sollicita prece
  Ruris colonus; te dominam aequoris,
    Quicumque Bithyna lacessit   *Bit.* E. 1. 6. 33.
      Carpathium pelagus carina.   C. 3. 7. 3.
                                            Car. C. 4. 5. 10.

    Te Dacus asper, te profugi Scythae,   *Dac.* C. 3. 8. 18.
10 Urbesque gentesque et Latium ferox,   *Scy.* C. 4. 14. 42.
                                                             2. 11. 1.
    Regumque matres barbarorum, et   3. 8. 23.
      Purpurei metuunt tyranni,   11. C. 3. 2. 7.

    Injurioso ne pede proruas
  Stantem columnam, neu populus frequens   *p. fr.* C. 2. 17. 25.
15   Ad arma cessantis ad arma
      Concitet, imperiumque frangat.

    Te semper anteit saeva Necessitas,
  Clavos trabalis et cuneos manu
    Gestans aena; nec severus
20   Uncus abest, liquidumque plumbum.

    Te Spes et albo rara Fides colit
  Velata panno, nec comitem abnegat,
    Utcumque mutata potentis
      Veste domos inimica linquis.

25 At volgus infidum et meretrix retro
  Perjura cedit; diffugiunt cadis
    Cum faece siccatis amici,
      Ferre jugum pariter dolosi.

15. cessantes.   17. serva.   18. trabales.   23. potentes.
              25. vulgus.

34   Q. HORATI FLACCI

Bri. C. 1. 21. 15.
4. 14. 48.

    Serves iturum Cæsarem in ultimos
    Orbis Britannos, et juvenum recens   30
      Examen Eois timendum
        Partibus, Oceanoque rubro.

35. C. 3. 6. 46.
nef. C. 2. 13. 1.

    Eheu! cicatricum et sceleris pudet
    Fratrumque—Quid nos dura refugimus
      Ætas? quid intactum nefasti   35
        Liquimus? unde manum juventus

    Metu deorum continuit? quibus
    Pepercit aris? O utinam nova
      Incude diffingas retusum in
        Massagetas Arabasque ferrum.   40

XXXVI.

2. E. 1. 3. 36.
C. 2. 7. 17.

    Et thure et fidibus juvat
      Placare et vituli sanguine debito
    Custodes Numidæ deos,
      Qui nunc, Hesperia sospes ab ultima,
    Caris multa sodalibus,   5
    Nulli plura tamen dividit oscula
    Quam dulci Lamiæ, memor

reg. A. P. 161.

      Actæ non alio rege puertiæ,
    Mutatæque simul togæ.
      Cressa ne careat pulchra dies nota: 10

pro. C. 1. 9. 7.
Ep. 2. 47.

    Neu promptæ modus amphoræ,
      Neu morem in Salium sit requies pedum,
    Neu multi Damalis meri

Thr. C. 1. 18. 9;
27. 2.

      Bassum Threïcia vincat amystide,

xxxv. 39. retunsum, K.   xxxvi. 1. ture.

CARMINUM LIB. I. xxxvii.   35

15   Neu desint epulis rosæ,
      Neu vivax apium, neu breve lilium.   *apt.* C. 2. 7. 24.
        Omnes in Damalin putres   4. 11. 3.
            Deponent oculos, nec Damalis novo
        Divelletur adultero,
20   Lascivis hederis ambitiosior.   20. Ep. 15. 5.

                    XXXVII.

        Nunc est bibendum, nunc pede libero
        Pulsanda tellus ; nunc Saliaribus
            Ornare pulvinar deorum
                Tempus erat dapibus, sodales.

5   Antehac nefas depromere Cæcubum   5. Ep. 9. 1.
        Cellis avitis, dum Capitolio   *Cap.* C. 3. 3. 42.
            Regina dementis ruinas,
                Funus et imperio parabat

        Contaminato cum grege turpium
10   Morbo virorum, quidlibet impotens   *imp.* C. 3. 30. 3.
            Sperare, fortunaque dulci
                Ebria.   Sed minuit furorem

        Vix una sospes navis ab ignibus ;
        Mentemque lymphatam Mareotico
15   Redegit in veros timores
                Cæsar, ab Italia volantem

        Remis adurgens, accipiter velut
        Mollis columbas, aut leporem citus

            7. dementes.   18. molles.
                    * D 2

    Venator in campis nivalis
     Hæmoniæ, daret ut catenis   20

    Fatale monstrum; quæ generosius
    Perire quærens, nec muliebriter
     Expavit ensem, nec latentis
      Classe cita reparavit oras:

5. C. 4. 14. 35.   Ausa et jacentem visere regiam   25
    Voltu sereno, fortis et asperas
     Tractare serpentes, ut atrum
      Corpore combiberet venenum;

ib. Ep. 1. 1.   Deliberata morte ferocior,
    Sævis Liburnis scilicet invidens   30
     Privata deduci superbo
      Non humilis mulier triumpho.

XXXVIII.

    Persicos odi, puer, apparatus;
or. C. 1. 7. 23.   Displicent nexæ philyra coronæ;
  2. 3. 13.   Mitte sectari, rosa quo locorum
     Sera moretur.

    Simplici myrto nihil allabores   5
    Sedulus curo; neque te ministrum
yr. 2. 7. 25.   Dedecet myrtus, neque me sub arta
     Vite bibentem.

  xxxvii. 23. latentes. 26. vultu. xxxviii. 6. curæ.

Q. HORATI FLACCI CARMINA.

LIBER SECUNDUS.

I.

Motum ex Metello consule civicum,
Bellique causas et vitia et modos,
   Ludumque Fortunæ, gravisque
     Principum amicitias, et arma

5   Nondum expiatis uncta cruoribus,   5. C. 1. 2. 29.
Periculosæ plenum opus aleæ,   aie. S. 2. 5. 50.
   Tractas et incedis per ignes
     Suppositos cineri doloso.

   Paulum severæ Musa tragœdiæ
10 Desit theatris: mox ubi publicas
   Res ordinaris, grande munus   gra. cot. A. P. 80.
     Cecropio repetes cothurno,

Insigne mæstis præsidium reis
Et consulenti Pollio curiæ,
15   Cui laurus æternos honores
     Delmatico peperit triumpho.

   3. gravesque.   16. Dalmatico.

it. C. 1. 1. 23.	Jam nunc minaci murmure cornuum
	Perstringis aures, jam litui strepunt,
	   Jam fulgor armorum fugacis
	      Terret equos equitumque voltus.
		20

2. C. 1. 6. 14.
'at. C. 1. 12. 36.
	Audire magnos jam videor duces
	Non indecoro pulvere sordidos,
	   Et cuncta terrarum subacta,
	      Præter atrocem animum Catonis.	

ug. Ep. 9. 23.	Juno et deorum quisquis amicior
	Afris inulta cesserat impotens
	   Tellure victorum nepotes
	      Rettulit inferias Jugurthæ.
		25

9. Ep. 7. 3.	Quis non Latino sanguine pinguior
	Campus sepulcris impia prœlia
	   Testatur, auditumque Medis
	      Hesperiæ sonitum ruinæ?
		30

	Qui gurges, aut quæ flumina lugubris
	Ignara belli? quod mare Dauniæ
	   Non decoloravere cædes?
	      Quæ caret ora cruore nostro?
		35

7. C. 3. 3. 69.
eæ. C. 4. 9. 7.
nt. C. 3. 4. 40.
le. C. 2. 13. 27.
	Sed ne relictis, Musa procax, jocis,
	Ceæ retractes munera neniæ,
	   Mecum Dionæo sub antro
	      Quære modos leviore plectro.
		40

        19. fugaces.   20. vultus.

II.

Nullus argento color est avaris
Abdito terris, inimice lamnæ   *abd.* C. 3. 3. 50.
Crispe Sallusti, nisi temperato
Splendeat usu.

5   Vivet extento Proculeius ævo
Notus in fratres animi paterni: *pat.* C. 4. 4. 27.
Illum aget penna metuente solvi
Fama superstes.

Latius regnes avidum domando   9. C. 3. 16. 25.
10 Spiritum, quam si Libyam remotis
Gadibus jungas, et uterque Pœnus
Serviat uni.

Crescit indulgens sibi dirus hydrops,   13. E. 2. 2. 146.
Nec sitim pellit, nisi causa morbi
15 Fugerit venis, et aquosus albo
Corpore languor.

Redditum Cyri solio Phraaten   17. E. 1. 12. 27.
Dissidens plebi numero beatorum   C. 3. 9. 4.
Eximit Virtus, populumque falsis   18. C. 4. 9. 45.
20   Dedocet uti

Vocibus; regnum et diadema tutum
Deferens uni propriamque laurum,   *def.* E. 1. 12. 23.
Quisquis ingentis oculo inretorto
Spectat acervos.

7. pinna, B.   23. ingentes.

III.

æqu. C. 3. 29. 33.
E. 1. 18. 112.
1. C. 2. 10. 21.

Æquam memento rebus in arduis
Servare mentem, non secus in bonis
  Ab insolenti temperatam
    Lætitia, moriture Delli,

  Seu mæstus omni tempore vixeris,   5

6. Ep. 2. 24.

Seu te in remoto gramine per dies

fes. C. 3. 14. 13.
not. S. 1. 10. 24.

  Festos reclinatum bearis
    Interiore nota Falerni.

9. C. 2. 11. 13.

Quo pinus ingens albaque populus
Umbram hospitalem consociare amant   10
  Ramis? quid obliquo laborat

tre. E. 1. 10. 21.

    Lympha fugax trepidare rivo?

13. C. 1. 36. 16.
3. 14. 17;
29. 3.

Huc vina et unguenta et nimium brevis
Flores amœnæ ferre jube rosæ,
  Dum res et ætas et Sororum   15
    Fila trium patiuntur atra.

17. C. 2. 14. 21.

Cedes coëmptis saltibus, et domo,
Villaque, flavus quam Tiberis lavit;
  Cedes, et exstructis in altum

20. C. 2. 14. 25.

    Divitiis potietur heres.   20

21. C. 2. 14. 11.

Divesne prisco natus ab Inacho,
Nil interest, an pauper et infima

div. C. 1. 1. 25.

  De gente sub divo moreris,
    Victima nil miserantis Orci.

11. et, *Bent.*   13. breves.   18. flavos, B. lavat, B.

25 Omnes eodem cogimur; omnium
    Versatur urna serius ocius   *ur.* C. 3. 1. 16.
        Sors exitura, et nos in æternum
        Exsilium impositura cumbæ.

IV.

   Ne sit ancillæ tibi amor pudori,
   Xanthia Phoceu; prius insolentem   *ins.* Ep. 17. 14.
   Serva Briseis niveo colore
       Movit Achillem:

5 Movit Ajacem Telamone natum
   Forma captivæ dominum Tecmessæ:
   Arsit Atrides medio in triumpho
       Virgine rapta,

   Barbaræ postquam cecidere turmæ
10 Thessalo victore, et ademptus Hector   *The.* C. 1. 10. 15.
   Tradidit fessis leviora tolli   4. 6. 3.
       Pergama Grais.   10. C. 3. 3. 28.

   Nescias, an te generum beati
   Phyllidis flavæ decorent parentes:
15 Regium certe genus et Penatis
       Mæret iniquos.

   Crede non illam tibi de scelesta
   Plebe delectam; neque sic fidelem,
   Sic lucro aversam, potuisse nasci
20   Matre pudenda.

   III. 28. cymbæ.   IV. 15. Penates.

42   Q. HORATI FLACCI

int. C. 3. 7. 22.
fug. C. 1. 9. 13.

    Bracchia et voltum teretisque suras
    Integer laudo: fuge suspicari,
    Cujus octavum trepidavit ætas
        Claudere lustrum.

V.

sub. E. 1. 3. 34.
jug. C. 1. 33. 11.
mun. S. 2. 2. 81.

    NONDUM subacta ferre jugum valet
    Cervice, nondum munia comparis
    Æquare, nec tauri ruentis
        In Venerem tolerare pondus.

5. C. 3. 11. 9.

    Circa virentis est animus tuæ   5
    Campos juvencæ, nunc fluviis gravem
    Solantis æstum, nunc in udo

lud. C. 3. 15. 12;
    18. 9.

        Ludere cum vitulis salicto

    Prægestientis. Tolle cupidinem
    Immitis uvæ: jam tibi lividos   10
    Distinguet Autumnus racemos
        Purpureo varius colore.

14. A. P. 175.

    Jam te sequetur: currit enim ferox
    Ætas, et illi, quos tibi dempserit,
    Apponet annos: jam proterva   15
        Fronte petet Lalage maritum:

    Dilecta, quantum non Pholoë fugax,
    Non Chloris albo sic humero nitens,
    Ut pura nocturno renidet
        Luna mari, Cnidiusve Gyges;   20

    IV. 21. teretes.   V. 5. virentes.

Quem si puellarum insereres choro,
Mire sagaces falleret hospites
Discrimen obscurum solutis
Crinibus ambiguoque voltu.

VI.

	Septimi, Gadis aditure mecum et	1. Ep. 1. 11.
	Cantabrum indoctum juga ferre nostra, et	
	Barbaras Syrtis, ubi Maura semper	
	Æstuat unda:	4. C. 1. 22. 5. 2. 7. 16.
5	Tibur Argeo positum colono	5. E. 1. 7. 45.
	Sit meæ sedes utinam senectæ,	
	Sit modus lasso maris et viarum	7. E. 1. 11. 6.
	Militiæque.	
	Unde si Parcæ prohibent iniquæ,	
10	Dulce pellitis ovibus Galæsi	
	Flumen et regnata petam Laconi	11. C. 3. 5. 56.
	Rura Phalantho.	
	Ille terrarum mihi præter omnes	
	Angulus ridet, ubi non Hymetto	*Hym.* S. 2. 2. 15.
15	Mella decedunt, viridique certat	*mel.* C. 3. 16. 33.
	Baca Venafro;	*Ven.* S. 2. 4. 69.
	Ver ubi longum tepidasque præbet	*tep.* E. 1. 10. 15.
	Juppiter brumas, et amicus Aulon	*Jup.* Ep. 16. 56.
	Fertili Baccho minimum Falernis	
20	Invidet uvis.	

v. 24. vultu. VI. 1. Gades. 3. Syrtes.
12. Phalanto.

Ille te mecum locus et beatæ
Postulant arces : ibi tu calentem
Debita sparges lacrima favillam
    Vatis amici.

VII.

O sæpe mecum tempus in ultimum
Deducte, Bruto militiæ duce,
    Quis te redonavit Quiritem
      Dis patriis Italoque cælo,

Pompei meorum prime sodalium ?   5
Cum quo morantem sæpe diem mero
    Fregi coronatus nitentes
      Malobathro Syrio capillos.

Tecum Philippos et celerem fugam
Sensi, relicta non bene parmula ;   10
    Cum fracta virtus, et minaces
      Turpe solum tetigere mento.

Sed me per hostis Mercurius celer
Denso paventem sustulit aëre :
    Te rursus in bellum resorbens   15
      Unda fretis tulit æstuosis.

Ergo obligatam redde Jovi dapem,
Longaque fessum militia latus
    Depone sub lauru mea, nec
      Parce cadis tibi destinatis.   20

VII. 13. hostes.

Marginalia:
- Qui. E. 1. 6. 7.
- 6. C. 1. 1. 20.
- Syr. C. 2. 11. 16.
- 9. C. 3. 4. 26. / E. 2. 2. 49.
- æst. C. 1. 22. 5. / 2. 6. 4.
- 17. C. 1. 36. 2.
- 18. C. 3. 4. 37.

CARMINUM LIB. II. viii. 45

  Oblivioso levia Massico
  Ciboria exple: funde capacibus
   Unguenta de conchis. Quis udo
    Deproperare apio coronas

25 Curatve myrto? quem Venus arbitrum
  Dicet bibendi? Non ego sanius
   Bacchabor Edonis: recepto
    Dulce mihi furere est amico.

obl. C. 1. 18. 5.
Mas. C. 1. 1. 19.

api. C. 1. 36. 16.
  4. 11. 3.
myr. C. 1. 38. 5.
arb. C. 1. 4. 18.

Edo. C. 1. 18. 9;
  27. 2.
fur. C. 3. 19. 18.
  4. 12. 28.

VIII.

  ULLA si juris tibi pejerati
  Poena, Barine, nocuisset umquam,
  Dente si nigro fleres vel uno
   Turpior ungui,

5 Crederem. Sed tu, simul obligasti
  Perfidum votis caput, enitescis
  Pulchrior multo, juvenumque prodis
   Publica cura.

  Expedit matris cineres opertos
10 Fallere, et toto taciturna noctis
  Signa cum caelo, gelidaque divos
   Morte carentis.

  Ridet hoc, inquam, Venus ipsa, rident
  Simplices Nymphae, ferus et Cupido
15 Semper ardentis acuens sagittas
   Cote cruenta.

obl. C. 2. 7. 17.

10. Ep. 15. 1—4.

13. C. 3. 27. 67.
Nym. C. 1. 4. 6.

VII. 28. ? furerest. VIII. 12. carentes. 15. ardentes.

17. C. 1. 25. 17.	Adde, quod pubes tibi crescit omnis,
	Servitus crescit nova, nec priores
	Impiae tectum dominae relinquunt
	Saepe minati. 20
juv. C. 2. 5. 6.	Te suis matres metuunt juvencis,
par. E. 2. 1. 172.	Te senes parci miseraeque nuper
A. P. 170.	Virgines nuptae, tua ne retardet
	Aura maritos.

IX.

Non semper imbres nubibus hispidos
Manant in agros, aut mare Caspium
    Vexant inaequales procellae
        Usque; nec Armeniis in oris,

sta. C. 1. 9. 1.	Amice Valgi, stat glacies iners 5
	Menses per omnes, aut Aquilonibus
Gar. E. 2. 1. 202.	Querceta Gargani laborant,
lab. C. 1. 9. 3.	Et foliis viduantur orni.
	Tu semper urges flebilibus modis
Ves. C. 3. 19. 26.	Mysten ademptum, nec tibi Vespero 10
	Surgente decedunt amores,
	Nec rapidum fugiente Solem.

At non ter aevo functus amabilem
Ploravit omnes Antilochum senex
    Annos; nec impubem parentes   15
        Troïlon aut Phrygiae sorores

    IX. 7. querqueta, B.   9. urgues.

Flevere semper. Desine mollium
Tandem querellarum, et potius nova
   Cantemus Augusti tropæa
20   Cæsaris, et rigidum Niphaten,

Medumque flumen, gentibus additum
Victis, minores volvere vertices,
   Intraque præscriptum Gelonos   *Gel.* C. 2. 20. 19.
      Exiguis equitare campis.   *equ.* C. 1. 2. 51.

X.

Rectius vives, Licini, neque altum   1. E. 1. 18. 87.
Semper urgendo, neque, dum procellas
Cautus horrescis, nimium premendo
   Litus iniquum.

5   Auream quisquis mediocritatem
Diligit, tutus caret obsoleti
Sordibus tecti, caret invidenda   *inv.* C. 3. 1. 45.
   Sobrius aula.

Sæpius ventis agitatur ingens
10   Pinus, et celsæ graviore casu
Decidunt turres, feriuntque summos
   Fulgura montes.

Sperat infestis, metuit secundis   13. C. 4. 9. 36.
Alteram sortem bene præparatum
15   Pectus. Informis hiemes reducit
   Juppiter, idem

   2. urguendo.   9. sævius.   12. fulmina.   15. informes.

20. C. S. 33.

21. C. 2. 3. 1.

Summovet. Non, si male nunc, et olim
Sic erit. Quondam cithara tacentem
Suscitat Musam, neque semper arcum
    Tendit Apollo.   20

Rebus angustis animosus atque
Fortis appare ; sapienter idem
Contrahes vento nimium secundo
    Turgida vela.

XI.

Can. C. 2. 6. 2.
Scy. C. 3. 8. 23.

tre. C. 3. 29. 32.

ari. C. 4. 13. 9.

fac. C. 2. 16. 15.
3. 21. 4.

æt. C. 1. 4. 15 ;
11. 7.

13. C. 2. 3. 9.

odo. C. 3. 20. 14.
lic. C. 2. 3. 15.
nar. C. 2. 7. 8.

Quid bellicosus Cantaber, et Scythes,
Hirpine Quinti, cogitet Hadria
    Divisus objecto, remittas
      Quærere : nec trepides in usum

Poscentis ævi pauca. Fugit retro   5
Levis Juventas, et Decor ; arida
    Pellente lascivos Amores
      Canitie facilemque Somnum.

Non semper idem floribus est honor
Vernis ; neque uno Luna rubens nitet   10
    Voltu : quid æternis minorem
      Consiliis animum fatigas ?

Cur non sub alta vel platano vel hac
Pinu jacentes sic temere, et rosa
    Canos odorati capillos,   15
      Dum licet, Assyriaque nardo

11. vultu.

CARMINUM LIB. II. xii.

  Potamus uncti? Dissipat Euhius
  Curas edacis. Quis puer ocius   *eda.* C. 1. 18. 4.
   Restinguet ardentis Falerni
20   Pocula praetereunte lympha?

  Quis devium scortum eliciet domo
  Lyden? eburna, dic age, cum lyra
   Maturet, in comptum Lacaenae
    More comas religata nodum.   *nod.* C. 3. 14. 22.

XII.

  Nolis longa ferae bella Numantiae,   *fer.* C. 4. 5. 27.
  Nec dirum Hannibalem, nec Siculum mare   *dir.* C. 3. 6. 34.
   Poeno purpureum sanguine, mollibus   4. 4. 42.
    Aptari citharae modis,   4. C. 1. 6. 10.

5 Nec saevos Lapithas, et nimium mero   5. C. 1. 18. 8.
  Hylaeum, domitosque Herculea manu
   Telluris juvenes, unde periculum   *tel.* C. 3. 4. 49, 73.
    Fulgens contremuit domus

  Saturni veteris: tuque pedestribus   *ped.* A. P. 95.
10 Dices historiis proelia Caesaris,   10. C. 4. 2. 33.
  Maecenas, melius ductaque per vias
    Regum colla minacium.   12. C. 4. 3. 8.

  Me dulcis dominae Musa Licymniae
  Cantus, me voluit dicere lucidum
15 Fulgentis oculos et bene mutuis   *mut.* C. 3. 9. 13.
    Fidum pectus amoribus: 4. 1. 30.

XI. 17. Euius.   18. edaces.   24. comam.   XII. 2. durum.
12. minantium. 13. dulces; Liciniae, κ. *Ml.* A. B. 15. fulgentes.

E

17. A. P. 232.	Quam nec ferre pedem dedecuit choris,
	Nec certare joco, nec dare bracchia
	Ludentem nitidis virginibus, sacro
	Dianæ celebris die. 20
Ach. C. 3. 1. 44.	Num tu, quæ tenuit dives Achæmenes,
	Aut pinguis Phrygiæ Mygdonias opes
	Permutare velis crine Licymniæ,
Ara. C. 1. 29. 1.	Plenas aut Arabum domos?
	Dum flagrantia detorquet ad oscula 25
	Cervicem, aut facili sævitia negat,
	Quæ poscente magis gaudeat eripi,
	Interdum rapere occupet.

XIII. *V*

	ILLE et nefasto te posuit die,
sac. S. 1. 3. 17.	Quicumque primum, et sacrilega manu-
	Produxit, arbos, in nepotum
	Perniciem opprobriumque pagi.
5. Ep. 3. 1.	Illum et parentis crediderim sui 5
E. 1. 16. 37.	Fregisse cervicem, et penetralia
	Sparsisse nocturno cruore
Col. Ep. 5. 62.	Hospitis; ille venena Colcha,
	Et quidquid usquam concipitur nefas,
	Tractavit, agro qui statuit meo 10
C. 2. 17. 27.	Te triste lignum, te caducum
3. 4. 27;	In domini caput immerentis.
8. 8.	

XII. 25. cum.   28. occupat.

CARMINUM LIB. II. xiii. 51

  Quid quisque vitet, numquam homini satis
  Cautum est in horas. Navita Bosporum   *Bos.* C. 2. 20. 14.
15   Pœnus perhorrescit, neque ultrā
    Cæca timet aliunde fata :

  Miles sagittas et celerem fugam   17. C. 1. 19. 11.
  Parthi, catenas Parthus et Italum
   Robur; sed improvisa leti
20   Vis rapuit rapietque gentis.

  Quam pæne furyæ regna Proserpinæ,
  Et judicantem vidimus Æacum,   22. C. 4. 7. 21.
   Sedesque discretas piorum, et
    Æoliis fidibus querentem   *Æo.* C. 3. 30. 13.

25   Sappho puellis de popularibus;
  Et te sonantem plenius aureo,
   Alcæe, plectro dura navis,   27. C. 1. 32. 6.
    Dura fugæ mala, dura belli!

  Utrumque sacro digna silentio
30   Mirantur Umbræ dicere; sed magis
   Pugnas et exactos tyrannos
    Densum umeris bibit aure volgus.

  Quid mirum? ubi illis carminibus stupens
  Demittit atras belua centiceps   34. C. 3. 11. 17.
35   Aures, et intorti capillis
    Eumenidum recreantur angues;

  Quin et Prometheus et Pelopis parens   *Pro.* C. 1. 3. 27.
  Dulci laborum decipitur sono ;   Ep. 17. 67.
               Pel. C. 1. 28. 7.
               Ep. 17. 65.
 14. ? cautumst. 16. ? timetve, *Lachm.* 20. gentes. S. 1. 1. 63.
 23. discriptas, K. B. 32. humeris ; vulgus.

Q. HORATI FLACCI

Ori. C. 3. 4. 71.
lyn. C. 4. 6. 34.

    Nec curat Orion leones
       Aut timidos agitare lyncas.   40

XIV.

    EHEU fugaces, Postume, Postume,

2. C. 4. 7. 24.

    Labuntur anni, nec Pietas moram
      Rugis et instanti Senectæ
        Afferet indomitæque Morti.

    Non, si trecenis quotquot eunt dies,   5
    Amice, places illacrimabilem
      Plutona tauris : qui ter amplum

Tit. C. 3. 4. 77;
    11. 21.
com. C. 2. 20. 8.
10. E. 1. 2. 27.
11. C. 1. 4. 13.
    2. 3. 21.

        Geryonen Tityonque tristi
    Compescit unda, scilicet omnibus,
    Quicumque terræ munere vescimur,   10
      Enaviganda, sive reges
        Sive inopes erimus coloni.

fra. C. 1. 11. 15.
Had. C. 1. 33. 15.
    3. 3. 5;
    9. 23.

    Frustra cruento Marte carebimus
    Fractisque rauci fluctibus Hadriæ;
      Frustra per autumnos nocentem   15
        Corporibus metuemus Austrum:

Dan. C. 3. 11. 23.

20. Ep. 17. 68.

    Visendus ater flumine languido
    Cocytos errans, et Danai genus
      Infame, damnatusque longi
        Sisyphus Æolides laboris.   20

    Linquenda tellus, et domus, et placens
    Uxor; neque harum, quas colis, arborum

CARMINUM LIB. II. xv.

Te, praeter invisas cupressos,
Ulla brevem dominum sequetur.

25 Absumet heres Caecuba dignior
Servata centum clavibus, et mero
Tinget pavimentum superbo
Pontificum potiore cenis.

XV.

Jam pauca aratro jugera regiae
Moles relinquent: undique latius
Extenta visentur Lucrino
Stagna lacu: platanusque caelebs
5 Evincet ulmos: tum violaria et
Myrtus et omnis copia narium,
Spargent olivetis odorem
Fertilibus domino priori;

Tum spissa ramis laurea fervidos
10 Excludet ictus. Non ita Romuli
Praescriptum et intonsi Catonis
Auspiciis, veterumque norma.
Privatus illis census erat brevis,
Commune magnum: nulla decempedis
15 Metata privatis opacam
Porticus excipiebat Arcton;

Nec fortuitum spernere caespitem
Leges sinebant, oppida publico
Sumptu jubentes et deorum
20 Templa novo decorare saxo.

XIV. 27. superbum. *Cp.* E. 1. 10. 19.   XV. 10. aestus.

23. Ep. 5. 18.
inv. C. 1. 34. 10.
25. S. 2. 3. 122.
Caec. C. 1. 20. 9.

mol. C. 3. 29. 10.

Cat. C. 3. 21. 11.
aus. E. 1. 1. 86.
12. C. 4. 15. 12.

met. S. 2. 2. 114.

20. C. 2. 15. 20.

XVI.

1. C. 1. 1. 16.

Otium divos rogat in patenti
Prensus Ægæo, simul atra nubes
Condidit Lunam, neque certa fulgent
    Sidera nautis;

Otium bello furiosa Thrace,   5
Otium Medi pharetra decori,

7. C. 4. 13. 13.

Grosphe, non gemmis neque purpura ve-
    nale neque auro.

Non enim gazæ neque consularis
Summovet lictor miseros tumultus   10

laq. C. 2. 18. 2.

Mentis, et Curas laqueata circum
    Tecta volantis.

Vivitur parvo bene, cui paternum
Splendet in mensa tenui salinum:

lev. C. 2. 11. 8.

Nec leves somnos timor aut cupido   15
    Sordidus aufert.

17. C. 1. 4. 15.

Quid brevi fortes jaculamur ævo
Multa? quid terras alio calentis
Sole mutamus? Patriæ quis exsul

20. E. 1. 14. 13.

    Se quoque fugit?   20

21. C. 3. 1. 38.

Scandit æratas vitiosa navis
Cura, nec turmas equitum relinquit,
Ocior cervis, et agente nimbos
    Ocior Euro.

    12. volantes.   18. calentes.   21. naves.

CARMINUM LIB. II. xvii.

25 Lætus in præsens animus quod ultra est.   25. C. 1. 9. 13.
    Oderit curare, et amara lento
    Temperet risu; nihil est ab omni
        Parte beatum.

    Abstulit clarum cita mors Achillem,
30 Longa Tithonum minuit senectus,   30. C. 1. 28. 8.
    Et mihi forsan, tibi quod negarit,
        Porriget Hora.

    Te greges centum Siculæque circum   33. C. 2. 18. 1—9.
    Mugiunt vaccæ, tibi tollit hinnitum
35 Apta quadrigis equa, te bis Afro
        Murice tinctæ   36. E. 2. 2. 181.
                                                      Ep. 12. 21.

    Vestiunt lanæ: mihi parva rura, et
    Spiritum Graiæ tenuem Camenæ,   38. C. 4. 6. 29.
    Parca non mendax dedit, et malignum
40   Spernere volgus.   40. C. 2. 20. 4.
                                                          3. 1. 1.

XVII.

    Cur me querellis exanimas tuis?
    Nec dis amicum est nec mihi te prius
        Obire, Mæcenas, mearum
        Grande decus columenque rerum.   4. C. 1. 1. 2.

5 Ah! te meæ si partem animæ rapit   5. C. 1. 3. 8.
    Maturior vis, quid moror altera?
    Nec carus æque, nec superstes
        Integer. Ille dies utramque

    XVI. 25. ? ultrast.   40. vulgus.   XVII. 1. querelis.
        2. ? amicumst.

        Ducet ruinam. Non ego perfidum
        Dixi sacramentum: ibimus, ibimus,   10
          Utcumque præcedes, supremum
            Carpere iter comites parati.

13. C. 1. 27. 24.   Me nec Chimæræ spiritus igneæ,
    4. 2. 16.   Nec, si resurgat, centimanus Gyas
Gya. C. 3. 4. 69.
                       Divellet umquam: sic potenti   15
Par. C. 2. 3. 16.   Justitiæ placitumque Parcis.

ads. C. 4. 3. 2.   Seu Libra, seu me Scorpios adspicit
                    Formidolosus, pars violentior
                      Natalis horæ, seu tyrannus
                        Hesperiæ Capricornus undæ,   20

                    Utrumque nostrum incredibili modo
                    Consentit astrum. Te Jovis impio
                      Tutela Saturno refulgens
                        Eripuit, volucrisque Fati

                    Tardavit alas, cum populus frequens   25
                    Lætum theatris ter crepuit sonum:
27. C. 2. 13. 11.   Me truncus illapsus cerebro
    3. 4. 27;
    8. 8.   Sustulerat, nisi Faunus ictum

                    Dextra levasset, Mercurialium
red. C. 2. 7. 17.   Custos virorum. Reddere victimas   30
                      Ædemque votivam memento:
32. C.4. 2.53,54.   Nos humilem feriemus agnam.

                    14. gigas ; Gyges.

XVIII.

Non ebur neque aureum
    Mea renidet in domo lacunar;
Non trabes Hymettiæ
    Premunt columnas ultima recisas
5 Africa: neque Attali   *Att.* C. 1. 1. 12.
    Ignotus heres regiam occupavi:
Nec Laconicas mihi
    Trahunt honestæ purpuras clientæ.
At fides et ingeni
10   Benigna vena est, pauperemque dives   *ven.* A. P. 409.
Me petit; nihil supra   10. S. 2. 1. 76.
    Deos lacesso, nec potentem amicum   C. 2. 20. 6.
Largiora flagito,
    Satis beatus unicis Sabinis.   14. Ep. 1. 31.
15 Truditur dies die,   15. C. 4. 7. 6.
    Novæque pergunt interire Lunæ:
Tu secanda marmora
    Locas sub ipsum funus; et sepulcri
Immemor struis domos,
20   Marisque Bais obstrepentis urges   20. E. 1. 1. 83.
Summovere litora,
    Parum locuples continente ripa.
Quid, quod usque proximos
    Revellis agri terminos, et ultra
25 Limites clientium
    Salis avarus? pellitur paternos

         10. ? venast.   20. Baiis.

Q. HORATI FLACCI

  In sinu ferens deos
   Et uxor, et vir, sordidosque natos.
  Nulla certior tamen
   Rapacis Orci fine destinata   30
  Aula divitem 'manet

2. C. 1. 4. 13.   Erum. Quid ultra tendis? Æqua tellus
  Pauperi recluditur
   Regumque pueris, nec satelles Orci

5. C. 2. 13. 37.   Callidum Promethea   35
ur. E. 2. 2. 179.   Revexit auro captus. Hic superbum
7. C. 1. 28. 7. Tantalum, atque Tantali
˙. C. 2. 14. 9.   Genus coërcet; hic levare functum
  Pauperem laboribus
   Vocatus atque non vocatus audit.   40

XIX.

Bacchum in remotis carmina rupibus
 Vidi docentem, (credite posteri!)
3. C. 1. 1. 31.   Nymphasque discentes, et aures
  E. 1. 19. 4.   Capripedum Satyrorum acutas.

uh. C. 2. 11. 17. Euhoe! recenti mens trepidat metu,   5
Plenoque Bacchi pectore turbidum
 Lætatur! Euhoe! parce, Liber!
 Parce, gravi metuende thyrso!

Fas pervicaces est mihi Thyiadas,
Vinique fontem, lactis et uberes   10
 Cantare rivos, atque truncis
12. Ep. 16. 47. Lapsa cavis iterare mella.

  xviii. 32. Herum.   xix. 5. euoe.

CARMINUM LIB. II. xx.

  Fas et beatæ conjugis additum
  Stellis honorem, tectaque Pentheï
15   Disjecta non leni ruina,   *len.* S. 2. 7. 93.
    Thracis et exitium Lycurgi.

  Tu flectis amnes, tu mare barbarum:
  Tu separatis uvidus in jugis   *uvi.* C. 4. 5. 39.
   Nodo coërces viperino   1. 7. 22.
               S. 2. 6. 70.
20   Bistonidum sine fraude crines.

  Tu, quum parentis regna per arduum *par.* C. 1. 12. 13.
  Cohors Gigantum scanderet impia,   22. C. 3. 4. 49.
   Rhœtum retorsisti leonis
    Unguibus horribilique mala:

25 Quamquam, choreis aptior et jocis
  Ludoque dictus, non sat idoneus
   Pugnæ ferebaris; sed idem
    Pacis eras mediusque belli.

  Te vidit insons Cerberus aureo
30 Cornu decorum, leniter atterens
   Caudam, et recedentis trilingui   *tri.* C. 3. 11. 20.
    Ore pedes tetigitque crura.

XX.

  Non usitata nec tenui ferar
  Penna biformis per liquidum æthera
   Vates: neque in terris morabor
    Longius: invidiaque major

5 Urbes relinquam. Non ego pauperum 5. C. 3. 30. 6.
  Sanguis parentum, non ego, quem vocas,

dil. C. 1. 20. 5.	Dilecte Mæcenas, obibo,
8. C. 2. 14. 9.	Nec Stygia cohibebor unda.
1. 28. 2.	
	Jam jam residunt cruribus asperæ
	Pelles; et album mutor in alitem 10
	Superne: nascunturque leves
	Per digitos humerosque plumæ.
13. C. 4. 2. 2.	Jam Dædaleo ocior Icaro
14. C. 3. 4. 30.	Visam gementis litora Bospori,
2. 13. 14.	
can. C. 4. 3. 20.	Syrtesque Gætulas canorus 15
	Ales Hyperboreosque campos.
	Me Colchus, et qui dissimulat metum
Dac. C. 1. 35. 9.	Marsæ cohortis Dacus, et ultimi
3. 8. 18.	
Gel. C. 2. 9. 23.	Noscent Geloni; me peritus
3. 4. 35.	
pot. C. 4. 15. 21.	Discet Hiber, Rhodanique potor. 20
	Absint inani funere neniæ,
	Luctusque turpes et querimoniæ:
	Compesce clamorem, ac sepulcri
	Mitte supervacuos honores.

        11. superna.   13. notior, B. (*Cp.* C. 3. 14. 11.)

Q. HORATI FLACCI CARMINA.

LIBER TERTIUS.

I.

Odi profanum volgus et arceo;   1. C. 2. 16. 40.
Favete linguis: carmina non prius   *n. pri.* C. 3. 25. 8,
    Audita Musarum sacerdos   4. 9. 3.
      Virginibus puerisque canto.

5   Regum timendorum in proprios greges,
Reges in ipsos imperium est Jovis,
    Clari Giganteo triumpho,
      Cuncta supercilio moventis.

Est ut viro vir latius ordinet
10   Arbusta sulcis, hic generosior
    Descendat in Campum petitor,   11. E. 1. 1. 57.
      Moribus hic meliorque fama

Contendat, illi turba clientium
Sit major: aequa lege Necessitas   *Nec.* C. 1. 3. 32;
15   Sortitur insignis et imos;   35. 17.
      Omne capax movet urna nomen.   3. 24. 6.
                                        15. C. 2. 18. 32.
                                        16. C. 2. 3. 26.

     6. ? imperiumst.   15. insignes.

Destrictus ensis cui super impia
Cervice pendet, non Siculæ dapes
   Dulcem elaborabunt saporem,
     Non avium citharæque cantus   20

Somnum reducent. Somnus agrestium
Lenis virorum non humiles domos
   Fastidit, umbrosamque ripam,
     Non Zephyris agitata Tempe.

25. E. 1. 2. 46.   Desiderantem quod satis est neque   25
26. Ep. 2. 6.   Tumultuosum sollicitat mare,
   C. 3. 29. 57.   Nec sævus Arcturi cadentis
       Impetus, aut orientis Hædi:

29. E. 1. 8. 5.   Non verberatæ grandine vineæ,
men. Ep. 16. 45.   Fundusque mendax, arbore nunc aquas   30
     Culpante, nunc torrentia agros
       Sidera, nunc hiemes iniquas.

   Contracta pisces æquora sentiunt
   Jactis in altum molibus: huc frequens
cœm. C. 3. 24. 3.   Cæmenta demittit redemptor   35
red. E. 2. 2. 72.   Cum famulis, dominusque terræ

   Fastidiosus: sed Timor et Minæ
   Scandunt eodem, quo dominus; neque
39. C. 2. 16. 21.   Decedit ærata triremi, et
       Post equitem sedet atra Cura.   40

   Quod si dolentem nec Phrygius lapis,
pur. C. 2. 16. 7.   Nec purpurarum sidere clarior
     Delenit usus, nec Falerna
Ach. Ep. 13. 8.   Vitis, Achæmeniumque costum;
   C. 2. 11. 16.

CARMINUM LIB. III. ii.

45 Cur invidendis postibus et novo
    Sublime ritu moliar atrium?
        Cur valle permutem Sabina
            Divitias operosiores?   48. S. 2. 6. 79.

II.

    ANGUSTAM amice pauperiem pati   1. C. 4. 9. 49.
    Robustus acri militia puer
        Condiscat, et Parthos ferocis
            Vexet eques metuendus hasta,   4. C. 4. 14. 23.
5   Vitamque sub divo et trepidis agat   div. C. 1. 1. 25.
    In rebus.   Illum ex moenibus hosticis
        Matrona bellantis tyranni   7. C. 1. 35. 11.
            Prospiciens et adulta virgo

    Suspiret, eheu! ne rudis agminum
10 Sponsus lacessat regius asperum   Sp. C. 1. 29. 6.
        Tactu leonem, quem cruenta
            Per medias rapit ira caedes.

    Dulce et decorum est pro patria mori:
    Mors et fugacem persequitur virum,
15   Nec parcit imbellis juventae
            Poplitibus timidoque tergo.

    Virtus, repulsae nescia sordidae,   17. C. 4. 9. 39.
    Intaminatis fulget honoribus;   rep. E. 1. 1. 43.
        Nec sumit aut ponit secures
20   Arbitrio popularis aurae.

        3. feroces.   13. ? decorumst.

Q. HORATI FLACCI

tem. E. 1. 17. 84.

    Virtus, recludens immeritis mori-
    Caelum, negata temptat iter via:
      Coetusque volgares et udam
        Spernit humum fugiente penna.

    Est et fideli tuta silentio   25
    Merces: vetabo, qui Cereris sacrum
      Volgarit arcanae, sub isdem
        Sit trabibus, fragilemve mecum

Die. C. 1. 34. 5.

    Solvat phaselon. Saepe Diespiter
    Neglectus incesto addidit integrum;   30
      Raro antecedentem scelestum
        Deseruit pede Poena claudo.

III.

    JUSTUM et tenacem propositi virum

2. C. 4. 15. 17.
3. E. 1. 16. 73.

    Non civium ardor prava jubentium,
      Non voltus instantis tyranni
        Mente quatit solida, neque Auster,

5. C. 1. 3. 15.
   2. 17. 19.
6. C. 1. 16. 12.

    Dux inquieti turbidus Hadriae,   5
    Nec fulminantis magna manus Jovis:
      Si fractus illabatur orbis,
        Impavidum ferient ruinae.

    Hac arte Pollux et vagus Hercules

9. E. 2. 1. 5.
   C. 4. 5. 35;
     8. 29.

    Enisus arces attigit igneas: 10
      Quos inter Augustus recumbens
        Purpureo bibit ore nectar.

    II. 23; 27. vulgares; vulgarit.   III. 3. vultus.   12. bibet.

CARMINUM LIB. III. iii.

Hac te merentem, Bacche pater, tuæ
Vexere tigres, indocili jugum
15   Collo trahentes. Hac Quirinus
Martis equis Acheronta fugit,

Gratum elocuta consiliantibus   17. C. 3. 25. 6.
Junone divis:—' Ilion, Ilion
Fatalis incestusque judex
20   Et mulier peregrina vertit

'In pulverem; ex quo destituit deos
Mercede pacta Laomedon, mihi
Castæque damnatum Minervæ
Cum populo et duce fraudulento.

25 ' Jam nec Lacænæ splendet adulteræ   25. C. 1. 15. 2.
Famosus hospes, nec Priami domus   4. 9. 13.
Perjura pugnaces Achivos   fam. C. 3. 15. 3.
Hectoreis opibus refringit: 28. C. 4. 9. 22.

' Nostrisque ductum seditionibus
30   Bellum resedit. Protinus et graves
Iras, et invisum nepotem,
Troica quem peperit sacerdos,   32. C. 1. 2. 17.
                                                         4. 8. 22.
' Marti redonabo. Illum ego lucidas   red. C. 2. 7. 3.
Inire sedes, ducere nectaris   duc. C. 1. 17. 22.
35   Sucos, et adscribi quietis   4. 12. 14.
Ordinibus patiar deorum.

' Dum longus inter sæviat Ilion
Romamque pontus, qualibet exsules
In parte regnanto beati:
40   Dum Priami Paridisque busto

             34. discere.

66   Q. HORATI FLACCI

Cap. C. 1. 37. 6.	'Insultet armentum, et catulos feræ	
	Celent inultæ, stet Capitolium	
	Fulgens, triumphatisque possit	
44. C. 1. 12. 53.	Roma ferox dare jura Medis.	
E. 2. 1. 256.		
45. C. 4. 15. 15.	'Horrenda late nomen in ultimas	45
	Extendat oras, qua medius liquor	
	Secernit Europen ab Afro,	
	Qua tumidus rigat arva Nilus:	
	'Aurum irrepertum, et sic melius situm	
	Cum terra celat, spernere fortior	50
	Quam cogere humanos in usus,	
	Omne sacrum rapiente dextra.	
	'Quicumque mundo terminus obstitit,	
	Hunc tanget armis, visere gestiens,	
55. C. 1. 22. 17.	Qua parte debacchentur ignes,	55
3. 24. 37.	Qua nebulæ pluviique rores.	
	'Sed bellicosis fata Quiritibus	
	Hac lege dico; ne nimium pii	
	Rebusque fidentes avitæ	
	Tecta velint reparare Trojæ.	60
ali. C. 4. 6. 24.	'Trojæ renascens alite lugubri	
	Fortuna tristi clade iterabitur,	
	Ducente victrices catervas	
	Conjuge me Jovis et sorore.	
	'Ter si resurgat murus aëneus	65
	Auctore Phœbo, ter pereat meis	
	Excisus Argivis; ter uxor	
	Capta virum puerosque ploret.'—	

54. tangat.

CARMINUM LIB. III. iv.

  Non hoc jocosæ conveniet lyræ: 69. C. 2. 1. 37;
70   Quo Musa tendis? Desine pervicax   12. 4.
   Referre sermones deorum et
    Magna modis tenuare parvis.

IV.

  Descende cælo, et dic age tibia
  Regina longum Calliope melos,
   Seu voce nunc mavis acuta,
    Seu fidibus citharaque Phœbi.

5   Auditis? an me ludit amabilis   5. C. 3. 25. 3.
  Insania? Audire et videor pios   Ins. 2. 1. 118.
   Errare per lucos, amœnæ
    Quos et aquæ subeunt et auræ.

  Me fabulosæ, Volture in Apulo
10   Altricis extra limen Apuliæ,*
   Ludo fatigatumque somno
    Fronde nova puerum palumbes

  Texere, mirum quod foret omnibus,
  Quicumque celsæ nidum Acherontiæ,
15   Saltusque Bantinos, et arvum
    Pingue tenent humilis Forenti;

  Ut tuto ab atris corpore viperis
  Dormirem et ursis; ut premerer sacra
   Lauroque collataque myrto,
20   Non sine dis animosus infans.

   III. 69. hæc...conveniunt.
IV. 9. Vulture.   * ? limina villulæ.   16. Ferenti.

Q. HORATI FLACCI

<small>ard. S. 2. 6. 16.</small>

Vester, Camenae, vester in arduos
Tollor Sabinos; seu mihi frigidum

<small>Prae. E. 1. 2. 2.
Tib. C. 2. 6. 5.
Bai. E. 1. 1. 83.</small>

Praeneste, seu Tibur supinum,
Seu liquidae placuere Baiae.

<small>ami. C. 1. 26. 1.</small>

Vestris amicum fontibus et choris,   25
Non me Philippis versa acies retro,
Devota non exstinxit arbor,
Nec Sicula Palinurus unda.

Utcumque mecum vos eritis, libens

<small>Bos. C. 2. 13. 14;
20. 14.</small>

Insanientem navita Bosporum   30
Temptabo, et urentis harenas
Litoris Assyrii viator.

<small>Bri. C. 1. 35. 30.
4. 14. 48.</small>

Visam Britannos hospitibus feros,
Et laetum equino sanguine Concanum;

<small>Gel. C. 2. 9. 23.</small>

Visam pharetratos Gelonos   35

<small>Scy. C. 4. 15. 24.</small>

Et Scythicum inviolatus amnem.

Vos Caesarem altum, militia simul

<small>fes. C. 2. 7. 18.</small>

Fessas cohortes addidit oppidis,
Finire quaerentem labores,

<small>ant. C. 2. 1. 39.
3. 25. 4.</small>

Pierio recreatis antro: 40
Vos lene consilium et datis, et dato
Gaudetis almae. Scimus, ut impios
Titanas immanemque turmam
Fulmine sustulerit caduco,

<small>ine. C. 1. 34. 9.</small>

Qui terram inertem, qui mare temperat   45
Ventosum; et urbes regnaque tristia,
Divosque, mortalesque turbas

<small>48. C. 3. 1. 6.
1. 12. 16.</small>

Imperio regit unus aequo.

<small>aequ. C. 1. 12. 57.</small>

    31. urentes: arentes arenas.   38. abdidit.

	Magnum illa terrorem intulerat Jovi	49. C. 2. 12. 7.
50	Fidens juventus horrida bracchiis,	
	Fratresque tendentes opaco	
	Pelion imposuisse Olympo.	
	Sed quid Typhoëus et validus Mimas,	
	Aut quid minaci Porphyrion statu,	
55	Quid Rhœtus, evolsisque truncis	
	Enceladus jaculator audax,	
	Contra sonantem Palladis ægida	ægi. C. 1. 15. 11.
	Possent ruentes? Hinc avidus stetit	
	Volcanus, hinc matrona Juno, et	
60	Numquam humeris positurus arcum,	
	Qui rore puro Castaliæ lavit	
	Crines solutos, qui Lyciæ tenet	62. C. 4. 6. 26.
	Dumeta, natalemque silvam,	nat. C. 1. 21. 10.
	Delius et Patareus Apollo.	
65	Vis consili expers mole ruit sua:	
	Vim temperatam di quoque provehunt	
	In majus; idem odere vires	
	Omne nefas animo moventes.	
	Testis mearum centimanus Gyas	Gya. C. 2. 17. 14.
70	Sententiarum, notus et integræ	int. C. 1. 7. 5.
	Temptator Orion Dianæ	Ori. C. 2. 13. 39.
	Virginea domitus sagitta.	
	Injecta monstris Terra dolet suis,	
	Mæretque partus fulmine luridum	
75	Missos ad Orcum: nec peredit	
	Impositam celer ignis Ætnen;	

55. evulsis.   59. Vulcanus.   69. gigas; Gyges.

Q. HORATI FLACCI

inc. C. 1. 17. 26.
Tit. C. 2. 14. 8.
    4. 6. 2.

    Incontinentis nec Tityi jecur
    Reliquit ales, nequitiæ additus
      Custos: amatorem trecentæ

80. C. 4. 7. 28.

        Pirithoum cohibent catenæ.   80

V.

    Cælo tonantem credidimus Jovem

præ. E. 2. 1. 15.
  C. 4. 14. 43.

    Regnare: præsens divus habebitur
      Augustus, adjectis Britannis

4. C. 1. 2. 22.

        Imperio gravibusque Persis.

    Milesne Crassi conjuge barbara   5
    Turpis maritus vixit? et hostium—
      Pro Curia, inversique mores!—
        Consenuit socerorum in armis,

Apu. C. 1. 22. 13.

    Sub rege Medo, Marsus et Apulus,
    Anciliorum et nominis et togæ   10
      Oblitus, æternæque Vestæ,

Jov. C. 4. 15. 6.

        Incolumi Jove et urbe Roma?

    Hoc caverat mens provida Reguli,
    Dissentientis condicionibus
      Fœdis, et exemplo trahentis   15
        Perniciem veniens in ævum,

    Si non periret immiserabilis
    Captiva pubes. 'Signa ego Punicis
      Affixa delubris, et arma

o. C. 4. 14. 32.

        Militibus sine cæde,' dixit,   20

    IV. 78. relinquit.   v. 8. arvis.   12. incolomi.
        15. trahenti, K.

'Derepta vidi: vidi ego civium
　　Retorta tergo bracchia libero,　　　　　22. E. 2. 1. 191.
　　　　Portasque non clausas, et arva
　　　　　　Marte coli populata nostro.

25　'Auro repensus scilicet acrior
　　Miles redibit! Flagitio additis
　　　　Damnum. Neque amissos colores
　　　　　　Lana refert medicata fuco,　　　28. E. 1. 10. 27.

'Nec vera virtus, cum semel excidit,
30　　Curat reponi deterioribus.
　　　　Si pugnat extricata densis
　　　　　　Cerva plagis, erit ille fortis,

'Qui perfidis se credidit hostibus;
　　Et Marte Poenos proteret altero,
35　　　Qui lora restrictis lacertis
　　　　　　Sensit iners, timuitque mortem.

'Hic, unde vitam sumeret inscius
　　Pacem duello miscuit. O pudor!　　　　due. C. 3. 14. 18.
　　　　O magna Carthago, probrosis　　　　　　4. 15. 8.
40　　　Altior Italiae ruinis!'—　　　　　　　E. 1. 2. 7.

　　Fertur pudicae conjugis osculum,　　　pud. Ep. 2. 39.
　　Parvosque natos, ut capitis minor,
　　　　Ab se removisse, et virilem
　　　　　　Torvus humi posuisse voltum;

45　Donec labantis consilio Patres
　　Firmaret auctor numquam alias dato,
　　　　Interque maerentis amicos
　　　　　　Egregius properaret exsul.

　　21. direpta.　　37. aptius.　　45. labantes.　　47. maerentes.

Atqui sciebat, quæ sibi barbarus
Tortor pararet; non aliter tamen   50
    Dimovit obstantis propinquos,
    Et populum reditus morantem,

Quam si clientum longa negotia
Dijudicata lite relinqueret
    Tendens Venafranos in agros,   55
    Aut Lacedæmonium Tarentum.

VI.

imm. C. 1. 28. 30.
2. S. 2. 2. 104.
C. 2. 15. 20.

DELICTA majorum immeritus lues,
Romane, donec templa refeceris,
    Ædisque labentis deorum, et
    Fœda nigro simulacra fumo.

min. C. 1. 12. 57.

Dis te minorem quod geris, imperas: 5
Hinc omne principium, huc refer exitum.
    Di multa neglecti dederunt

3. C. 2. 1. 32.

    Hesperiæ mala luctuosæ.

Jam bis Monæses et Pacori manus

con. C. 4. 3. 8.

Non auspicatos contudit impetus   10
    Nostros, et adjecisse prædam
    Torquibus exiguis renidet.

Pæne occupatam seditionibus

14. C. 1. 35. 9.
1. 37. 7.

Delevit Urbem Dacus et Æthiops;
    Hic classe formidatus, ille   15
    Missilibus melior sagittis.

v. 51. obstantes.   VI. 3. ædes; labentes.

CARMINUM LIB. III. vi.

  Fecunda culpæ sæcula nuptias
  Primum inquinavere, et genus, et domos:
   Hoc fonte derivata clades
20   In patriam populumque fluxit.

  Motus doceri gaudet Ionicos
  Matura virgo, et fingitur artibus:
   Jam nunc et incestos amores
    De tenero meditatur ungui.

25 Mox juniores quærit adulteros
  Inter mariti vina; neque eligit,
   Cui donet impermissa raptim
    Gaudia, luminibus remotis;

  Sed jussa coram non sine conscio
30 Surgit marito, seu vocat institor,
   Seu navis Hispanæ magister,
    Dedecorum pretiosus emptor.

  Non his juventus orta parentibus
  Infecit æquor sanguine Punico,   34. C. 2. 12. 3.
35 Pyrrhumque et ingentem cecidit
   Antiochum, Hannibalemque dirum: *Han.* C. 4. 8. 16.
                    Ep. 16. 8.
  Sed rusticorum mascula militum   *mas.* A. P. 402.
  Proles, Sabellis docta ligonibus
   Versare glebas, et severæ
40   Matris ad arbitrium recisos

  Portare fustes, sol ubi montium
  Mutaret umbras et juga demeret
   Bobus fatigatis, amicum
    Tempus agens abeunte curru.   44. E. 1. 16. 7.

  22. frangitur artubus.   27. intermissa.

Damnosa quid non imminuit dies! 45
Ætas parentum, pejor avis, tulit
Nos nequiores, mox daturos
Progeniem vitiosiorem.

VII.

Quid fles, Asterie, quem tibi candidi
Primo restituent vere Favonii,
   Thyna merce beatum,
     Constantis juvenem fide,

Gygen? Ille Notis actus ad Oricum 5
Post insana Capræ sidera, frigidas
   Noctes non sine multis
     Insomnis lacrimis agit.

Atqui sollicitæ nuntius hospitæ,
Suspirare Chloën, et miseram tuis 10
   Dicens ignibus uri,
     Temptat mille vafer modis.

Ut Prœtum mulier perfida credulum
Falsis impulerit criminibus nimis
   Casto Bellerophonti 15
     Maturare necem, refert.

Narrat pæne datum Pelea Tartaro,
Magnessam Hippolyten dum fugit abstinens:
   Et peccare docentis
     Fallax historias movet: 20

   19. docentes.   20. monet.

Margin notes:
46. C. 1. 35. 35.
can. C. 1. 7. 15.
Thy. C. 1. 35. 7. E. 1. 6. 34.
sus. Ep. 11. 10.
pec. C. 1. 27. 17.

CARMINUM LIB. III. viii.

    Frustra: nam scopulis surdior Icari
    Voces audit adhuc integer. At tibi
      Ne vicinus Enipeus
        Plus justo placeat, cave:

25 Quamvis non alius flectere equum sciens
    Æque conspicitur gramine Martio,
      Nec quisquam citus æque
        Tusco denatat alveo.

    Prima nocte domum claude: neque in vias
30 Sub cantu querulæ despice tibiæ:
      Et te sæpe vocanti
        Duram difficilis mane.

21. Ep. 17. 54.
Ica. C. 1. 1. 45.

25. C. 3. 12. 11.
1. 8. 4.
gra. M. C. 4. 1. 39.

Tus. C. 1. 2. 14.

dif. C. 3. 10. 11.

VIII.

    Martiis cælebs quid agam Kalendis,
    Quid velint flores et acerra thuris
    Plena, miraris, positusque carbo in
      Cæspite vivo,

5 Docte sermonis utriusque linguæ?
    Voveram dulcis epulas et album
    Libero caprum, prope funeratus
      Arboris ictu.

    Hic dies anno redeunte festus
10 Corticem adstrictum pice dimovebit
    Amphoræ fumum bibere institutæ
      Consule Tullo.

8. C. 2. 13.
17. 27.
3. 4. 27.
9. C. 3. 14. 13.
S. 2. 2. 83.

5. sermones.   6. dulces.   10. demovebit.

	Sume, Mæcenas, cyathos amici	
14. C. 3. 21. 23.	Sospitis centum, et vigiles lucernas	
	Perfer in lucem : procul omnis esto	15
	Clamor et ira.	
	Mitte civilis super Urbe curas :	
18. C. 3. 6. 14.	Occidit Daci Cotisonis agmen ;	
S. 2. 6. 53.	Medus infestus sibi luctuosis	
dis. C. 2. 2. 18.	Dissidet armis :	20
	Servit Hispanæ vetus hostis oræ	
22. C. 2. 6. 2.	Cantaber sera domitus catena :	
	Jam Scythæ laxo meditantur arcu	
	Cedere campis.	
	Neglegens, ne qua populus laboret	25
	Parce privatus nimium cavere,	
27. C. 1. 11. 8.	Dona præsentis cape lætus horæ, et	
3. 29. 32.	Linque severa.	

IX.

	Donec gratus eram tibi,	
pot. S. 2. 5. 76.	Nec quisquam potior bracchia candidæ	
	Cervici juvenis dabat :	
4. C. 2. 2. 17.	Persarum vigui rege beatior.	
	Donec non alia magis	5
ars. C. 2. 4. 7.	Arsisti, neque erat Lydia post Chloën :	
	Multi Lydia nominis	
8. C. 1. 2. 17.	Romana vigui clarior Ilia.	

VIII. 15. profer.   17. civiles.   27. rape.   IX. 5. aliam.

      Me nunc Thressa Chloë regit,
10   Dulces docta modos, et citharæ sciens:
      Pro qua non metuam mori,
        Si parcent animæ fata superstiti.

      Me torret face mutua   *mut.* C. 4. 1. 30.
        Thurini Calais filius Ornyti: Ep. 15. 10.
15   Pro quo bis patiar mori,
        Si parcent puero fata superstiti.

      Quid? si prisca redit Venus,
        Diductosque jugo cogit aëneo?   18. C. 1. 33. 11.
      Si flava excutitur Chloë,
20   Rejectæque patet janua Lydiæ?

      Quamquam sidere pulchrior   21. C. 3. 19. 26.
        Ille est, tu levior cortice, et improbo
      Iracundior Hadria: *Had.* C. 1. 33. 15.
        Tecum vivere amem, tecum obeam libens.

X.

      Extremum Tanain si biberes, Lyce,
      Sævo nupta viro; me tamen asperas
      Porrectum ante fores obicere incolis   3. Ep. 1. 21.
        Plorares Aquilonibus.
5   Audis quo strepitu janua, quo nemus
      Inter pulchra satum tecta remugiat
      Ventis, et positas ut glaciet nives
        Puro numine Juppiter?

        3. objicere.

Ingratam Veneri pone superbiam,
Ne currente retro funis eat rota.   10
Non te Penelopen difficilem procis
    Tyrrhenus genuit parens.

O, quamvis neque te munera, nec preces,
Nec tinctus viola pallor amantium,
Nec vir Pieria pellice saucius   15
    Curvat, supplicibus tuis

Parcas, nec rigida mollior aesculo,
Nec Mauris animum mitior anguibus.
Non hoc semper erit liminis aut aquae
    Caelestis patiens latus.   20

XI.

MERCURI, nam te docilis magistro
Movit Amphion lapides canendo,
Tuque, Testudo, resonare septem
    Callida nervis,

Nec loquax olim neque grata, nunc et   5
Divitum mensis et amica templis:
Dic modos, Lyde quibus obstinatas
    Applicet auris.

Quae, velut latis equa trima campis,
Ludit exsultim metuitque tangi,   10
Nuptiarum expers et adhuc protervo
    Cruda marito.

x. 15. paelice, B.   xi. 8. aures.

CARMINUM LIB. III. xi.

    Tu potes tigris comitesque silvas   13. C. 1. 12. 7.
    Ducere, et rivos celeres morari;   A. P. 393.
15 Cessit immanis tibi blandienti   15. C. 2. 13. 33.
        Janitor aulæ

    Cerberus, quamvis furiale centum
    Muniant angues caput ejus, atque
    Spiritus teter saniesque manet
20   Ore trilingui.   20. C. 2. 19. 31.

    Quin et Ixion Tityosque voltu   *Tit.* C. 2. 14. 8.
    Risit invito: stetit urna paulum   3. 4. 77.
    Sicca, dum grato Danai puellas
        Carmine mulces.

25 Audiat Lyde scelus atque notas
    Virginum pœnas, et inane lymphæ
    Dolium fundo pereuntis imo,
        Seraque fata,

    Quæ manent culpas etiam sub Orco.
30 Impiæ; nam quid potuere majus?
    Impiæ sponsos potuere duro
        Perdere ferro.

    Una de multis, face nuptiali
    Digna, perjurum fuit in parentem
35 Splendide mendax, et in omne virgo
        Nobilis ævum.

    'Surge,' quæ dixit juveni marito,
    'Surge, ne longus tibi somnus, unde   *som.* C. 1. 24. 5.
    Non times, detur: socerum et scelestas
40   Falle sorores;

    13. tigres.   36. ævo=ævom, B.

41. C. 1. 23. 11.	' Quæ, velut nactæ vitulos leænæ,
	Singulos, eheu, lacerant. Ego illis
	Mollior nec te feriam, neque intra
	Claustra tenebo.

' Me pater sævis oneret catenis,   45
    Quod viro clemens misero peperci:
    Me vel extremos Numidarum in agros
        Classe releget.

49. Ep. 16. 21.   ' I, pedes quo te rapiunt et auræ,
    Dum favet nox et Venus: I secundo   50
    Omine, et nostri memorem sepulcro
        Scalpe querellam.'

XII.

Miserarum est neque amori
Dare ludum, neque dulci
Mala vino lavere, aut exanimari metuentis
    Patruæ verbera linguæ.

Tibi qualum Cythereæ   5
Puer ales, tibi telas
Operosæque Minervæ studium aufert, Neobule,
    Liparæi nitor Hebri,

9. C. 1. 8. 8.   Simul unctos Tiberinis
   3. 7. 25.   Humeros lavit in undis,   10
    Eques ipso melior Bellerophonte, neque pugno
        Neque segni pede victus;

        3. metuentes.

   Catus idem per apertum   *cat.* C. 1. 10. 3.
   Fugientis agitato
15 Grege cervos jaculari, et celer alto latitantem   *jac.* C. 1. 2. 3.
   Fruticeto excipere aprum.

XIII.

  O fons Bandusiæ, splendidior vitro.
  Dulci digne mero non sine floribus,
   Cras donaberis hædo,
    Cui frons turgida cornibus

5 Primis et Venerem et prœlia destinat:
  Frustra: nam gelidos inficiet tibi
   Rubro sanguine rivos
    Lascivi suboles gregis.

  Te flagrantis atrox hora Caniculæ   *Can.* C. 1. 17. 17.
10 Nescit tangere: tu frigus amabile   E. 1. 10. 16.
   Fessis vomere tauris
    Præbes, et pecori vago.

  Fies nobilium tu quoque fontium,
  Me dicente cavis impositam ilicem
15 Saxis, unde loquaces
    Lymphæ desiliunt tuæ.   16. Ep. 16. 48.

XIV.

  Herculis ritu modo dictus, o Plebs,
  Morte venalem petiisse laurum,

   XII. 14. fugientes.   15. arto.
      G

Q. HORATI FLACCI

Cæsar Hispana repetit Penates
    Victor ab ora.

Unico gaudens mulier marito   5
Prodeat, justis operata sacris;
Et soror clari ducis, et decoræ
    Supplice vitta

Virginum matres, juvenumque nuper
Sospitum. Vos o pueri, et puellæ   10
Jam virum expertæ, male ominatis
    Parcite verbis.

Hic dies vere mihi festus atras
Eximet curas: ego nec tumultum,
Nec mori per vim metuam, tenente   15
    Cæsare terras.

I, pete unguentum, puer, et coronas,
Et cadum Marsi memorem duelli,
Spartacum si qua potuit vagantem
    Fallere testa.   20

Dic et argutæ properet Neæræ
Murreum nodo cohibere crinem:
Si per invisum mora janitorem
    Fiet, abito.

Lenit albescens animos capillus   25
Litium et rixæ cupidos protervæ:
Non ego hoc ferrem calidus juventa,
    Consule Planco.

12. C. 3. 1. 2.
13. C. 3. 8. 9.
exi. E. 1. 5. 18.
15. C. 4. 15. 17.
17. C. 2. 3. 13.
due. E. 1. 2. 7.
tes. C. 3. 21. 4.
21. C. 2. 11. 22.
iuv. C. 1. 16. 23.
    4. 13. 26.
    A. P. 115.

6. divis.   11. nominatis, B.   14. exiget.
22. myrrheum, murrheum.

XV.

 Uxor pauperis Ibyci,
  Tandem nequitiæ fige modum tuæ,
 Famosisque laboribus: *fam.* C. 3. 3. 26.
  Maturo propior desine funeri
5 Inter ludere virgines,
  Et stellis nebulam spargere candidis.
 Non, si quid Pholoën satis,
  Et te, Chlori, decet: filia rectius
 Expugnat juvenum domos,
10 Pulso Thyias uti concita tympano.   10. C. 2. 19. 9.
 Illam cogit amor Nothi   *tym.* C. 1. 18. 14.
  Lascivæ similem ludere capreæ:
 Te lanæ propé nobilem
  Tonsæ Luceriam, non citharæ, decent,
15 Nec flos purpureus rosæ,
  Nec poti, vetulam, fæce tenus cadi.   16. C. 1. 35. 27.

XVI.

 Inclusam Danaën turris aënea,
 Robustæque fores, et vigilum canum
 Tristes excubiæ munierant satis
  Nocturnis ab adulteris,

5 Si non Acrisium, virginis abditæ
 Custodem pavidum, Juppiter et Venus
 Risissent: fore enim tutum iter et patens
  Converso in pretium deo.

  xv. 2. pone.   16. vetula.

Q. HORATI FLACCI

    Aurum per medios ire satellites,
  Et perrumpere amat saxa potentius   10
  Ictu fulmineo: concidit auguris
      Argivi domus ob lucrum

  Demersa exitio; diffidit urbium
  Portas vir Macedo, et subruit æmulos
  Reges muneribus; munera navium   15
      Sævos illaqueant duces.

7. C. 2. 16. 22.   Crescentem sequitur cura pecuniam,
    3. 1. 40.   Majorumque fames. Jure perhorrui
8. C. 2. 2. 13.
9. C. 1. 18. 15.   Late conspicuum tollere verticem,
                  Mæcenas, equitum decus.   20

  Quanto quisque sibi plura negaverit,
  Ab dis plura feret. Nil cupientium
  Nudus castra peto, et transfuga divitum
      Partes linquere gestio;

5. C. 2. 2. 9.   Contemptæ dominus splendidior rei,   25
                Quam si, quidquid arat impiger Apulus,
7. C. 1. 1. 9.   Occultare meis dicerer horreis,
8. E. 1. 2. 56;   Magnas inter opes inops.
    18. 98.

  Puræ rivus aquæ, silvaque jugerum
  Paucorum, et segetis certa fides meæ,   30
  Fulgentem imperio fertilis Africæ
      Fallit sorte beatior.

3. C. 2. 6. 14.   Quamquam nec Calabræ mella ferunt apes,
                Nec Læstrygonia Bacchus in amphora

                13. excidio.

CARMINUM LIB. III. xvii.

35　Languescit mihi, nec pinguia Gallicis
　　　Crescunt vellera pascuis,

　　Importuna tamen Pauperies abest;
　　Nec, si plura velim, tu dare deneges.
　　Contracto melius parva cupidine
40　　Vectigalia porrigam,　　　　　　　　　　*vec.* S. 2. 2. 100.

　　Quam si Mygdoniis regnum Alyattei　　　*Myg.* C. 2. 12. 22.
　　Campis continuem.　Multa petentibus　　4*s.* C. 3. 24. 64.
　　Desunt multa: bene est cui Deus obtulit　*ben.* S. 2. 2. 120.
　　　　　　　　　　　　　　　　　　　　　　E. 1. 1. 89.
　　Parca, quod satis est, manu.　　　　　　*sat.* C. 3. 1. 25.

XVII.

　　Æli, vetusto nobilis ab Lamo,
　　Quando et priores hinc Lamias ferunt
　　　Denominatos, et nepotum
　　　　Per memores genus omne fastos;　　4. C. 4. 14. 4.

5　Auctore ab illo ducis originem,
　　Qui Formiarum mœnia dicitur
　　　Princeps et innantem Maricæ
　　　　Litoribus tenuisse Lirim,　　　　　*Lir.* C. 1. 31. 7.

　　Late tyrannus: cras foliis nemus
10　Multis et alga litus inutili
　　　Demissa tempestas ab Euro
　　　　Sternet, aquæ nisi fallit augur　　11. Ep. 10. 5.
　　　　　　　　　　　　　　　　　　　　　　16. 54.

　　Annosa cornix.　Dum potis, aridum　　*ann.* C. 4. 13. 25.
　　Compone lignum: cras Genium mero　　14. C. 1. 9. 5.
　　　　　　　　　　　　　　　　　　　　　Gen. E. 2. 2. 187.
　　xvi. 43. ? benest.　　xvii. 13. potes, B.　A. P. 210.

Curabis et porco bimestri, 15
Cum famulis operum solutis.

16. S. 2. 2. 119.
A. P. 212.

XVIII.

Faune, Nympharum fugientum amator,
Per meos finis et aprica rura
Lenis incedas abeasque parvis
    Æquus alumnis;

alu. C. 3. 23. 7.

Si tener pleno cadit hædus anno, 5
Larga nec desunt Veneris sodali
Vina crateræ, vetus ara multo
    Fumat odore.

lud. C. 2. 5. 8.
3. 11. 10.

Ludit herboso pecus omne campo,
Cum tibi Nonæ redeunt Decembres: 10
Festus in pratis vacat otioso
    Cum bove pagus:

13. C. 1. 17. 5.
14. Ep. 11. 6.
15. E. 1. 14. 26.

Inter audaces lupus errat agnos:
Spargit agrestes tibi silva frondes:
Gaudet invisam pepulisse fossor 15
    Ter pede terram.

XIX.

Quantum distet ab Inacho
    Codrus, pro patria non timidus mori,
Narras, et genus Æaci,
    Et pugnata sacro bella sub Ilio:

2. C. 4. 9. 52.

4. C. 4. 9. 19.

XVII. 15. bimenstri, B. κ.   XVIII. 2. fines.   14. agrestis, K. Bent.

CARMINUM LIB. III. xx.

5 Quo Chium pretio cadum *Chi.* Ep. 9. 34.
    Mercemur, quis aquam temperet ignibus, S. 1. 10. 24.
   Quo praebente domum et quota 2. 8. 15.
    Pelignis caream frigoribus, taces.
   Da Lunae propere novae,
10   Da Noctis mediae, da, puer, auguris *Noc.* C. 3. 28. 16.
   Murenae: tribus aut novem
    Miscentur cyathis pocula commodis.
   Qui Musas amat impares,
    Ternos ter cyathos attonitus petet
15 Vates: tris prohibet supra
    Rixarum metuens tangere Gratia, 17. C. 3. 21. 22.
   Nudis juncta sororibus. 4. 7. 5.
    Insanire juvat: cur Berecyntiae 18. C. 2. 7. 28.
   Cessant flamina tibiae? 4. 12. 28.
20   Cur pendet tacita fistula cum lyra?
   Parcentis ego dexteras
    Odi: sparge rosas; audiat invidus 22. E. 1. 5. 14.
   Dementem strepitum Lycus
    Et vicina seni non habilis Lyco.
25 Spissa te nitidum coma,
    Puro te similem, Telephe, Vespero, 26. C. 3. 9. 21.
   Tempestiva petit Rhode: *Ves.* C. 2. 9. 10.
    Me lentus Glycerae torret amor meae.

XX.

Non vides, quanto moveas periclo,
Pyrrhe, Gaetulae catulos leaenae? *Gaet.* C. 1. 23. 10.

xix. 15. tres.   21. parcentes.

Q. HORATI FLACCI

   Dura post paulo fugies inaudax
    Prœlia raptor:

obs. cat. C.4.9.43. Cum per obstantis juvenum catervas   5
   Ibit insignem repetens Nearchum:
   Grande certamen, tibi præda cedat
    Major an illi.

   Interim, dum tu celeris sagittas
   Promis, hæc dentes acuit timendos,   10
   Arbiter pugnæ posuisse nudo
    Sub pede palmam

   Fertur, et leni recreare vento
odo. C. 2. 11. 15. Sparsum odoratis humerum capillis;
Nir. Ep. 15. 22. Qualis aut Nireus fuit, aut aquosa   - 15
16. C. 4. 4. 4.   Raptus ab Ida.

XXI.

1. Ep. 13. 6. O NATA mecum consule Manlio,
   Seu tu querellas, sive geris jocos,
    Seu rixam et insanos amores,
tes. C. 3. 14. 20.   Seu facilem, pia testa, somnum;

   Quocumque lectum nomine Massicum   5
   Servas, moveri digna bono die,
    Descende, Corvino jubente
lan. C. 3. 16. 35.   Promere languidiora vina.

Soc. C. 1. 29. 14. Non ille, quamquam Socraticis madet
   Sermonibus, te negleget horridus: 10

  XX. 5. obstantes. 8. illa, O. 9. celeres.

CARMINUM LIB. III. xxii.

    Narratur et prisci Catonis   *Cat.* C. 2. 15. 11.
        Sæpe mero caluisse virtus.   E. 2. 2. 117.

    Tu lene tormentum ingenio admoves   13. C. 3. 28. 4.
    Plerumque duro: tu sapientium
15   Curas et arcanum jocoso
        Consilium retegis Lyæo: 16. E. 1. 5. 16.

    Tu spem reducis mentibus anxiis,
    Viresque et addis cornua pauperi,
        Post te neque iratos trementi   19. C. 1. 18. 5.
20   Regum apices, neque militum arma.

    Te Liber, et, si læta aderit, Venus,
    Segnesque nodum solvere Gratiæ,
        Vivæque producent lucernæ,   22. C. 1. 30. 5.
                                                  3. 19. 17.
        Dum rediens fugat astra Phœbus.   23. C. 3. 8. 14.
                                                    fug. C. 2. 9. 12.

XXII.

    Montium custos nemorumque, Virgo,   1. C. 1. 12. 22;
    Quæ laborantis utero puellas   21. 5.
    Ter vocata audis, adimisque leto,   3. Ep. 5. 5.
        Diva triformis:

5   Imminens villæ tua pinus esto,
    Quam per exactos ego lætus annos
    Verris obliquum meditantis ictum
        Sanguine donem.

        xxii. 2. laborantes.

XXIII.

Cælo supinas si tuleris manus
Nascente Luna, rustica Phidyle,
Si thure placaris et horna
Fruge Lares, avidaque porca:

Nec pestilentem sentiet Africum   5
Fecunda vitis, nec sterilem seges
Robiginem, aut dulces alumni
Pomifero grave tempus anno.

Nam, quæ nivali pascitur Algido
Devota quercus inter et ilices,   10
Aut crescit Albanis in herbis,
Victima pontificum secures

Cervice tinget. Te nihil attinet
Temptare multa cæde bidentium
Parvos coronantem marino   15
Rore deos fragilique myrto.

Immunis aram si tetigit manus,
Non sumptuosa blandior hostia
Mollivit aversos Penates
Farre pio et saliente mica.   20

hor. Ep. 2. 47.
S. 2. 6. 88.

alu. C. 3. 18. 4.
8. C. 2. 14. 15.
S. 2. 6. 19.
Alg. C. 1. 21. 6.
4. 4. 58.

ave. Ep. 10. 18.

XXIV.

Intactis opulentior
Thesauris Arabum et divitis Indiæ,

2. E. 1. 6. 6.

XXIII. 3. ture.   7. rubiginem, B.   13. tinguet.

CARMINUM LIB. III. xxiv.

Cæmentis licet occupes
  Terrenum omne tuis et mare publicum,
5 Si figit adamantinos
  Summis verticibus dira Necessitas   *Nec.* C. 1. 3. 32.
Clavos, non animum metu,
  Non mortis laqueis expedies caput.
Campestres melius Scythæ,   *cam.* C. 1. 35. 9.
10   Quorum plaustra vagas rite trahunt domos,
Vivunt, et rigidi Getæ:
  Immetata quibus jugera liberas   *imm.* S. 2. 2. 114.
Fruges et Cererem ferunt,
  Nec cultura placet longior annua:
15 Defunctumque laboribus
  Æquali recreat sorte vicarius.
Illic matre carentibus
  Privignis mulier temperat innocens:
Nec dotata regit virum
20   Conjux, nec nitido fidit adultero: *nit.* C. 4. 9. 13.
Dos est magna parentium
  Virtus, et metuens alterius viri
Certo fœdere castitas,
  Et peccare nefas, aut pretium emori,   24. C. 4. 9. 50.
25 O quisquis volet impias
  Cædes et rabiem tollere civicam,
Si quæret Pater Urbium   *quæ.* C. 3. 27. 55.
  Subscribi statuis, indomitam audeat
Refrenare licentiam,   29. C. 4. 15. 10.
30   Clarus postgenitis; quatenus, heu nefas!

4. *Vulg.* Tyrrhenum ... Apulicum.   20. conjunx.
    24. est mori.   27. quærit.

     Virtutem incolumem odimus,
      Sublatam ex oculis quærimus invidi.
     Quid tristes querimoniæ,
      Si non supplicio culpa reciditur?

35. C. 4. 5. 22.
  E. 2. 1. 2.
     Quid leges sine moribus   35
      Vanæ proficiunt, si neque fervidis

37. C. 3. 3. 55.
  1. 22. 17.
     Pars inclusa caloribus
      Mundi, nec Boreæ finitimum latus,
     Durataeque solo nives,

40. S. 1. 1. 38.
      Mercatorem abigunt? horrida callidi   40
     Vincunt æquora navitæ?

42. S. 2. 3. 92.
      Magnum pauperies opprobrium jubet,
     Quidvis et facere et pati,
      Virtutisque viam deserit arduæ?
     Vel nos in Capitolium,   45
      Quo clamor vocat et turba faventium,
     Vel nos in mare proximum
      Gemmas et lapides, aurum et inutile,
     Summi materiem mali,
      Mittamus, scelerum si bene pænitet.   50
     Eradenda cupidinis
      Pravi sunt elementa: et teneræ nimis
     Mentes asperioribus

for. S. 1. 4. 121.
      Formandæ studiis. Nescit equo rudis
     Hærere ingenuus puer,   55
      Venarique timet; ludere doctior,

Græ. S. 2. 2. 11.
     Seu Græco jubeas trocho,

ale. E. 1. 18. 21.
      Seu malis vetita legibus alea:

      54. firmandæ, *Bent. conj.*

	Cum perjura patris fides	
60	Consortem socium fallat et hospitem,	
	Indignoque pecuniam	61. S. 2. 3. 122.
	Heredi properet. Scilicet improbæ	
	Crescunt divitiæ : tamen	
	Curtæ nescio quid semper abest rei.	64. C. 3. 16. 43. E. 1. 2. 56.

XXV.

	Quo me, Bacche, rapis tui	1. C. 2. 19. 6.
	Plenum? Quæ nemora aut quos agor in specus,	2. C. 3. 4. 6. E. 2. 2. 77.
	Velox mente nova? Quibus	
	Antris egregii Cæsaris audiar	*egr.* C. 1. 6. 11.
5	Æternum meditans decus	
	Stellis inserere et consilio Jovis?	*ins.* C. 1. 1. 35. *con.* C. 3. 3. 17. 7. C. 3. 1. 2.
	Dicam insigne, recens, adhuc	
	Indictum ore alio. Non secus in jugis	
	Exsomnis stupet Euhias	
10	Hebrum prospiciens, et nive candidam	10. E. 1. 3. 3.
	Thracen ac pede barbaro	
	Lustratam Rhodopen. Ut mihi devio	
	Ripas et vacuum nemus	13. E. 2. 2. 77.
	Mirari libet! O Naïadum potens	*mir.* C. 3. 29. 11.
15	Baccharumque valentium	
	Proceras manibus vertere fraxinos:	
	Nil parvum aut humili modo,	
	Nil mortale loquar. Dulce periculum est,	
	O Lenæe, sequi deum	
20	Cingentem viridi tempora pampino.	20. C. 4. 8. 33.

xxv. 13. rupes.   18. ? periculumst; est, *omit. Hl.* A. B.

XXVI.

mil. C. 4. 1. 16.

Vixi puellis nuper idoneus,
Et militavi non sine gloria:
   Nunc arma defunctumque bello
     Barbiton hic paries habebit,

mar. C. 4. 11. 15.

Lævum marinæ qui Veneris latus   5
Custodit. Hic, hic ponite lucida
   Funalia, et vectes, et arcus

s. C. 1. 25. 2.

     Oppositis foribus minaces.

Cyp. C. 1. 3. 1;
30. 2.

O quæ beatam, diva, tenes Cyprum, et
Memphin carentem Sithonia nive,   10
   Regina, sublimi flagello
     Tange Chloën semel arrogantem.

XXVII.

Impios parræ recinentis omen
Ducat, et prægnans canis, aut ab agro

rav. Ep. 16. 33.

Rava decurrens lupa Lanuvino,
     Fetaque vulpes:

Rumpat et serpens iter institutum,   5
Si per obliquum similis sagittæ
   Terruit mannos.—Ego cui timebo,
     Providus auspex,

Antequam stantis repetat paludes

Io. C. 3. 17. 12.

Imbrium divina avis imminentum,   10
   Oscinem corvum prece suscitabo
     Solis ab ortu.

XXVII. 2. prægnas, B.   7. quid timebo?   9. stantes.

Sis licet felix, ubicumque mavis,
Et memor nostri, Galatea, vivas:
15 Teque nec lævus vetet ire picus,
    Nec vaga cornix.

Sed vides, quanto trepidet tumultu
Pronus Orion. Ego, quid sit ater   *Ori.* C. 1. 28. 21.
Hadriæ, novi, sinus, et quid albus   Ep. 10. 10.
20   Peccet Iapyx.   *Had.* C. 1. 3. 15; 33. 16.
    alb. C. 1. 7. 15.
Hostium uxores puerique cæcos   *Iap.* C. 1. 3. 4.
Sentiant motus orientis Austrj, et   *Aus.* C. 3. 3. 4.
Æquoris nigri fremitum, et trementis
    Verbere ripas.

25 Sic et Europe niveum doloso
Credidit tauro latus, et scatentem
Beluis pontum mediasque fraudes   *bel.* C. 4. 14. 47.
    Palluit audax.

Nuper in pratis studiosa florum, et
30 Debitæ Nymphis opifex coronæ,
Nocte sublustri nihil astra præter
    Vidit et undas.

Quæ simul centum tetigit potentem   33. Ep. 9. 29.
Oppidis Creten, 'Pater! O relictum
35 Filiæ nomen pietasque,' dixit,
    'Victa furore!

'Unde quo veni? Levis una mors est
Virginum culpæ. Vigilansne ploro
Turpe commissum? an vitiis carentem
40   Ludit imago

    23. trementes.

' Vana, quae porta fugiens eburna
Somnium ducit? Meliusne fluctus
Ire per longos fuit, an recentes
 Carpere flores?

' Si quis infamem mihi nunc juvencum   45
Dedat iratae, lacerare ferro et
Frangere enitar modo multum amati
 Cornua monstri.

'Impudens liqui patrios Penates:
Impudens Orcum moror. O deorum   50
Si quis haec audis, utinam inter errem
 Nuda leones!

' Antequam turpis macies decentis
Occupet malas, tenerаеque sucus
quae. C. 3. 4. 39;   Defluat praedae, speciosa quaero   55
24. 27.
 Pascere tigres.

' " Vilis Europe," pater urget absens,
" Quid mori cessas? Potes hac ab orno
Pendulum zona bene te secuta
 Laedere collum.   60

' " Sive te rupes et acuta leto
Saxa delectant, age te procellae
Crede veloci: nisi erile mavis
 Carpere pensum,

' " Regius sanguis, dominaeque tradi   65
Barbarae pellex." ' Aderat querenti
Perfidum ridens Venus, et remisso
 Filius arcu.

48. tauri. 53. decentes. 57. urguet. 63. herile. 66. paelex, B.

CARMINUM LIB. III. xxviii.

    Mox, ubi lusit satis, 'Abstineto,'   *lus.* C. 1. 33. 12.
70 Dixit, 'irarum calidæque rixæ,
    Cum tibi invisus laceranda reddet
        Cornua taurus.

'Uxor invicti Jovis esse nescis:
Mitte singultus; bene ferre magnam
75 Disce fortunam: tua sectus orbis
    Nomina ducet.'

XXVIII.

    Festo quid potius die
      Neptuni faciam? Prome reconditum,
    Lyde strenua, Cæcubum,
      Munitæque adhibe vim sapientiæ.   4. C. 3. 21. 13.
5 Inclinare meridiem   4. 12. 27.
      Sentis: ac, veluti stet volucris dies,   *vol.* C. 4. 13. 16.
    Parcis deripere horreo   *hor.* C. 4. 12. 18.
      Cessantem Bibuli Consulis amphoram.
    Nos cantabimus invicem
10   Neptunum, et viridis Nereïdum comas:
    Tu curva recines lyra   *cur.* C. 1. 10. 6.
      Latonam, et celeris spicula Cynthiæ: 12. C. 1. 21. 1—3.
    Summo carmine, quæ Cnidon   *Cni.* C. 1. 30. 1.
      Fulgentesque tenet Cycladas, et Paphon   *Cyc.* C. 1. 14. 20.
15   Junctis visit oloribus: 15. C. 4. 1. 10.
      Dicetur merita Nox quoque nenia.   16. C. 3. 19. 10.

    xxviii. 10. virides; choros.   14. Paphum, B.

XXIX.

<small>1. C. 1. 1. 1.
S. 1. 6. 1.
len. C. 1. 7. 19.
3. 21. 8.
3. C. 2. 3. 13;
11. 14.
3. 14. 17.</small>

Tyrrhena regum progenies, tibi
Non ante verso lene merum cado,
  Cum flore, Maecenas, rosarum, et
    Pressa tuis balanus capillis

<small>*udu.* C. 1. 7. 14.
4. 2. 30;
3. 10.</small>

Jam dudum apud me est. Eripe te morae,   5
Nec semper udum Tibur, et Aesulae
  Declive contempleris arvum, et
    Telegoni juga parricidae.

<small>10. Ep. 9. 3.
mir. C. 3. 25. 14.</small>

Fastidiosam desere copiam et
Molem propinquam nubibus arduis;   10
  Omitte mirari beatae
    Fumum et opes strepitumque Romae.

<small>14. E. 1. 5. 7.
C. 2. 16. 13.
16. S. 2. 2. 125.</small>

Plerumque gratae divitibus vices,
Mundaeque parvo sub lare pauperum
  Cenae, sine aulaeis et ostro,   15
    Sollicitam explicuere frontem.

<small>18. E. 1. 10. 16.
20. C. 4. 12. 13.</small>

Jam clarus occultum Andromedae pater
Ostendit ignem: jam Procyon furit
  Et stella vesani Leonis,
    Sole dies referente siccos.   20

Jam pastor umbras cum grege languido
Rivumque fessus quaerit, et horridi
  Dumeta Silvani: caretque
    Ripa vagis taciturna ventis.

<small>5. ? mest.   6. ne.</small>

CARMINUM LIB. III. xxix.

25 Tu civitatem quis deceat status   25. C. 3. 8. 17.
    Curas, et Urbi sollicitus times,
        Quid Seres, et regnata Cyro   27. C. 4. 15. 23.
        Bactra parent Tanaisque discors.

    Prudens futuri temporis exitum   *pru.* C. 1. 3. 22.
30 Caliginosa nocte premit deus,
        Ridetque, si mortalis ultra
        Fas trepidat. Quod adest memento   *tre.* C. 2. 11. 4.
                                            32. C. 3. 8. 27.
    Componere æquus; cetera fluminis
    Ritu feruntur, nunc medio alveo
35   Cum pace delabentis Etruscum
        In mare, nunc lapides adesos

    Stirpesque raptas, et pecus et domos
    Volventis una, non sine montium
        Clamore vicinæque silvæ,
40   Cum fera diluvies quietos

    Irritat amnes. Ille potens sui
    Lætusque deget, cui licet in diem
        Dixisse, 'Vixi: cras vel atra
        Nube polum Pater occupato

45 'Vel sole puro: non tamen irritum,
    Quodcumque retro est, efficiet: neque
        Diffinget infectumque reddet,
        Quod fugiens semel hora vexit.'

    Fortuna sævo læta negotio, et
50 Ludum insolentem ludere pertinax,   50. C. 2. 1. 3.

34. æquore.   46. ? retrost.

Transmutat incertos honores,
   Nunc mihi, nunc alii benigna.

Laudo manentem: si celeres quatit
Pennas, resigno quae dedit, et mea
   Virtute me involvo probamque   55
   Pauperiem sine dote quaero.

Non est meum, si mugiat Africis
Malus procellis, ad miseras preces
   Decurrere; et votis pacisci,
   Ne Cypriae Tyriaeque merces   60

Addant avaro divitias mari.
Tum me, biremis praesidio scaphae
   Tutum, per Aegaeos tumultus
   Aura feret geminusque Pollux.

XXX.

Exegi monumentum aere perennius,
Regalique situ pyramidum altius;
Quod non imber edax, non Aquilo impotens
Possit diruere, aut innumerabilis
Annorum series et fuga temporum.   5
Non omnis moriar, multaque pars mei
Vitabit Libitinam. Usque ego postera
Crescam laude recens; dum Capitolium
Scandet cum tacita Virgine pontifex,
Dicar, qua violens obstrepit Aufidus, 10

XXIX. 54. pinnas, B.   62. tunc.

Et qua pauper aquæ Daunus agrestium
Regnavit populorum, ex humili potens,   *hum.* E. 1. 20. 20.
Princeps Æolium carmen ad Italos   13. E. 1. 19. 32.
Deduxisse modos. Sume superbiam   C. 3. 1. 2.
                                                     4. 9. 3.
15 Quæsitam meritis, et mihi Delphica   *Del.* C. 4. 2. 9.
Lauro cinge volens, Melpomene, comam.

Q. HORATI FLACCI CARMINA.

LIBER QUARTUS.

I.

	INTERMISSA, Venus, diu	
	Rursus bella moves? Parce, precor, precor.	
3. E. 1. 1. 4.	Non sum, qualis eram bonae	
	Sub regno Cinarae. Desine, dulcium	
5. C. 1. 19. 1.	Mater saeva Cupidinum,	5
	Circa lustra decem flectere mollibus	
	Jam durum imperiis. Abi,	
8. C. 1. 30. 2.	Quo blandae juvenum te revocant preces.	
	Tempestivius in domum	
	Paulli, purpureis ales oloribus,	10
	Commissabere Maximi,	
tor. C. 3. 9. 13.	Si torrere jecur quaeris idoneum,	
	Namque et nobilis, et decens,	
14. C. 2. 1. 13.	Et pro sollicitis non tacitus reis,	
15. C. 3. 9. 7.	Et centum puer artium,	15
16. C. 3. 26. 2.	Late signa feret militiae tuae:	

9. domo.

Et quandoque potentior
Largi muneribus riserit æmuli,
Albanos prope te lacus
20   Ponet marmoream, sub trabe citrea.
Illic plurima naribus
Duces thura, lyræque et Berecyntiæ *Ber.* C. 3. 19. 18.
Delectabere tibiæ
Mixtis carminibus, non sine fistula.
25   Illic bis pueri die
Numen cum teneris virginibus tuum
Laudantes, pede candido
In morem Salium ter quatient humum. 28. C. 1. 36. 12.
Me nec femina nec puer *ter,* C. 3. 18. 16.
30   Jam nec spes animi credula mutui, *cre.* C. 1. 5. 9.
Nec certare juvat mero 31. E. 1. 19. 11.
Nec vincire novis tempora floribus.
Sed cur, heu, Ligurine, cur 33. C. 4. 10.
Manat rara meas lacrima per genas? 34. C. 1. 13. 6.
35   Cur facunda parum decoro
Inter verba cadit lingua silentio?
Nocturnis ego somniis
Jam captum teneo, jam volucrem sequor
Te per gramina Martii
40   Campi, te per aquas, dure, volubilis.

II.

PINDARUM quisquis studet æmulari, 1. E. 1. 3. 10.
Iule, ceratis ope Dædalea *Dæd.* C. 2. 20. 13.

18. largis.   20. Cypria.   22. lyra; tibia.   40. volubiles.

4. C. 1. 1. 15.	Nititur pennis vitreo daturus
	Nomina ponto.
5. S. 1. 10. 62.	Monte decurrens velut amnis, imbres 5
	Quem super notas aluere ripas,
	Fervet immensusque ruit profundo
	Pindarus ore ;
Apo. C. 3. 30. 15.	Laurea donandus Apollinari,
	Seu per audaces nova dithyrambos 10
	Verba devolvit numerisque fertur
	Lege solutis:
13. A. P. 83.	Seu deos regesve canit, deorum
	Sanguinem, per quos cecidere justa
15. C. 1. 18. 8.	Morte Centauri, cecidit tremendæ 15
16. C. 1. 27. 24.	Flamma Chimæræ:
2. 17. 13.	
	Sive quos Elea domum reducit
	Palma cælestis, pugilemve equumve
19. C. 4. 8. 13.	Dicit et centum potiore signis
3. 30. 1.	Munere donat: 20
	Flebili sponsæ juvenemve raptum
	Plorat, et vires animumque moresque
23. C. 4. 8. 28.	Aureos educit in astra, nigroque
	Invidet Orco.
cyc. C. 4. 3. 20.	Multa Dircæum levat aura cycnum, 25
	Tendit, Antoni, quotiens in altos
	Nubium tractus: ego, apis Matinæ
	More modoque,

    3. pinnis, B.   18. cælestes.

CARMINUM LIB. IV. ii.

      Grata carpentis thyma per laborem   *thy.* E. 1. 3. 21.
30   Plurimum circa nemus uvidique   *uvi.* C. 3. 29. 6.
      Tiburis ripas operosa parvus   *par.* C. 1. 6. 9.
         Carmina fingo.

      Concines majore poëta plectro   *ple.* C. 2. 1. 40;
      Caesarem, quandoque trahet feroces   13. 27.
35   Per sacrum clivum merita decorus   34. C. 2. 12. 10.
         Fronde Sygambros: *fro.* C. 4. 3. 7.

      Quo nihil majus meliusve terris   37. E. 2. 1. 17.
      Fata donavere bonique divi,   *div.* C. 4. 5. 1.
      Nec dabunt, quamvis redeant in aurum
40   Tempora priscum.

      Concines laetosque dies, et Urbis
      Publicum ludum super impetrato
      Fortis Augusti reditu, forumque
         Litibus orbum.

45   Tum meae (si quid loquar audiendum)
      Vocis accedet bona pars: et, 'O Sol
      Pulcher, o laudande,' canam, recepto   *pul.* C. 4. 4. 39.
         Caesare felix.

      Teque, dum procedit, 'Io triumphe!'
50   Non semel dicemus, 'Io triumphe!'
      Civitas omnis, dabimusque divis
         Thura benignis.

      Te decem tauri totidemque vaccae,
      Me tener solvet vitulus, relicta   54. C. 2. 17. 32.
55   Matre qui largis juvenescit herbis
         In mea vota,

Fronte curvatos imitatus ignes
Tertium Lunae referentis ortum,
Qua notam duxit niveus videri,
    Cetera fulvus.   60

III.

Quem tu, Melpomene, semel
    Nascentem placido lumine videris,
Illum non labor Isthmius

pug. C. 4. 2. 18.
A. P. 84.
    Clarabit pugilem, non equus impiger
Curru ducet Achaico   5

Del. C. 4. 2. 9.
3. 30. 15.
7. C. 4. 2. 35.
    Victorem, neque res bellica Deliis
Ornatum foliis ducem,
    Quod regum tumidas contuderit minas,
Ostendet Capitolio:

10. C. 4. 2. 30.
    Sed quae Tibur aquae fertile praefluunt,   10
Et spissae nemorum comae,

12. C. 3. 30. 13.
    Fingent Aeolio carmine nobilem.
13. C. 4. 14. 44.
E. 1. 7. 44.
Romae principis urbium
    Dignatur suboles inter amabilis

15. C. 1. 1. 35.
Vatum ponere me choros: 15
16. C. 2. 20. 4.
    Et jam dente minus mordeor invido.
O testudinis aureae

18. C. 1. 24. 4.
    Dulcem quae strepitum, Pieri, temperas,
O, mutis quoque piscibus
    Donatura cycni, si libeat, sonum,   20
Totum muneris hoc tuist,
    Quod monstror digito praetereuntium

II. 58. orbem. 60. fulvos, B. III. 14. amabiles. 21. tui est.

CARMINUM LIB. IV. iv.

Romanæ fidicen lyræ:
Quod spiro et placeo, (si placeo,) tuum est.

23. E. 1. 19. 33.
spi. C. 4. 6. 29.

IV.

Qualem ministrum fulminis alitem,
Cui rex deorum regnum in avis vagas
   Permisit, expertus fidelem
     Juppiter in Ganymede flavo,

4. C. 3. 20. 16.

5 Olim juventas et patrius vigor
Nido laborum propulit inscium:
   Vernique, jam nimbis remotis,
     Insolitos docuere nisus

nis. C. 4. 2. 3.

Venti paventem: mox in ovilia
10 Demisit hostem vividus impetus:
   Nunc in reluctantes dracones
     Egit amor dapis atque pugnæ:

Qualemve lætis caprea pascuis
Intenta fulvæ matris ab ubere
15   Jam lacte depulsum leonem,
     Dente novo peritura, vidit:

15. C. 1. 23. 10.

Videre Rætis bella sub Alpibus
Drusum gerentem Vindelici: quibus
   Mos unde deductus per omne
20   Tempus Amazonia securi

Dextras obarmet, quærere distuli:
Nec scire fas est omnia: sed diu

III. 24. ? tuumst.   IV. 2. aves.   17. Ræti....et Vin.

Q. HORATI FLACCI

   Lateque victrices catervæ,
    Consiliis juvenis revictæ,

sen. C. 2. 7. 10. Sensere, quid mens rite, quid indoles 25
 4. 6. 3. Nutrita faustis sub penetralibus,
    Posset, quid Augusti paternus
     In pueros animus Nerones.

29. C. 3. 6. 33. Fortes creantur fortibus et bonis ;
 E. 1. 9. 13. Est in juvencis, est in equis patrum 30
    Virtus: neque imbellem feroces
     Progenerant aquilæ columbam.

   Doctrina sed vim promovet insitam,
   Rectique cultus pectora roborant ;
    Utcumque defecere mores, 35
     Indecorant bene nata culpæ.

   Quid debeas, o Roma, Neronibus,
   Testis Metaurum flumen, et Hasdrubal
    Devictus, et pulcher fugatis
     Ille dies Latio tenebris, 40

dir. C. 2. 12. 2. Qui primus alma risit adorea,
 3. 6. 36.
ut, Ep. 7. 19. Dirus per urbes Afer ut Italas,
    Ceu flamma per tædas, vel Eurus
     Per Siculas equitavit undas.

   Post hoc secundis usque laboribus 45
cre. C. 4. 15. 14. Romana pubes crevit, et impio
    Vastata Pœnorum tumultu
     Fana deos habuere rectos :

    36. dedecorant.

CARMINUM LIB. IV. iv.

      Dixitque tandem perfidus Hannibal:
50 'Cervi, luporum praeda rapacium,   50. C. 1. 15. 29.
      Sectamur ultro, quos opimus
      Fallere et effugere est triumphus.

     'Gens, quae cremato fortis ab Ilio   53. C. 1. 15. 36.
      Jactata Tuscis aequoribus sacra,   C. S. 41.
55   Natosque maturosque patres
      Pertulit Ausonias ad urbes,

     'Duris ut ilex tonsa bipennibus
      Nigrae feraci frondis in Algido,   58. C. 3. 23. 10.
      Per damna, per caedes, ab ipso   1. 21. 6.
60   Ducit opes animumque ferro.

     'Non Hydra secto corpore firmior
      Vinci dolentem crevit in Herculem,   vin. dol. C. 1. 6. 6.
      Monstrumve submisere Colchi
      Majus, Echioniaeve Thebae.

65 'Merses profundo, pulchrior evenit:
      Luctere, multa proruet integrum
      Cum laude victorem, geretque
      Proelia conjugibus loquenda.

     'Carthagini jam non ego nuntios
70   Mittam superbos; occidit, occidit
      Spes omnis et fortuna nostri
      Nominis, Hasdrubale interempto.

     'Nil Claudiae non perficient manus:
      Quas et benigno numine Juppiter
75   Defendit, et curae sagaces
      Expediunt per acuta belli.'

                73. perficiunt.

V.

bon. C. 4. 2. 88.	Divis orte bonis, optime Romulæ	
cus. C. 4. 14. 43; 15. 17.	Custos gentis, abes jam nimium diu:	
	Maturum reditum pollicitus Patrum	
	Sancto concilio, redi.	
	Lucem redde tuæ, dux bone, patriæ:	5
	Instar veris enim voltus ubi tuus	
	Affulsit populo, gratior it dies,	
	Et soles melius nitent.	
	Ut mater juvenem, quem Notus invido	
Car. C. 1. 35. 8.	Flatu Carpathii trans maris æquora	10
	Cunctantem spatio longius annuo	
	Dulci distinet a domo,	
	Votis ominibusque et precibus vocat,	
	Curvo nec faciem litore dimovet:	
	Sic desideriis icta fidelibus	15
	Quærit patria Cæsarem.	
	Tutus bos etenim rura perambulat,	
18. C. 4. 15. 5.	Nutrit rura Ceres, almaque Faustitas,	
	Pacatum volitant per mare navitæ,	
	Culpari metuit Fides:	20
21. C. 3. 6. 18.	Nullis polluitur casta domus stupris,	
22. C. 3. 24. 35. E. 2. 1. 2.	Mos et lex maculosum edomuit nefas,	
	Laudantur simili prole puerperæ,	
	Culpam Pœna premit comes.	

14. demovet.

CARMINUM LIB. IV. vi.   111

25 Quis Parthum paveat? quis gelidum Scythen?   25. C. 1. 26. 4.
    Quis Germania quos horrida parturit   3. 8. 23.
                                                         C. S. 55.
    Fetus, incolumi Caesare? quis ferae   26. Ep. 16. 7.
        Bellum curet Hiberiae?   28. C. 4. 14. 50.

    Condit quisque diem collibus in suis,
30 Et vitem viduas ducit ad arbores: 30. Ep. 2. 9.
    Hinc ad vina redit laetus, et alteris   C. 2. 15. 4.
        Te mensis adhibet deum:

    Te multa prece, te prosequitur mero
    Defuso pateris, et Laribus tuum
35 Miscet numen, uti Graecia Castoris   35. C. 1. 12. 25.
        Et magni memor Herculis.   3. 3. 9.
                                                         4. 8. 29.
    Longas o utinam, dux bone, ferias
    Praestes Hesperiae! dicimus integro
    Sicci mane die, dicimus uvidi,
40   Cum Sol oceano subest.

                    VI.

    DIVE, quem proles Niobea magnae
    Vindicem linguae, Tityosque raptor,   Tit. C. 3. 4. 77.
    Sensit, et Trojae prope victor altae   3. C. 2. 4. 10.
        Phthius Achilles,

5   Ceteris major, tibi miles impar;
    Filius quamvis Thetidis marinae   6. C. 1. 8. 14.
    Dardanas turres quateret tremenda
        Cuspide pugnax.

    v. 31. venit.   34. diffuso.   VI. 6. quamquam; Thetidos.

112   Q. HORATI FLACCI

  Ille, mordaci velut icta ferro
  Pinus, aut impulsa cupressus Euro,   10
  Procidit late posuitque collum in
    Pulvere Teucro.

  Ille non inclusus equo Minervæ
  Sacra mentito male feriatos
  Troas et lætam Priami choreis   15
    Falleret aulam;

  Sed palam captis gravis, heu nefas! heu!
  Nescios fari pueros Achivis
  Ureret flammis, etiam latentem
    Matris in alvo: 20

  Ni, tuis victus Venerisque gratæ
  Vocibus, divom pater adnuisset
  Rebus Æneæ potiore ductos
    Alite muros.

  Doctor argutæ fidicen Thaliæ,   25
  Phœbe, qui Xantho lavis amne crines,
  Dauniæ defende decus Camenæ,
    Levis Agyieu.

  Spiritum Phœbus mihi, Phœbus artem
  Carminis, nomenque dedit poëtæ.   30
  Virginum primæ, puerique claris
    Patribus orti,

  Deliæ tutela deæ, fugacis
  Lyncas et cervos cohibentis arcu,

  21. flexus.   25. Ductor Argivæ.   33. fugaces.

CARMINUM LIB. IV. vii.

35   Lesbium servate pedem, meique
         Pollicis ictum,   36. A. P. 274.

Rite Latonæ puerum canentes,
Rite crescentem face Noctilucam,
Prosperam frugum, celeremque pronos   *pron.* A. P. 60.
40   Volvere menses.

Nupta jam dices: Ego dis amicum,
Sæculo festas referente luces,
Reddidi carmen, docilis modorum   43. C. 4. 11. 35.
      Vatis Horati.

VII.

Diffugere nives: redeunt jam gramina campis,   1. C. 1. 4. 1.
   Arboribusque comæ: 4. 12. 3.
Mutat terra vices, et decrescentia ripas
   Flumina prætereunt:
5 Gratia cum Nymphis geminisque sororibus audet   5. C. 3. 19. 17.
   Ducere nuda choros.
Immortalia ne speres, monet Annus et almum
   Quæ rapit Hora diem.
Frigora mitescunt Zephyris, Ver proterit Æstas   *pro.* C. 3. 5. 34.
10   Interitura, simul
Pomifer Autumnus fruges effuderit; et mox
   Bruma recurrit iners.
Damna tamen celeres reparant cælestia lunæ:
   Nos, ubi decidimus,
15 Quo pater Æneas, quo dives Tullus et Ancus,   15. E. 1. 6. 27.
   Pulvis et umbra sumus.

     VII. 13. celeris, B. *male.*   15. pius.

17. C. 1. 9. 13.	Quis scit, an adiciant hodiernæ crastina summæ
	Tempora di superi ?
her. C. 2. 3. 20.	Cuncta manus avidas fugient heredis, amico
3. 24. 62.	
S. 2. 3. 151.	Quæ dederis animo. 20
Min. O. 1. 28. 9.	Cum semel occideris, et de te splendida Minos
	Fecerit arbitria:
23. C. 2. 14. 2.	Non, Torquate, genus, non te facundia, non te
	Restituet pietas.
	Infernis neque enim tenebris Diana pudicum 25
	Liberat Hippolytum:
	Nec Lethæa valet Theseus abrumpere caro
	Vincula Pirithoo.

VIII.

com. E. 2. 1. 227.	DONAREM pateras grataque commodus,
	Censorine, meis æra sodalibus;
	Donarem tripodas, præmia fortium
	Graiorum; neque tu pessima munerum
art. E. 1. 6. 17.	Ferres, divite me scilicet artium, 5
	Quas aut Parrhasius protulit, aut Scopas,
	Hic saxo, liquidis ille coloribus
pon. A. P. 34.	Sollers nunc hominem ponere, nunc deum.
vis, C. 4. 11. 4.	Sed non hæc mihi vis: nec tibi talium
	Res est aut animus deliciarum egens. 10
	Gaudes carminibus; carmina possumus
	Donare, et pretium dicere muneri.
13. C. 4. 2. 19.	Non incisa notis marmora publicis,
	Per quæ spiritus et vita redit bonis

VII. 17. adjiciant; vitæ.   VIII. 9. non.

CARMINUM LIB. IV. ix.

15 Post mortem ducibus; non celeres fugæ,
    Rejectæque retrorsum Hannibalis minæ,
    Non incendia Carthaginis impiæ,
    Ejus, qui domita nomen ab Africa
    Lucratus rediit, clarius indicant
20 Laudes, quam Calabræ Pierides: neque,
    Si chartæ sileant, quod bene feceris,
    Mercedem tuleris.   Quid foret Iliæ
    Mavortisque puer, si taciturnitas
    Obstaret meritis invida Romuli?
25 Ereptum Stygiis fluctibus Æacum
    Virtus et favor et lingua potentium
    Vatum divitibus consecrat insulis.
    Dignum laude virum Musa vetat mori:
    Cælo Musa beat.   Sic Jovis interest
30 Optatis epulis impiger Hercules:
    Clarum Tyndaridæ sidus ab infimis
    Quassas eripiunt æquoribus rates:
    Ornatus viridi tempora pampino
    Liber vota bonos ducit ad exitus.

17. Ep. 7. 6.
18. S. 2. 1. 66.
    Ep. 9. 25.

Ili. C. 3. 3. 32.

24. C. 4. 9. 33.

28. C. 4. 2. 23.

30. C. 3. 3. 9.
31. C. 1. 3. 2;
    12. 25.
33. C. 3. 25. 20.

IX.

Ne forte credas interitura, quæ,
Longe sonantem natus ad Aufidum,
    Non ante volgatas per artes
    Verba loquor socianda chordis;

5   Non, si priores Mæonius tenet
    Sedes Homerus, Pindaricæ latent,

2. C. 3. 30. 10.
   4. 14. 25.
3. C. 3. 1. 2.
   E. 1. 19. 33.

VIII. 34. duxit.   IX. 3. vulgatas.

116 Q. HORATI FLACCI

Ceæ, C. 2. 1. 27.
min. C. 2. 13. 31.

  Ceæque, et Alcæi minaces,
   Stesichorique graves Camenæ:

Ana. C. 1. 17. 18.

  Nec, si quid olim lusit Anacreon,
  Delevit ætas : spirat adhuc amor,   10
   Vivuntque commissi calores
   Æoliæ fidibus puellæ.

13. C. 3. 24. 20.
ill. E. 2. 1. 204.

  Non sola comptos arsit adulteri
  Crines, et aurum vestibus illitum
   Mirata, regalisque cultus   15
   Et comites Helene Lacæna :

Teu. C. 1. 7. 21.
Cyd. C. 1. 15. 17.

  Primusve Teucer tela Cydonio
  Direxit arcu : non semel Ilios
   Vexata: non pugnavit ingens

Sth. C. 1. 15. 24.

   Idomeneus Sthenelusve solus   20
  Dicenda Musis prœlia : non ferox

Hec. C. 2. 4. 10.
  3. 3. 28.

  Hector, vel acer Deiphobus gravis
   Excepit ictus pro pudicis
   Conjugibus puerisque primus.

  Vixere fortes ante Agamemnona   25
  Multi : sed omnes illacrimabiles

urg. C. 1. 24. 6.

   Urgentur ignotique longa
   Nocte, carent quia vate sacro.

  Paulum sepultæ distat inertiæ
  Celata virtus. Non ego te meis   30
   Chartis inornatum silebo,
   Totve tuos patiar labores

   15. regales.   18. ? derexit.   22. graves.
    27. urguentur.   31. sileri.

CARMINUM LIB. IV. x.

    Impune, Lolli, carpere lividas   *lic.* C. 4. 8. 24.
    Obliviones. Est animus tibi
35   Rerumque prudens, et secundis
       Temporibus dubiisque rectus: *rec.* S. 2. 3. 201.

    Vindex avaræ fraudis, et abstinens
    Ducentis ad se cuncta pecuniæ:
      Consulque non unius anni,
40   Sed quotiens bonus atque fidus

    Judex honestum prætulit utili,
    Rejecit alto dona nocentium
      Voltu, per obstantes catervas
       Explicuit sua victor arma.

45   Non possidentem multa vocaveris   45. C. 2. 2. 18.
    Recte beatum: rectius occupat
      Nomen beati, qui deorum
       Muneribus sapienter uti,

    Duramque callet pauperiem pati,   49. C. 3. 2. 1.
50   Pejusque leto flagitium timet;   S. 2. 7. 84.
      Non ille pro caris amicis   50. C. 3. 24. 24.
       Aut patria timidus perire.   52. C. 3. 19. 2.

X.

O CRUDELIS adhuc, et Veneris muneribus potens,
Insperata tuæ cum veniet pluma superbiæ,
Et quæ nunc umeris involitant, deciderint comæ,
Nunc et qui color est puniceæ flore prior rosæ,

   IX. 41, 43. utili et....et per.   X. 3. humeris.

118   Q. HORATI FLACCI

his. C. 2. 9. 1.   Mutatus Ligurinum in faciem verterit hispidam: 5
                  Dices, Heu! quotiens te speculo videris alterum,
7. E. 1. 1. 4.   Quae mens est hodie, cur eadem non puero fuit?
                  Vel cur his animis incolumes non redeunt genae?

XI.

                  Est mihi nonum superantis annum
Alb. S. 2. 8. 16.   Plenus Albani cadus; est in horto,
3. C. 1. 36. 16.   Phylli, nectendis apium coronis;
     2. 7. 24.   Est hederae vis

                  Multa, qua crinis religata fulges;   5
6. E. 1. 5. 7.   Ridet argento domus; ara castis
                  Vincta verbenis avet immolato
                     Spargier agno:

                  Cuncta festinat manus, huc et illuc
                  Cursitant mixtae pueris puellae;   10
11. S. 1. 5. 73.   Sordidum flammae trepidant rotantes
                     Vertice fumum.

                  Ut tamen noris, quibus advoceris
gau. C. 4. 12. 21.   Gaudiis, Idus tibi sunt agendae,
mar. C. 3. 26. 5.   Qui dies mensem Veneris marinae   15
                     Findit Aprilem:

                  Jure sollemnis mihi, sanctiorque
                  Paene natali proprio, quod ex hac
                  Luce Maecenas meus affluentis
                     Ordinat annos.   20

       x. 5. Ligurine, *Bent.* κ.   6. in speculo.   8. incolumis, B.
            xi. 5. crines.   19. affluentes.

CARMINUM LIB. IV. xii.

    Telephum, quem tu petis, occupavit,   *pet.* C. 1. 33. 13.
    Non tuæ sortis juvenem, puella   3. 19. 27.
    Dives et lasciva, tenetque grata
        Compede vinctum.   24. C. 1. 33. 14.

25 Terret ambustus Phaëthon avaras
    Spes : et exemplum grave præbet ales
    Pegasus, terrenum equitem gravatus   *Peg.* C. 1. 27. 24.
        Bellerophontem :   *Bel.* C. 3. 12. 11.

    Semper ut te digna sequare, et ultra
30 Quam licet sperare nefas putando
    Disparem vites.   Age jam, meorum
        Finis amorum—

    Non enim posthac alia calebo
    Femina,—condisce modos, amanda
35 Voce quos reddas ; minuentur atræ   *red.* C. 4. 7. 43.
        Carmine curæ.

XII.

    Jam Veris comites, quæ mare temperant,   *Ver.* C. 1. 28. 5.
    Impellunt animæ lintea Thraciæ ;   *Thr.* C. 1. 25. 11.
    Jam nec prata rigent, nec fluvii strepunt   Ep. 13. 3.
        Hiberna nive turgidi.

5   Nidum ponit, Ityn flebiliter gemens,   5. E. 1. 7. 13.
    Infelix avis et Cecropiæ domus
    Æternum opprobrium, quod male barbaras
        Regum est ulta libidines.

    xi. 35. minuuntur.   xii. 8. ? regumst.

Q. HORATI FLACCI

   Dicunt in tenero gramine pinguium
   Custodes ovium carmina fistula,   10
   Delectantque deum, cui pecus et nigri
    Colles Arcadiæ placent.

13. C. 3. 29. 20.
Cal. C. 1. 20. 9; 31. 9.

nar. C. 2. 11. 16.

   Adduxere sitim tempora, Virgili;
   Sed pressum Calibus ducere Liberum
   Si gestis, juvenum nobilium cliens,   15
    Nardo vina merebere.

   Nardi parvus onyx eliciet cadum,
   Qui nunc Sulpiciis accubat horreis

19. C. 3. 21. 17. E. 1. 5. 16.
20. C. 3. 12. 3.

   Spes donare novas largus, amaraque
    Curarum eluere efficax.   20

   Ad quæ si properas gaudia, cum tua
   Velox merce veni: non ego te meis
   Immunem meditor tingere poculis,
    Plena dives ut in domo.

25. C. 1. 29. 5.

   Verum pone moras et studium lucri,   25
   Nigrorumque memor, dum licet, ignium,
   Misce stultitiam consiliis brevem:

28. C. 2. 7. 28. 3. 19. 18.

    Dulce est desipere in loco.

XIII.

   A<small>UDIVERE</small>, Lyce, di mea vota, di
   Audivere, Lyce. Fis anus, et tamen
    Vis formosa videri,

4. E. 2. 2. 214.

    Ludisque et bibis impudens,

  11. delectante.   13. Vergili, B.   23. tinguere.
       28. ? dulcest.

CARMINUM LIB. IV. xiii.

5   Et cantu tremulo pota Cupidinem
     Lentum sollicitas. Ille virentis et   *vir.* C. 1. 9. 17.
       Doctæ psallere Chiæ   Ep. 13. 4.
        Pulchris excubat in genis.

    Importunus enim transvolat aridas   *ari.* C. 1. 25. 19.
10   Quercus, et refugit te, quia luridi   2. 11. 6.
      Dentes, te quia rugæ
        Turpant et capitis nives.

    Nec Coæ referunt jam tibi purpuræ,   *pur.* C. 2. 16. 7.
    Nec clari lapides tempora, quæ semel
15   Notis condita fastis
        Inclusit volucris dies.   16. C. 3. 28. 6.

    Quo fugit Venus? heu! quove color? decens
    Quo motus? quid habes illius, illius,
      Quæ spirabat Amores,
20   Quæ me surpuerat mihi,

    Felix post Cinaram notaque et artium   *pos.* C. 3. 9. 6.
    Gratarum facies? Sed Cinaræ brevis   *Cin.* C. 4. 10. 4.
      Annos fata dederunt,
        Servatura diu parem

25 Cornicis vetulæ temporibus Lycen:
    Possent ut juvenes visere fervidi,   *fer.* A. P. 116.
      Multo non sine risu,
        Dilapsam in cineres facem.

    14. cari.   17. color decens?   22. breves.
                 28. delapsum.

XIV.

  Quæ cura Patrum, quæve Quiritium,
  Plenis honorum muneribus tuas,
   Auguste, virtutes in ævum
    Per titulos memoresque fastos

  Æternet, O, qua sol habitabiles   5
  Illustrat oras, maxime principum?
   Quem legis expertes Latinæ
    Vindelici didicere nuper,

  Quid Marte posses. Milite nam tuo
  Drusus Genaunos, implacidum genus,   10
   Breunosque velocis, et arces
    Alpibus impositas tremendis,

  Dejecit acer plus vice simplici;
  Major Neronum mox grave prœlium
   Commisit, immanisque Rætos   15
    Auspiciis pepulit secundis:

  Spectandus in certamine Martio,
  Devota morti pectora liberæ
   Quantis fatigaret ruinis:
    Indomitas prope qualis undas   20

  Exercet Auster, Pleïadum choro
  Scindente nubes: impiger hostium

Margin notes:
- tit. C. 3. 24. 28.
- arc. E. 2. 1. 252.
- aus. E. 2. 1. 254.

4. fastus.   11. veloces.   15. immanes.

CARMINUM LIB. IV. xiv.

    Vexare turmas, et frementem
        Mittere equum medios per ignes.
25 Sic tauriformis volvitur Aufidus
    Qui regna Dauni præfluit Apuli,
        Cum sævit, horrendamque cultis
           Diluviem meditatur agris :

    Ut barbarorum Claudius agmina
30 Ferrata vasto diruit impetu,
        Primosque et extremos metendo
           Stravit humum, sine clade victor,

    Te copias, te consilium et tuos
    Præbente divos. Nam, tibi quo die
35   Portus Alexandrea supplex
           Et vacuam patefecit aulam,

    Fortuna lustro prospera tertio
    Belli secundos reddidit exitus,
        Laudemque et optatum peractis
40   Imperiis decus arrogavit.

    Te Cantaber non ante domabilis,
    Medusque, et Indus, te profugus Scythes
        Miratur, o tutela præsens
           Italiæ dominæque Romæ :

45 Te, fontium qui celat origines,
    Nilusque, et Hister, te rapidus Tigris,
        Te beluosus qui remotis
           Obstrepit Oceanus Britannis :

23. C. 3. 2. 4.
ign. C. 2. 1. 7.
E. 1. 1. 46.
S. 2. 3. 56.
25. C. 3. 30. 11.
S. 1. 1. 50.
præ. C. 4. 3. 10.
28. C. 3. 29. 40.

lus. C. 2. 4. 24.
4. 1. 6.
per. C. S. 27.

41. C. 2. 6. 2.
42. C. 1. 12. 54, 56.
dom. C. 4. 3. 13.
E. 1. 7. 44.

bel. C. 3. 27. 26.
rem. C. 1. 35. 29.

28. minitatur.   46. Ister.

Q. HORATI FLACCI

<small>Hib. C. 4. 5. 28.
Syg. C. 4. 2. 36.</small>

Te non paventis funera Galliæ
Duræque tellus audit Hiberiæ; 50
Te cæde gaudentes Sygambri
Compositis venerantur armis.

XV.

<small>1. C. 1. 6. 10.</small>

Phœbus volentem prœlia me loqui
Victas et urbes, increpuit lyra:
Ne parva Tyrrhenum per æquor
Vela darem. Tua, Cæsar, ætas

<small>5. C. 4. 5. 18.
Jov. C. 3. 5. 12.
7. E. 1. 18. 56.</small>

Fruges et agris rettulit uberes, 5
Et signa nostro restituit Jovi,
Derepta Parthorum superbis
Postibus, et vacuum duellis

<small>10. C. 3. 24. 29.</small>

Janum Quirini clausit, et ordinem
Rectum evaganti frena Licentiæ 10
Injecit, emovitque culpas,
Et veteres revocavit artes:

<small>12. S. 1. 4. 117.
C. 2. 15. 12.</small>

Per quas Latinum nomen et Italæ
Crevere vires, famaque et imperi

<small>15. C. 3. 3. 45.</small>

Porrecta majestas ad ortus 15
Solis ab Hesperio cubili.

<small>17. C. 3. 14. 14.
4. 5. 2.
civ. C. 3. 3. 2.
19. C. 1. 35. 39.</small>

Custode rerum Cæsare, non furor
Civilis aut vis exiget otium,
Non ira, quæ procudit enses,
Et miseras inimicat urbes. 20

xv. 15. ortum. 18. eximet.

CARMINUM LIB. IV. xv. 125

Non, qui profundum Danubium bibunt,
Edicta rumpent Julia, non Getæ,
   Non Seres, infidive Persæ,   23. C. 3. 29. 27.
      Non Tanain prope flumen orti.

25 Nosque et profestis lucibus et sacris,
Inter jocosi munera Liberi,
   Cum prole matronisque nostris,
      Rite deos prius apprecati,

Virtute functos, more patrum, duces,
30 Lydis remixto carmine tibiis,
   Trojamque et Anchisen et almæ
      Progeniem Veneris canemus.

21. Danuvium, K. (Cp. *Or. ad Tac. An.* II. 63).

CARMEN SÆCULARE.

pot. C. 1. 3. 1.	Phœbe, silvarumque potens Diana,	
	Lucidum cæli decus, o colendi	
	Semper et culti, date, quæ precamur	
	Tempore sacro :	
	Quo Sibyllini monuere versus	5
	Virgines lectas puerosque castos	
pla. C. 4. 12. 11.	Dis, quibus septem placuere colles,	
	Dicere carmen.	
	Alme Sol, curru nitido diem qui	
	Promis et celas, aliusque et idem	10
	Nasceris, possis nihil urbe Roma	
	Visere majus.	
	Rite maturos aperire partus	
	Lenis, Ilithyia, tuere matres :	
	Sive tu Lucina probas vocari,	15
	Seu Genitalis.	
	Diva, producas subolem, Patrumque	
	Prosperes decreta super jugandis	
	Feminis, prolisque novæ feraci	
	Lege marita :	20

5. quod.

CARMEN SÆCULARE. 127

    Certus undenos decies per annos
    Orbis ut cantus referatque ludos,
    Ter die claro, totiensque grata
        Nocte frequentes.

25   Vosque veraces cecinisse, Parcæ,   25. C. 2. 16. 39.
    Quod semel dictum est, stabilisque rerum
    Terminus servat, bona jam peractis
        Jungíte fata.

    Fertilis frugum pecorisque Tellus
30   Spicea donet Cererem corona:
    Nutriant fetus et aquæ salubres,   31. E. 2. 1. 135.
        Et Jovis auræ.

    Condito mitis placidusque telo
    Supplices audi pueros, Apollo:
35   Siderum regina bicornis, audi,   35. C. 1. 12. 48.
        Luna, puellas.

    Roma si vestrum est opus, Iliæque
    Litus Etruscum tenuere turmæ,   *Etr.* C. 1. 2. 14.
    Jussa pars mutare Lares et urbem
40   Sospite cursu:

    Cui per ardentem sine fraude Trojam   *sin.fr.* C. 2.19.20.
    Castus Æneas patriæ superstes   41. C. 4. 4. 53.
    Liberum munivit iter, daturus
        Plura relictis:

45   Di, probos mores docili juventæ,
    Di, senectuti placidæ quietem,

  26. ? dictumst.   27. servet.   37. ? vestrumst.

Rom. C. 4. 5. 1.	Romulæ genti date remque prolemque
	Et decus omne.
	Quæque vos bobus veneratur albis
50. C. 4. 15. 32.	Clarus Anchisæ Venerisque sanguis, 50
pri. S. 2. 5. 30.	Impetret, bellante prior, jacentem
	Lenis in hostem.
	Jam mari terraque manus potentes
	Medus, Albanasque timet secures:
	Jam Scythæ responsa petunt, superbi 55
	Nuper, et Indi.
57. C. 1. 24. 6.	Jam Fides, et Pax, et Honor, Pudorque
	Priscus, et neglecta redire Virtus
	Audet: apparetque beata pleno
60. C. 1. 17. 16.	Copia cornu. 60
E. 1. 12. 29.	
61. C. 1. 2. 32.	Augur, et fulgente decorus arcu
	Phœbus, acceptusque novem Camenis,
	Qui salutari levat arte fessos
	Corporis artus.
	Si Palatinas videt æquus arces, 65
	Remque Romanam Latiumque felix
	Alterum in lustrum, meliusque semper
	Proroget ævum.
Alg. C. 1. 21. 6.	Quæque Aventinum tenet Algidumque,
	Quindecim Diana preces virorum 70
	Curet, et votis puerorum amicas
	Applicet auris.

49. quique.   51. imperet.   57. Honos.   65. aras.
68. prorogat.   71. curat.   72. applicat aures.

Hæc Jovem sentire, deosque cunctos,
Spem bonam certamque domum reporto,
75   Doctus et Phœbi chorus et Dianæ
    Dicere laudes,

Q. HORATI FLACCI EPODON
LIBER.

I.

Lib. C. 1. 37. 30. Ibis Liburnis inter alta navium,
　　　　　　　　　　Amice, propugnacula,
　　　　　　　　Paratus omne Caesaris periculum
　　　　　　　　　　Subire, Maecenas, tuo.
5. C. 2. 17. 5.　Quid nos, quibus te vita si superstite　　5
　　　　　　　　　　Jucunda, si contra, gravis?
　　　　　　　　Utrumne jussi persequemur otium,
　　　　　　　　　　Non dulce, ni tecum simul?
　　　　　　　　An hunc laborem mente laturi, decet
　　　　　　　　　　Qua ferre non molles viros?　　10
　　　　　　　　Feremus; et te vel per Alpium juga,
12. C. 1. 22. 6.　　Inhospitalem et Caucasum,
　　　　　　　　Vel occidentis usque ad ultimum sinum
　　　　　　　　　　Forti sequemur pectore.
　　　　　　　　Roges, tuum labore quid juvem meo　　15
　　　　　　　　　　Imbellis ac firmus parum?
　　　　　　　　Comes minore sum futurus in metu,
　　　　　　　　　　Qui major absentis habet:

　　　　　5. sit.　　　10. quem.　　　18. absentes.

EPODON II.

<blockquote>

Ut assidens implumibus pullis avis
20 Serpentium allapsus timet
Magis relictis; non, ut adsit, auxili
Latura plus præsentibus.
Libenter hoc et omne militabitur
Bellum in tuæ spem gratiæ;
25 Non ut juvencis illigata pluribus
Aratra nitantur mea:
Pecusve Calabris ante sidus fervidum
Lucana mutet pascuis:
Nec ut superni villa candens Tusculi
30 Circæa tangat mœnia.
Satis superque me benignitas tua
Ditavit: haud paravero,
Quod aut avarus ut Chremes terra premam,
Discinctus aut perdam nepos.

</blockquote>

27. E. 2. 2. 177.

Cir. C. 3. 29. 8.
31. C. 2. 18. 12.
3. 16. 38.

II.

<blockquote>

'Beatus ille, qui procul negotiis,
Ut prisca gens mortalium,
Paterna rura bobus exercet suis,
Solutus omni fenore.
5 Neque excitatur classico miles truci,
Neque horret iratum mare,
Forumque vitat et superba civium
Potentiorum limina.
Ergo aut adulta vitium propagine
10 Altas maritat populos,

</blockquote>

10. C. 4. 5. 30.

1. 26. meis.   28. pascua.   34. ut....nepos.

Aut in reducta valle mugientium
　　Prospectat errantes greges;
Inutilisque falce ramos amputans
　　Feliciores inserit;
Aut pressa puris mella condit amphoris;　　15
　　Aut tondet infirmas oves;
Vel, cum decorum mitibus pomis caput
　　Autumnus agris extulit,
Ut gaudet insitiva decerpens pira,
　　Certantem et uvam purpuræ,　　20
Qua muneretur te, Priape, et te, pater
　　Silvane, tutor finium.
Libet jacere, modo sub antiqua ilice,
　　Modo in tenaci gramine:
Labuntur altis interim ripis aquæ,　　25
　　Queruntur in silvis aves,
Fontesque lymphis obstrepunt manantibus,
　　Somnos quod invitet leves.
At cum Tonantis annus hibernus Jovis
　　Imbres nivesque comparat,　　30
Aut trudit acris hinc et hinc multa cane
　　Apros in obstantis plagas;
Aut amite levi rara tendit retia,
　　Turdis edacibus dolos;
Pavidumque leporem, et advenam laqueo gruem, 35
　　Jucunda captat præmia.
Quis non malarum, quas amor curas habet,
　　Hæc inter obliviscitur?

13. inutilesque.　　18. arvis.　　25. rivis.
　　31. acres.　　32. obstantes.

EPODON II.

	Quod si pudica mulier in partem juvet	*pud.* C. 3. 5. 41.
40	Domum atque dulces liberos,	
	Sabina qualis, aut perusta solibus	*Sab.* C. 3. 6. 38.
	Pernicis uxor Apuli,	*sol.* C. 1. 8. 4.
	Sacrum vetustis exstruat lignis focum,	
	Lassi sub adventum viri ;	
45	Claudensque textis cratibus lætum pecus,	
	Distenta siccet ubera ;	
	Et horna dulci vina promens dolio,	*hor.* C. 3. 23. 3.
	Dapes inemptas apparet :	48. S. 2. 2. 120.
	Non me Lucrina juverint conchylia,	49, 50. S. 2. 2. 22;
50	Magisve rhombus, aut scari,	*ib.* 42 ; 74.
	Si quos Eois intonata fluctibus	
	Hiemps ad hoc vertat mare ;	
	Non Afra avis descendat in ventrem meum,	
	Non attagen Ionicus	
55	Jucundior, quam lecta de pinguissimis	
	Oliva ramis arborum,	
	Aut herba lapathi prata amantis, et gravi	*lap.* S. 2. 4. 29.
	Malvæ salubres corpori,	
	Vel agna festis cæsa Terminalibus,	
60	Vel hædus ereptus lupo.	
	Has inter epulas, ut juvat pastas oves	
	Videre properantis domum !	
	Videre fessos vomerem inversum boves	63. C. 3. 6. 43.
	Collo trahentis languido !	
65	Positosque vernas, ditis examen domus,	*ver.* S. 2. 6. 66.
	Circum renidentis Lares !'	

43. sacrum et.   62. properantes.   64. trahentes.
66. renidentes.

134   Q. HORATI FLACCI

    Hæc ubi locutus fenerator Alfius,
        Jam jam futurus rusticus,
    Omnem redegit Idibus pecuniam—

Kal. S. 1. 3. 87.   Quærit Kalendis ponere.   70
pon. A. P. 421.

III.

1. C. 2. 13. 5.   Parentis olim si quis impia manu
        Senile guttur fregerit,
    Edit cicutis alium nocentius.
        O dura messorum ilia !
    Quid hoc veneni sævit in præcordiis ?   5
        Num viperinus his cruor

inc. S. 2. 8. 52.   Incoctus herbis me fefellit ? an malas
tra. C. 2. 13. 9.   Canidia tractavit dapes ?
    Ut Argonautas præter omnis candidum

mir. C. 4. 9. 15.   Medea mirata est ducem,   10
    Ignota tauris illigaturum juga,
        Perunxit hoc Iasonem :

del. Ep. 17. 31.   Hoc delibutis ulta donis pellicem,
        Serpente fugit alite.
    Nec tantus umquam siderum insedit vapor   15

16. C. 3. 30. 11.   Siticulosæ Apuliæ :
17. Ep. 17. 30.   Nec munus humeris efficacis Herculis
        Inarsit æstuosius.
    At, si quid umquam tale concupiveris,
        Jocose Mæcenas, precor   20
    Manum puella savio opponat tuo,
        Extrema et in sponda cubet.

    II. 69. relegit.   III. 3. allium.   9. omnes.   10. ? miratast.

IV.

Lupis et agnis quanta sortito obtigit,   *lup.* Ep. 15. 7.
  Tecum mihi discordia est,
Ibericis peruste funibus latus,
  Et crura dura compede.
5 Licet superbus ambules pecunia,
  Fortuna non mutat genus.
Videsne, Sacram metiente te Viam   *Sac.* Ep. 7. 8.
  Cum bis trium ulnarum toga,   S. 1. 9. 1.
Ut ora vertat huc et huc euntium
10   Liberrima indignatio?
'Sectus flagellis hic Triumviralibus,
  Præconis ad fastidium,
Arat Falerni mille fundi jugera
  Et Appiam mannis terit;   *App.* S. 1. 5. 6.
15 Sedilibusque magnus in primis eques,   E. 1. 6. 26;
  Othone contempto, sedet.   18. 20.
Quid attinet tot ora navium gravi   *man.* C. 3. 27. 7.
  Rostrata duci pondere   E. 1. 7. 77.
Contra latrones atque servilem manum,   *Oth.* E. 1. 1. 58.
20   Hoc, hoc tribuno militum?'   *ser.* Ep. 9. 10.

V.

'At, o deorum quidquid in cælo regit
  Terras et humanum genus!
Quid iste fert tumultus? aut quid omnium
  Voltus in unum me truces?

v. 2. ? discordiast.

  Per liberos te, si vocata partubus   5
   Lucina veris adfuit,
  Per hoc inane purpuræ decus precor,
   Per improbaturum hæc Jovem,
  Quid ut noverca me intueris, aut uti
   Petita ferro belua?'—   10
  Ut hæc trementi questus ore constitit
   Insignibus raptis puer,
  Impube corpus, quale posset impia
   Mollire Thracum pectora;
  Canidia brevibus implicata viperis   15
   Crines et incomptum caput,
  Jubet sepulcris caprificos erutas,
   Jubet cupressus funebris,
  Et uncta turpis ova ranæ sanguine,
   Plumamque nocturnæ strigis,   20
  Herbasque, quas Iolcos atque Hiberia
   Mittit venenorum ferax,
  Et ossa ab ore rapta jejunæ canis,
   Flammis aduri Colchicis.
  At expedita Sagana, per totam domum   25
   Spargens Avernalis aquas,
  Horret capillis ut marinus asperis
   Echinus, aut currens aper.
  Abacta nulla Veia conscientia
   Ligonibus duris humum   30
  Exhauriebat, ingemens laboribus;
   Quo posset infossus puer

   15. illigata.   18. cupressos funebres.   21. aut.
          26. Avernales.

EPODON V.

      Longo die bis terque mutatae dapis
        Inemori spectaculo;
35 Cum promineret ore, quantum exstant aqua
        Suspensa mento corpora:
      Exsucta uti medulla et aridum jecur
        Amoris esset poculum,   38. Ep. 17. 80.
      Interminato cum semel fixae cibo
40   Intabuissent pupulae.
      Non defuisse masculae libidinis
        Ariminensem Foliam,
      Et otiosa credidit Neapolis,
        Et omne vicinum oppidum;
45 Quae sidera excantata voce Thessala   The. C. 1. 27. 21.
        Lunamque caelo deripit.   46. Ep. 17. 5 et 78.
      Hic irresectum saeva dente livido
        Canidia rodens pollicem
      Quid dixit aut quid tacuit? 'O rebus meis
50   Non infideles arbitrae,
      Nox et Diana, quae silentium regis,
        Arcana cum fiunt sacra,
      Nunc, nunc adeste: nunc in hostilis domos
        Iram atque numen vertite.
55 Formidolosis dum latent silvis ferae,
        Dulci sopore languidae,
      Senem, quod omnes rideant, adulterum
        Latrent Suburanae canes,
      Nardo perunctum, quale non perfectius
60   Meae laborarint manus.—

  37. exsucca, exusta, exesa *v.* exesta, exsecta, *Hl. A.* (extracta).
  53. hostiles.   55. formidolosae cum.   60. laborarunt. B.

Q. HORATI FLACCI

Quid accidit? cur dira barbarae minus
    Venena Medeae valent,
63. Ep. 3. 14.   Quibus superbam fugit ulta pellicem,
    Magni Creontis filiam,
Cum palla, tabo munus imbutum, novam   65
    Incendio nuptam abstulit?
Atqui nec herba, nec latens in asperis
    Radix fefellit me locis.
Indormit unctis omnium cubilibus
    Oblivione pellicum.—   70
Ah! ah! solutus ambulat veneficae
    Scientioris carmine.
Non usitatis, Vare, potionibus,
    O multa fleturum caput!
cap. C. 1. 24. 2.   Ad me recurres: nec vocata mens tua   75
    Marsis redibit vocibus.
Mar. Ep. 17. 29.   Majus parabo, majus infundam tibi
    Fastidienti poculum.
Priusque caelum sidet inferius mari,
    Tellure porrecta super,   80
Quam non amore sic meo flagres, uti
    Bitumen atris ignibus.'—
Sub haec puer, jam non, ut ante, mollibus
    Lenire verbis impias;
Sed dubius unde rumperet silentium,   85
Thy. C. 1. 16. 17.   Misit Thyesteas preces:
ten. S. 1. 8. 19.   'Venena magnum fas nefasque non valent
    Convertere humanam vicem.
Diris agam vos: dira detestatio
90. C. 1. 28. 34.   Nulla expiatur victima.   90

    63. superba, B.—paelicem, B.   65. infectum, B.

Quin, ubi perire jussus exspiravero,
  Nocturnus occurram Furor,
Petamque vultus umbra curvis unguibus,
  Quæ vis deorum est Manium;
95 Et inquietis assidens præcordiis,
  Pavore somnos auferam.
Vos turba vicatim hinc et hinc saxis petens
  Contundet obscenas anus.
Post insepulta membra different lupi
100 Et Esquilinæ alites;
Neque hoc parentes, heu mihi superstites,
  Effugerit spectaculum.'

VI.

Quid immerentis hospites vexas, canis,
  Ignavus adversum lupos?
Quin huc inanes, si potes, vertis minas,
  Et me remorsurum petis?   4. S. 2. 1. 45.
5 Nam, qualis aut Molossus, aut fulvus Lacon,   *Mol.* S. 2. 6. 114.
  Amica vis pastoribus,
Agam per altas aure sublata nives,
  Quæcumque præcedet fera.
Tu, cum timenda voce complesti nemus,
10 Projectum odoraris cibum.
Cave, cave: namque in malos asperrimus
  Parata tollo cornua;
Qualis Lycambæ spretus infido gener,   *Lyc.* E. 1. 19. 25.
  Aut acer hostis Bupalo.

v. 94. ? deorumst. 98. contundat, B. 102. effugerint.
  VI. 1. immerentes. 5. Laco.

An, si quis atro dente me petiverit, 15
  Inultus ut flebo puer?

VII.

Quo, quo scelesti ruitis? aut cur dexteris
  Aptantur enses conditi?
Parumne campis atque Neptuno super
  Fusum est Latini sanguinis,
Non ut superbas invidæ Carthaginis 5
  Romanus arces ureret:
Intactus aut Britannus ut descenderet
  Sacra catenatus Via:
Sed ut, secundum vota Parthorum, sua
  Urbs hæc periret dextera? 10
Neque hic lupis mos, nec fuit leonibus,
  Umquam, nisi in dispar, feris.
Furorne cæcus, an rapit vis acrior?
  An culpa? responsum date.—
Tacent; et albus ora pallor inficit, 15
  Mentesque perculsæ stupent.
Sic est; acerba fata Romanos agunt,
  Scelusque fraternæ necis,
Ut immerentis fluxit in terram Remi
  Sacer nepotibus cruor. 20

VIII.

Rogare longo putidam te sæculo,
  Vires quid enervet meas?

VII. 4. ? fusumst.   5. Karthaginis.

EPODON IX. 141

  Cum sit tibi dens ater, et rugis vetus
   Frontem senectus exaret;
5 Hietque turpis inter aridas nates
   Podex, velut crudæ bovis.
  Sed incitat me pectus, et mammæ putres,
   Equina quales ubera;
  Venterque mollis, et femur tumentibus
10 Exile suris additum.
  Esto beata, funus atque imagines
   Ducant triumphales tuum;
  Nec sit marita, quæ rotundioribus
   Onusta bacis ambulet.
15 Quid? quod libelli Stoici inter sericos
   Jacere pulvillos amant:
  Inlitterati num minus nervi rigent?
   Minusve languet fascinum?
  Quod ut superbo provoces ab inguine,
20 Ore allaborandum est tibi.

IX.

  Quando repostum Cæcubum ad festas dapes, *Cæc.* C. 1. 20. 9;
   Victore lætus Cæsare, 37. 5.
  Tecum sub alta, sic Jovi gratum, domo,
   Beate Mæcenas, bibam,
5 Sonante mixtum tibiis carmen lyra, 5. C. 4. 15. 30.
   Hac Dorium, illis barbarum?
  Ut nuper, actus cum freto Neptunius
   Dux fugit, ustis navibus,

   VIII. 20. ? allaborandumst.

	Minatus Urbi vincla, quæ detraxerat	
10. Ep. 4. 19.	Servis amicus perfidis.	10
	Romanus, eheu—posteri negabitis—	
	Emancipatus feminæ,	
	Fert vallum et arma miles, et spadonibus	
	Servire rugosis potest,	
	Interque signa turpe militaria	15
	Sol adspicit conopium.	
	At hoc frementes verterunt bis mille equos	
	Galli, canentes Cæsarem,	
	Hostiliumque navium portu latent	
	Puppes sinistrorsum citæ.	20
Tri. C. 4. 2. 49.	Io Triumphe, tu moraris aureos	
	Currus, et intactas boves?	
Jug. C. 2. 1. 28.	Io Triumphe, nec Jugurthino parem	
	Bello reportasti ducem,	
25. C. 4. 8. 18.	Neque Africanum, cui super Carthaginem	25
	Virtus sepulcrum condidit.	
pun. C. 4. 10. 4.	Terra marique victus hostis punico	
	Lugubre mutavit sagum;	
29. C. 3. 27. 33.	Aut ille centum nobilem Cretam urbibus,	
	Ventis iturus non suis,	30
31. C. 1. 22. 5.	Exercitatas aut petit Syrtes Noto;	
32. Ep. 16. 21.	Aut fertur incerto mari.	
33. S. 2. 8. 35.	Capaciores affer huc, puer, scyphos,	
Chi. C. 3. 19. 5.	Et Chia vina aut Lesbia.	
	Vel, quod fluentem nauseam coërceat,	35
	Metire nobis Cæcubum.	

16. conopeum. 35. nausiam, K.

EPODON X.

Curam metumque Caesaris rerum juvat
Dulci Lyæo solvere.

X.

MALA soluta navis exit alite,
    Ferens olentem Mævium.
Ut horridis utrumque verberes latus,
    Auster, memento fluctibus. *Aus.* C. 3. 27. 22.
5 Niger rudentis Eurus, inverso mari, *Eur.* C. 3. 17. 11.
    Fractosque remos differat; Ep. 16. 54.
                                   dif. Ep. 5. 99.
Insurgat Aquilo, quantus altis montibus
    Frangit trementis ilices;
Nec sidus atra nocte amicum appareat,
10   Qua tristis Orion cadit; *Ori.* C. 1. 28. 21.
                                   3. 27. 18.
Quietiore nec feratur æquore,
    Quam Graia victorum manus,
Cum Pallas usto vertit iram ab Ilio
    In impiam Ajacis ratem.
15 O quantus instat navitis sudor tuis, 15. C. 1. 15. 9.
    Tibique pallor luteus,
Et illa non virilis ejulatio,
    Preces et aversum ad Jovem, 18. C. 3. 29. 58.
Ionius udo cum remugiens sinus
20   Noto carinam ruperit!
Opima quod si præda curvo litore
    Porrecta mergos juveris,
Libidinosus immolabitur caper
    Et agna Tempestatibus.

x. 5. rudentes.   8. Fregit; trementes.
    22. projecta, *Bent.*   *ib.* juverit, B.

XI.

Petti, nihil me, sicut antea, juvat
  Scribere versiculos amore percussum gravi.
Amore, qui me præter omnes expetit
  Mollibus in pueris aut in puellis urere.
Hic tertius December, ex quo destiti   5
  Inachia furere, silvis honorem decutit.
Heu! me, per urbem—nam pudet tanti mali—
  Fabula quanta fui! conviviorum et pænitet,
In queis amantem et languor et silentium
  Arguit, et latere petitus imo spiritus.   10
Contrane lucrum nil valere candidum
  Pauperis ingenium? querebar applorans tibi,
Simul calentis inverecundus deus
  Fervidiore mero arcana promorat loco.
Quod si meis inæstuet præcordiis   15
  Libera bilis, ut hæc ingrata ventis dividat
Fomenta, vulnus nil malum levantia,
  Desinet imparibus certare summotus pudor.
Ubi hæc severus te palam laudaveram,
  Jussus abire domum, ferebar incerto pede   20
Ad non amicos heu! mihi postes, et heu!
  Limina dura, quibus lumbos et infregi latus.
Nunc, gloriantis quamlibet mulierculam
  Vincere mollitie, amor Lycisci me tenet:
Unde expedire non amicorum queant   25
  Libera consilia, nec contumeliæ graves;
Sed alius ardor aut puellæ candidæ,
  Aut teretis pueri, longam renodantis comam.

1. Pecti.   2. perculsum.   24. mollitia, (S. 2. 2. 27.)

XII.

Quid tibi vis, mulier nigris dignissima barris?
  Munera cur mihi, quidve tabellas
Mittis, nec firmo juveni, neque naris obesæ?
  Namque sagacius unus odoror,
5 Polypus, an gravis hirsutis cubet hircus in alis,
  Quam canis acer, ubi lateat sus.
Qui sudor vietis et quam malus undique membris
  Crescit odor! cum, pene soluto,
Indomitam properat rabiem sedare; neque illi
10   Jam manet humida creta, colorque
Stercore fucatus crocodili! jamque subando
  Tenta cubilia tectaque rumpit.
Vel mea quum sævis agitat fastidia verbis:—
  'Inachia langues minus ac me:
15 Inachiam ter nocte potes; mihi semper ad unum
  Mollis opus: pereat male, quæ te,
Lesbia, quærenti taurum, monstravit inertem;
  Cum mihi Cous adesset Amyntas,
Cujus in indomito constantior inguine nervus,
20   Quam nova collibus arbor inhæret.
Muricibus Tyriis iteratæ vellere lanæ   21. C. 2. 16. 36.
  Cui properabantur? tibi nempe;
Ne foret æqualis inter conviva, magis quem
  Diligeret mulier sua, quam te.
25 O ego infelix, quam tu fugis, ut pavet acris
  Agna lupos, capreæque leones.'   26. C. 1. 15. 29;
                                                    23. 1.

23. æquales.   25. acres.

XIII.

1. Ep. 2. 30.	Horrida tempestas caelum contraxit, et imbres
	Nivesque deducunt Jovem; nunc mare, nunc siluae
Thr. C. 4. 12. 2.	Threicio Aquilone sonant. Rapiamus, amici,
	Occasionem de die; dumque virent genua,
	Et decet, obducta solvatur fronte senectus. 5
mov. C. 3. 21. 6.	Tu vina Torquato move Consule pressa meo.
meo, C. 3. 21. 1.	Cetera mitte loqui: deus haec fortasse benigna
Ach. C. 3. 1. 44.	Reducet in sedem vice. Nunc et Achaemenio
Cyl. C. 1. 10. 6.	Perfundi nardo juvat, et fide Cyllenea
	Levare diris pectora sollicitudinibus. 10
	Nobilis ut grandi cecinit Centaurus alumno:—
12. C. 1. 8. 14.	'Invicte, mortalis dea nate puer Thetide,
	Te manet Assaraci tellus, quam frigida parvi
	Findunt Scamandri flumina, lubricus et Simoïs;
	Unde tibi reditum certo subtemine Parcae 15
	Rupere; nec mater domum caerula te revehet.
	Illic omne malum vino cantuque levato,
aegr. Ep. 17. 73.	Deformis aegrimoniae dulcibus alloquiis.'

XIV.

Mollis inertia cur tantam diffuderit imis
    Oblivionem sensibus,
Pocula Lethaeos ut si ducentia somnos
    Arente fauce traxerim,
Candide Maecenas, occidis saepe rogando: 5
    Deus, deus nam me vetat

EPODON XV. 147

    Inceptos, olim promissum carmen, iambos   *pro.* A. P. 45.
        Ad umbilicum adducere.
    Non aliter Samio dicunt arsisse Bathyllo
10   Anacreonta Teïum,   10. C. 1. 17. 18.
    Qui persæpe cava testudine flevit amorem,
        Non elaboratum ad pedem.
    Ureris ipse miser: quod si non pulchrior ignis
        Accendit obsessam Ilion,
15   Gaude sorte tua; me libertina, neque uno
        Contenta, Phryne macerat.

XV.

    Nox erat, et cælo fulgebat Luna sereno
        Inter minora sidera,   2. C. 1. 12. 48.
    Cum tu, magnorum numen læsura deorum,
        In verba jurabas mea,   4. Ep. 16. 25.
5   Artius atque hedera procera adstringitur ilex,   5. C. 1. 36. 20.
        Lentis adhærens bracchiis;   *len.* S. 1. 9. 64.
    Dum pecori lupus, et nautis infestus Orion   *lup.* Ep. 4. 1.
        Turbaret hibernum mare,   *Ori.* C. 3. 27. 18.
    Intonsosque agitaret Apollinis aura capillos,   *int.* C. 1. 21. 2.
10   Fore hunc amorem mutuum.
    O dolitura mea multum virtute Neæra,
        Nam, si quid in Flacco virist,
    Non feret assiduas potiori te dare noctes,   *pot.* C. 3. 9. 2.
        Et quæret iratus parem,

XIV. 13. quando non, B. ?   15. nec.   XV. 5. **astringitur.**
    12. viri est : est, *om. al.* virium, T.   14. quærit.

Q. HORATI FLACCI

  Nec semel offensæ cedet constantia formæ,   15
   Si certus intrarit dolor.
  Et tu, quicumque es felicior atque meo nunc
   Superbus incedis malo,
  Sis pecore et multa dives tellure licebit,
20. E. 1. 12. 9.   Tibique Pactolus fluat,   20
ren. C. 1. 28. 10.   Nec te Pythagoræ fallant arcana renati,
22. C. 3. 20. 15.   Formaque vincas Nirea;
  Eheu! translatos alio mærebis amores:
   Ast ego vicissim risero.

XVI.

  ALTERA jam teritur bellis civilibus ætas,
2. Ep. 7. 10.   Suis et ipsa Roma viribus ruit:
3. C. 3. 14. 18.   Quam neque finitimi valuerunt perdere Marsi,
   Minacis aut Etrusca Porsenæ manus,
Spa. C. 3. 14. 19.   Æmula nec virtus Capuæ, nec Spartacus acer,   5
   Novisque rebus infidelis Allobrox,
7. C. 4. 5. 26.   Nec fera cærulea domuit Germania pube,
8. C. 1. 1. 24.   Parentibusque abominatus Hannibal,
9. C. 1. 35. 34.   Impia perdemus devoti sanguinis ætas;
   Ferisque rursus occupabitur solum.   10
  Barbarus, heu! cineres insistet victor, et Urbem
   Eques sonante verberabit ungula;
  Quæque carent ventis et solibus ossa Quirini,
dis. Ep. 17. 48.   Nefas videre! dissipabit insolens.
ins. C. 1. 16. 21.   Forte quid expediat communiter aut melior pars   15
   Malis carere quæritis laboribus;

xv. 17. at.

EPODON XVI.

```
     Nulla sit hac potior sententia : Phocæorum
       Velut profugit exsecrata civitas
     Agros atque Lares patrios, habitandaque fana
20     Apris reliquit et rapacibus lupis :
     Ire, pedes quocumque ferent, quocumque per undas      21. C. 3. 11. 49.
       Notus vocabit, aut protervus Africus.
     Sic placet? an melius quis habet suadere ? secunda
       Ratem occupare quid moramur alite ?                 ali. C. 4. 6. 24.
                                                             Ep. 10. 1.
25   Sed juremus in hæc :—Simul imis saxa renarint         jur. Ep. 15. 4.
       Vadis levata, ne redire sit nefas;
     Neu conversa domum pigeat dare lintea, quando
       Padus Matina laverit cacumina ;                     Mat. C. 1. 28. 3.
     In mare seu celsus procurrerit Appenninus,                  4. 2. 27.
30     Novaque monstra junxerat libidine
     Mirus amor, juvet ut tigres subsidere cervis,         31. A. P. 12.
       Adulteretur et columba miluo ;
     Credula nec ravos timeant armenta leones ;            rav. C. 3. 27. 3.
       Ametque salsa levis hircus æquora.—
35   Hæc, et quæ poterunt reditus abscindere dulces,
       Eamus omnis exsecrata civitas,
     Aut pars indocili melior grege ; mollis et exspes
       Inominata perprimat cubilia,
     Vos, quibus est virtus, muliebrem tollite luctum,     tol. E. 1. 12. 3.
40     Etrusca præter et volate litora.
     Nos manet Oceanus circumvagus : arva, beata
       Petamus arva divites et insulas ;
     Reddit ubi Cererem tellus inarata quotannis,
       Et imputata floret usque vinea ;
```

19. proprios.   33. flavos ; sævos.

fal. C. 3. 1. 30.	Germinat et numquam fallentis termes olivæ,	45
	Suamque pulla ficus ornat arborem;	
	Mella cava manant ex ilice, montibus altis	
	Levis crepante lympha desilit pede.	
	Illic injussæ veniunt ad mulctra capellæ,	
	Refertque tenta grex amicus ubera:	50
	Nec vespertinus circumgemit ursus ovile,	
	Nec intumescit alta viperis humus.	
	Pluraque felices mirabimur; ut neque largis	
54. C. 3. 17. 11.	Aquosus Eurus arva radat imbribus,	
	Pinguia nec siccis urantur semina glebis;	55
56. C. 2. 6. 17.	Utrumque rege temperante cælitum.	
	Non huc Argoo contendit remige pinus,	
58. Ep. 3. 10.	Neque impudica Colchis intulit pedem;	
	Non huc Sidonii torserunt cornua nautæ,	
60. E. 1. 6. 63.	Laboriosa nec cohors Ulixeï.	60
	Nulla nocent pecori contagia, nullius astri	
æst. C. 1. 31. 5. *imp.* C. 3. 30. 3. 63. C. 2. 13. 23.	Gregem æstuosa torret impotentia.	
	Juppiter illa piæ secrevit litora genti,	
	Ut inquinavit ære tempus aureum:	
deh. A. P. 144.	Ære, dehinc ferro duravit sæcula; quorum	65
	Piis secunda, vate me, data fuga.	

XVII.

Jam jam efficaci do manus scientiæ
Supplex, et oro regna per Proserpinæ,
Per et Dianæ non movenda numina,
Per atque libros carminum valentium

57. Al. *v.* 61. post 56.   61. austri.

EPODON XVII.

5	Refixa cælo devocare sidera,	5. Ep. 5. 46.
	Canidia, parce vocibus tandem sacris,	
	Citumque retro solve, solve turbinem.	
	Movit nepotem Telephus Nereïum,	Tel. A. P. 96.
	In quem superbus ordinarat agmina	
10	Mysorum, et in quem tela acuta torserat.	
	Unxere matres Iliæ addictum feris	
	Alitibus atque canibus homicidam Hectorem,	
	Postquam relictis mœnibus rex procidit	13. C. 1. 10. 14.
	Heu! pervicacis ad pedes Achilleï.	
15	Setosa duris exuere pellibus	15. E. 1. 2. 23.
	Laboriosi remiges Ulixeï,	
	Volente Circa, membra; tum mens et sonus	
	Relapsus, atque notus in voltus honor.	
	Dedi satis superque pœnarum tibi,	
20	Amata nautis multum et institoribus.	ins. C. 3. 6. 30.
	Fugit juventas, et verecundus color	
	Reliquit ossa pelle amicta lurida;	
	Tuis capillus albus est odoribus,	
	Nullum a labore me reclinat otium.	
25	Urget diem nox, et dies noctem, neque est	25. C. 2. 18. 15.
	Levare tenta spiritu præcordia.	
	Ergo negatum vincor ut credam miser,	
	Sabella pectus increpare carmina,	Sab. S. 1. 9. 29.
	Caputque Marsa dissilire nenia.	Mar. Ep. 5. 76.
30	Quid amplius vis? O mare et terra! ardeo,	
	Quantum neque atro delibutus Hercules	Her. Ep. 3. 17.
	Nessi cruore, nec Sicana fervida	

11. luxere.   18. relatus.   24. ab, [O.]
25. urguet; ? nequest.   30. mare! O terra!

	Virens in Ætna flamma; tu, donec cinis	
	Injuriosis aridus ventis ferar,	
Col. C. 2. 13. 8.	Cales venenis officina Colchicis.	35
Ep. 5. 24, 62.	Quæ finis, aut quod me manet stipendium?	
	Effare: jussas cum fide poenas luam;	
	Paratus expiare, seu poposceris	
	Centum juvencos, sive mendaci lyra	
	Voles sonari: Tu pudica, tu proba	40
	Perambulabis astra sidus aureum.	
	Infamis Helenæ Castor offensus vicem,	
	Fraterque magni Castoris, victi prece,	
	Adempta vati reddidere lumina.	
	Et tu, potes nam, solve me dementia,	45
46. C. 2. 10. 6.	O nec paternis obsoleta sordibus,	
	Nec in sepulcris pauperum prudens anus	
	Novendialis dissipare pulveres.	
	Tibi hospitale pectus, et puræ manus:	
50. Ep. 5. 6.	Tuusque venter Pactumeius; et tuo	50
	Cruore rubros obstetrix pannos lavit,	
	Utcumque fortis exsilis puerpera.	
ob. au. C. 3. 11. 7.	Quid obseratis auribus fundis preces?	
54. C. 3. 7. 21.	Non saxa nudis surdiora navitis	
	Neptunus alto tundit hibernus salo.	55
	Inultus ut tu riseris Cotyttia	
	Vulgata, sacrum liberi Cupidinis?	
58. S. 1. 8. 23.	Et Esquilini Pontifex venefici	
	Impune ut Urbem nomine impleris meo?	
	Quid proderat ditasse Pelignas anus	60

42. vice.   48. novendiales.   60. proderit.

EPODON XVII.

   Velociusve miscuisse toxicum?
   Sed tardiora fata te votis manent:
   Ingrata misero vita ducenda est in hoc,
   Novis ut usque suppetas laboribus.
65 Optat quietem Pelopis infidi pater,   65. C. 2. 16. 1.
   Egens benignæ Tantalus semper dapis;   *Pel.* O. 1. 28. 7.
                              2. 13. 37.
   Optat Prometheus obligatus aliti;   66. S. 1. 1. 68.
                           67. C. 2. 18. 35.
   Optat supremo collocare Sisyphus   68. C. 2. 14. 20.
   In monte saxum; sed vetant leges Jovis.
70 Voles modo altis desilire turribus,
   Modo ense pectus Norico recludere;   *Nor.* C. 1. 16. 9.
   Frustraque vincla gutturi nectes tuo,   72. C. 3. 27. 60.
   Fastidiosa tristis ægrimonia,   *ægr.* Ep. 13. 18.
   Vectabor humeris tunc ego inimicis eques,
75 Meæque terra cedet insolentiæ.
   An, quæ movere cereas imagines,
   Ut ipse nosti curiosus, et polo
   Deripere Lunam vocibus possim meis,   78. Ep. 5. 46.
   Possim crematos excitare mortuos,
80 Desiderique temperare pocula,
   Plorem artis, in te nil agentis, exitus?

  63. ? ducendast. 64. doloribus. 65. infidus.
  67. alite.   72. innectes.   80. poculum.

Q. HORATI FLACCI SATIRAE.

LIBER PRIMUS.

I.

              Qui fit, Maecenas, ut nemo, quam sibi sortem
for. S. 1. 6. 54.   Seu ratio dederit seu fors objecerit, illa
              Contentus vivat, laudet diversa sequentes?
              O fortunati mercatores! gravis annis
              Miles ait multo jam fractus membra labore.   5
Aus. E. 1. 11. 15. Contra mercator navem jactantibus Austris:
  C. 3. 3. 4;   Militia est potior. 'Quid enim?' Concurritur; horae
   27. 22.
cit. C. 2. 16. 29. Momento cita mors venit aut victoria laeta.
              Agricolam laudat juris legumque peritus,
10. E. 2. 1. 104.   Sub galli cantum consultor ubi ostia pulsat.   10
11. E. 1. 14. 17.   Ille, datis vadibus qui rure extractus in urbem est,
              Solos felices viventes clamat in urbe.
              Cetera de genere hoc, adeo sunt multa, loquacem
              Delassare valent Fabium. Ne te morer, audi
15. S. 2. 7. 24.   Quo rem deducam. Si quis deus, En ego, dicat,   15
              Jam faciam quod voltis: eris tu, qui modo miles,
              Mercator; tu, consultus modo, rusticus; hinc vos,
              Vos hinc mutatis discedite partibus. Eja!

        7. ? militiast.   11. ? in urbemst.

SATIRARUM LIB. I. i.

    Quid statis?—nolint. Atqui licet esse beatis.
20 Quid causæ est, merito quin illis Jupiter ambas
    Iratus buccas inflet neque se fore posthac
    Tam facilem dicat, votis ut præbeat aurem?
    Præterea, ne sic, ut qui jocularia, ridens
    Percurram,—quamquam ridentem dicere verum
25 Quid vetat? ut pueris olim dant crustula blandi   *oli.* E. 1. 10. 42.
    Doctores, elementa velint ut discere prima;—   *cru.* S. 2. 4. 47.
    Sed tamen amoto quæramus seria ludo.
    Ille gravem duro terram qui vertit aratro,
    Perfidus hic caupo, miles nautæque per omne   *per.* S. 1. 5. 4.
30 Audaces mare qui currunt, hac mente laborem
    Sese ferre, senes ut in otia tuta recedant,
    Aiunt, cum sibi sint congesta cibaria; sicut
    Parvula, nam exemplo est, magni formica laboris
    Ore trahit quodcumque potest atque addit acervo
35 Quem struit, haud ignara ac non incauta futuri.
    Quæ, simul inversum contristat Aquarius annum,   *inv.* Ep. 10. 5.
    Non usquam prorepit et illis utitur ante   S. 2. 8. 39.
    Quæsitis sapiens, cum te neque fervidus æstus   38. C. 3. 24. 36.
    Demoveat lucro neque hiemps, ignis, mare, ferrum,   E. 1. 1. 46.
40 Nil obstet tibi, dum ne sit te ditior alter.
    Quid juvat immensum te argenti pondus et auri
    Furtim defossa timidum deponere terra?   42. S. 2. 3. 109.
    Quod si comminuas, vilem redigatur ad assem.
    At, ni id fit, quid habet pulchri constructus acervus?
45 Milia frumenti tua triverit area centum,
    Non tuus hoc capiet venter plus ac meus: ut si   *ac,* S. 1. 10. 34.
                                                                                            2. 3. 270;
                                                                                            7. 96.

       19. nolunt.   20. ? causæest.   33. ? exemploest.   Ep. 15. 5.
       38. patiens.   39. dimoveat.   46 plusquam.

Reticulum panis venales inter onusto
Forte vehas umero, nihilo plus accipias quam
Qui nil portarit. Vel dic quid referat intra
Naturæ fines viventi, jugera centum an 50
Mille aret? At suave est ex magno tollere acervo.
Dum ex parvo nobis tantundem haurire relinquas,
Cur tua plus laudes cumeris granaria nostris?
Ut tibi si sit opus liquidi non amplius urna

cya. C. 2. 8. 13.   Vel cyatho et dicas: Magno de flumine mallem 55
Quam ex hoc fonticulo tantundem sumere. Eo fit,
Plenior ut si quos delectet copia justo,
Cum ripa simul avolsos ferat Aufidus acer.
At qui tantuli eget quantost opus, is neque limo
Turbatam haurit aquam neque vitam amittit in undis. 60

bon. A. P. 297.   At bona pars hominum decepta cupidine falso,
Nil satis est, inquit; quia tanti, quantum habeas, sis.
Quid facias illi? Jubeas miserum esse, libenter
Quatenus id facit: ut quidam memoratur Athenis
Sordidus ac dives, populi contemnere voces 65
Sic solitus: Populus me sibilat, at mihi plaudo
Ipse domi, simul ac nummos contemplor in arca.

68. Ep. 17. 66.   Tantalus a labris sitiens fugientia captat
Flumina. . . . Quid rides? Mutato nomine, de te
Fabula narratur: congestis undique saccis 70

71. S. 2. 3. 100.   Indormis inhians et tamquam parcere sacris
Cogeris aut pictis tamquam gaudere tabellis.
Nescis quo valeat nummus? quem præbeat usum?
Panis ematur, olus, vini sextarius; adde

47. honusto, *Hl. B. G.*   51. ? suavest.   55. malim.
58. avulsos.   59. quanto est.

SATIRARUM LIB. I. i.

75 Quis humana sibi doleat natura negatis.   *75.* S. 1. 2. 112.
    An vigilare metu exanimem, noctesque diesque
    Formidare malos fures, incendia, servos,   *fur.* S. 1. 4. 3.
    Ne te compilent fugientes, hoc juvat? Horum
    Semper ego optarim pauperrimus esse bonorum.
80 At si condoluit temptatum frigore corpus
    Aut alius casus lecto te affixit, habes qui
    Assideat, fomenta paret, medicum roget, ut te   *fom.* Ep. 11. 17.
    Suscitet ac natis reddat carisque propinquis?
    Non uxor salvum te volt, non filius; omnes
85 Vicini oderunt, noti, pueri atque puellae.
    Miraris, cum tu argento post omnia ponas,
    Si nemo praestet quem non merearis amorem?
    At si cognatos nullo natura labore
    Quos tibi dat retinere velis servareque amicos,
90 Infelix operam perdas, ut si quis asellum
    In Campo doceat parentem currere frenis.
    Denique sit finis quaerendi, cumque habeas plus,   *fin.* E. 1. 2. 56.
    Pauperiem metuas minus et finire laborem
    Incipias, parto quod avebas, ne facias quod
95 Ummidius quidam, non longa est fabula, dives
    Ut metiretur nummos, ita sordidus, ut se
    Non umquam servo melius vestiret, ad usque
    Supremum tempus ne se penuria victus
    Opprimeret metuebat. At hunc liberta securi
100 Divisit medium, fortissima Tyndaridarum.
    Quid mi igitur suades? Ut vivam Maenius? aut sic,   *Maen.* E. 1. 15. 26.
    Ut Nomentanus? Pergis pugnantia secum   *pug.* S. 1. 2. 73.

81. affixit.   88. An si.   91. Campum, *Hl. A. B.*
92. quo-que, *Edd. non MSS.*   101. Naevius, (*Cp.* S. 2. 2. 68.)

ava. E. 2. 2. 194.	Frontibus adversis componere: non ego, avarum	
v. ac n. S. 1. 2. 12.	Cum veto te fieri, vappam jubeo ac nebulonem.	
	Est inter Tanain quiddam socerumque Viselli.	105
	Est modus in rebus, sunt certi denique fines,	
107. S. 2. 3. 50.	Quos ultra citraque nequit consistere rectum.	
	Illuc unde abii redeo, nemo ut avarus	
	Se probet ac potius laudet diversa sequentes,	
	Quodque aliena capella gerat distentius uber	110
111. E. 1. 2. 57.	Tabescat, neque se majori pauperiorum	
	Turbae comparet, hunc atque hunc superare laboret.	
	Sic festinanti semper locupletior obstat,	
ung. Ep. 16. 12.	Ut cum carceribus missos rapit ungula currus,	
	Instat equis auriga suos vincentibus, illum	115
	Praeteritum temnens extremos inter euntem.	
	Inde fit ut raro qui se vixisse beatum	
	Dicat et exacto contentus tempore vita	
119. E. 2. 2. 214.	Cedat uti conviva satur reperire queamus.	
scr. E. 2. 1. 113.	Jam satis est: ne me Crispini scrinia lippi	120
	Compilasse putes, verbum non amplius addam.	

II.

AMBUBAIARUM collegia, pharmacopolae,
Mendici, mimae, balatrones, hoc genus omne
Maestum ac sollicitum est cantoris morte Tigelli
Quippe benignus erat. Contra hic, ne prodigus esse
Dicatur metuens, inopi dare nolit amico, 5
Frigus quo duramque famem propellere possit.

L. 118. vitae.   II. 3. ? sollicitumst.

SATIRARUM LIB. I. ii.

Hunc si perconteris, avi cur atque parentis
Præclaram ingrata stringat malus ingluvie rem,   8. E. 1. 15. 40.
Omnia conductis coëmens obsonia nummis ;
10 Sordidus atque animi quod parvi nolit haberi,   *sor.* S. 2. 2. 53.
Respondet: laudatur ab his, culpatur ab illis.
Fufidius vappæ famam timet ac nebulonis,   *vap.* S. 1. 1. 104.
Dives agris, dives positis in fenore nummis :
Quinas hic capiti mercedes exsecat atque   *mer.* S. 1. 3. 88.
15 Quanto perditior quisque est, tanto acrius urget ;
Nomina sectatur modo sumpta veste virili   *nom.* E. 2. 1. 105.
Sub patribus duris tironum. Maxime, quis non,
Juppiter! exclamat, simul atque audivit ? At in se
Pro quæstu sumptum facit hic. Vix credere possis,
20 Quam sibi non sit amicus, ita ut pater ille, Terenti
Fabula quem miserum gnato vixisse fugato
Inducit, non se pejus cruciaverit atque hic.
Si quis nunc quærat: Quo res hæc pertinet ? illuc:
Dum vitant stulti vitia, in contraria currunt.
25 Maltinus tunicis demissis ambulat ; est qui
Inguen ad obscenum subductis usque facetus.
Pastillos Rufillus olet, Gargonius hircum.   27. S. 1. 4. 92.
Nil medium est. Sunt qui nolint tetigisse nisi illas,
Quarum subsuta talos tegat instita veste ;
30 Contra alius nullam nisi olenti in fornice stantem.
Quidam notus homo cum exiret fornice, Macte
Virtute esto, inquit sententia dia Catonis ;
Nam simul ac venas inflavit tetra libido,
Huc juvenes æquum est descendere, non alienas

15. ? quisquest.   28. mediumst.   34. ? æquumst.

Permolere uxores.   Nolim laudarier, inquit,   35
Sic me, mirator cunni Cupiennius albi.
Audire est operae pretium, procedere recte
Qui moechis non voltis, ut omni parte laborent;
36. E. 1. 2. 55.   Utque illis multo corrupta dolore voluptas,
Atque haec rara, cadat dura inter saepe pericla.   40
Hic se praecipitem tecto dedit, ille flagellis
Ad mortem caesus, fugiens hic decidit acrem
Praedonum in turbam, dedit hic pro corpore nummos.
Hunc perminxerunt calones; quin etiam illud
Accidit, ut quidam testes caudamque salacem   45
Demeteret ferro.   Jure, omnes: Galba negabat.
Tutior at quanto merx est in classe secunda,
Sal. C. 2. 2. 3.   Libertinarum dico, Sallustius in quas
Non minus insanit quam qui moechatur: at hic si,
Qua res, qua ratio suaderet, quaque modeste   50
Munifico esse licet, vellet bonus atque benignus
Esse, daret quantum satis esset nec sibi damno
Dedecorique foret.   Verum hoc se amplectitur uno,
Hoc amat et laudat: Matronam nullam ego tango.
Ut quondam Marsaeus, amator Originis ille,   55
Qui patrium mimae donat fundumque laremque,
Nil fuerit mi, inquit, cum uxoribus umquam alienis.
Verum est cum mimis, est cum meretricibus, unde
Fama malum gravius quam res trahit.   An tibi abunde
Personam satis est, non illud, quidquid ubique   60
Officit, evitare?   Bonam deperdere famam,
Rem patris oblimare, malum est ubicumque.   Quid inter-

37. ? audirest.   62. ? malumst.

SATIRARUM LIB. I. ii.

Est in matrona, ancilla peccesne togata?
Villius in Fausta Sullae gener, hoc miser uno
65 Nomine deceptus, poenas dedit usque superque
Quam satis est pugnis caesus ferroque petitus,
Exclusus fore, cum Longarenus foret intus.
Huic si mutonis verbis mala tanta videntis
Diceret haec animus: Quid vis tibi? Numquid ego a te
70 Magno prognatum deposco consule cunnum
Velatumque stola, mea cum conferbuit ira?
Quid responderet? Magno patre nata puella est.
At quanto meliora monet pugnantiaque istis *pug.* S. 1. 1. 102.
Dives opis natura suae, tu si modo recte
75 Dispensare velis ac non fugienda petendis *fug.* S. 1. 3. 114.
Immiscere. Tuo vitio rerumne labores,
Nil referre putas? Quare ne paeniteat te,
Desine matronas sectarier, unde laboris
Plus haurire mali est quam ex re decerpere fructus.
80 Nec magis huic inter niveos viridesque lapillos,
Sit licet hoc, Cerinthe, tuum, tenerum est femur aut crus
Rectius, atque etiam melius persaepe togatae est.
Adde huc quod mercem sine fucis gestat, aperte
Quod venale habet ostendit, nec si quid honesti est
85 Jactat habetque palam, quaerit quo turpia celet.
Regibus hic mos est: ubi equos mercantur, opertos
Inspiciunt, ne, si facies ut saepe decora
Molli fulta pede est, emptorem inducat hiantem,
Quod pulchrae clunes, breve quod caput, ardua cervix.

72. ? puellast.   79. ? malist.   81. ? tenerumst.
82. ? togatae est; est *om. B.*   84. ? honestist.   88. ? pedest.

Lyn. E. 1. 1. 28.	Hoc illi recte : ne corporis optima Lyncei	90
	Contemplere oculis, Hypsaea caecior illa	
	Quae mala sunt spectes. O crus! o bracchia! verum	
	Depugis, nasuta, brevi latere ac pede longo est.	
	Matronae praeter faciem nil cernere possis,	
	Cetera, ni Catia est, demissa veste tegentis.	95
	Si interdicta petes, vallo circumdata, nam te	
	Hoc facit insanum, multae tibi tum officient res,	
	Custodes, lectica, ciniflones, parasitae,	
	Ad talos stola demissa et circumdata palla,	
	Plurima, quae invideant pure apparere tibi rem.	100
	Altera, nil obstat; Cois tibi paene videre est	
	Ut nudam, ne crure malo, ne sit pede turpi;	
	Metiri possis oculo latus. An tibi mavis	
	Insidias fieri pretiumque avellier ante	
	Quam mercem ostendi? 'Leporem venator ut alta	105
	In nive sectetur, positum sic tangere nolit,'	
	Cantat et apponit, 'Meus est amor huic similis: nam	
in, E. 1. 12. 7.	Transvolat in medio posita et fugientia captat.'	
	Hiscine versiculis speras tibi posse dolores	
	Atque aestus curasque graves e pectore pelli?	110
	Nonne cupidinibus statuat natura modum quem,	
neg. S. 1. 1. 75.	Quid latura sibi quid sit dolitura negatum,	
113. E. 1. 10. 29.	Quaerere plus prodest et inane abscindere soldo?	
114. S. 2. 2. 14.	Num, tibi cum fauces urit sitis, aurea quaeris	
	Pocula? num esuriens fastidis omnia praeter	115
	Pavonem rhombumque? tument tibi cum inguina, num si	
	Ancilla aut verna est praesto puer, impetus in quem	
	Continuo fiat, malis tentigine rumpi?	

93. ? longost.   95. ? Catiast.   101. ? viderest.   117. ? vernast.

Non ego; namque parabilem amo venerem facilemque.
120 Illam 'Post paulo:' 'Sed pluris:' 'Si exierit vir:'
Gallis; hanc Philodemus ait sibi, quæ neque magno
Stet pretio neque cunctetur, cum est jussa venire.
Candida rectaque sit; munda hactenus, ut neque longa
Nec magis alba velit, quam dat natura, videri.
125 Hæc ubi supposuit dextro corpus mihi lævum,
Ilia et Egeria est; do nomen quodlibet illi,
Nec vereor ne, dum futuo, vir rure recurrat,
Janua frangatur, latret canis, undique magno
Pulsa domus strepitu resonet, vepallida lecto
130 Desiliat mulier, miseram se conscia clamet,
Cruribus hæc metuat, doti deprensa, egomet mi.
Discincta tunica fugiendum est ac pede nudo,
Ne nummi pereant aut puga aut denique fama.
Deprendi miserum est; Fabio vel judice vincam.

III.

OMNIBUS hoc vitium est cantoribus, inter amicos
Ut numquam inducant animum cantare rogati,
Injussi numquam desistant. Sardus habebat
Ille Tigellius hoc. Cæsar, qui cogere posset,
5 Si peteret per amicitiam patris atque suam, non
Quicquam proficeret; si collibuisset, ab ovo
Usque ad mala citaret Io Bacche! modo summa
Voce modo hac resonat quæ chordis quatuor ima.
Nil æquale homini fuit illi: sæpe velut qui *æqu.* S. 2. 7. 10.

II. 122. ? cumst.   132. ? fugiendumst.   134. ? miserumst.
    III. 1. ? vitiumst; est *om al.*   7. Io Bacchæ.

Currebat fugiens hostem, persæpe velut qui 10
Junonis sacra ferret; habebat sæpe ducentos,
Sæpe decem servos; modo reges atque tetrarchas,

men. C. 2. 16. 14. Omnia magna loquens; modo, Sit mihi mensa tripes et
Concha salis puri et toga, quæ defendere frigus
Quamvis crassa queat. Decies centena dedisses 15
Huic parco paucis contento, quinque diebus
Nil erat in loculis. Noctes vigilabat ad ipsum
Mane, diem totum stertebat. Nil fuit umquam
Sic impar sibi. Nunc aliquis dicat mihi: Quid tu?
Nullane habes vitia? Immo alia et fortasse minora. 20
Mænius absentem Novium cum carperet: Heus tu,
Quidam ait, ignoras te? an ut ignotum dare nobis
Verba putas? Egomet mi ignosco, Mænius inquit.
Stultus et improbus hic amor est dignusque notari.

lip. S. 1. 5. 30. Cum tua pervideas oculis mala lippus inunctis, 25
Cur in amicorum vitiis tam cernis acutum,
Quam aut aquila aut serpens Epidaurius? At tibi contra
Evenit, inquirant vitia ut tua rursus et illi.

ira. E. 1. 20. 25. Iracundior est paulo, minus aptus acutis
30. E. 1. 1. 94. Naribus horum hominum; rideri possit eo quod 30
Rusticius tonso toga defluit et male laxus
In pede calceus hæret: at est bonus, ut melior vir

33. C. 2. 18. 9. Non alius quisquam, at tibi amicus, at ingenium ingens
Inculto latet hoc sub corpore. Denique te ipsum
Concute, num qua tibi vitiorum inseverit olim 35
Natura aut etiam consuetudo mala; namque
Neglectis urenda filix innascitur agris.
Illuc prævertamur, amatorem quod amicæ

15. deciens. 25. male.

SATIRARUM LIB. I. iii.

Turpia decipiunt cæcum vitia, aut etiam ipsa hæc
40 Delectant, veluti Balbinum polypus Hagnæ.
Vellem in amicitia sic erraremus et isti
Errori nomen virtus posuisset honestum.
At pater ut gnati, sic nos debemus amici
Si quod sit vitium non fastidire: strabonem
45 Appellat pætum pater, et pullum, male parvus
Si cui filius est, ut abortivus fuit olim
Sisyphus: hunc varum distortis cruribus, illum
Balbutit scaurum pravis fultum male talis.
Parcius hic vivit: frugi dicatur. Ineptus   *fru.* S. 2. 5. 81.
50 Et jactantior hic paulo est: concinnus amicis
Postulat ut videatur. At est truculentior atque
Plus æquo liber: simplex fortisque habeatur.   *lib.* S. 1. 4. 90,
Caldior est: acris inter numeretur. Opinor,   103, 132.
Hæc res et jungit, junctos et servat amicos.   *ser.* S. 1. 1. 89.
55 At nos virtutes ipsas invertimus atque
Sincerum cupimus vas incrustare. Probus quis   56. E. 1. 2. 54.
Nobiscum vivit, multum demissus homo: illi
Tardo cognomen, pingui damus. Hic fugit omnes
Insidias nullique malo latus obdit apertum,
60 Cum genus hoc inter vitæ versetur, ubi acris
Invidia atque vigent ubi crimina: pro bene sano
Ac non incauto fictum astutumque vocamus.
Simplicior quis et est, qualem me sæpe libenter
Obtulerim tibi, Mæcenas, ut forte legentem
65 Aut tacitum impellat quovis sermone molestus:
Communi sensu plane caret, inquimus. Eheu
Quam temere in nosmet legem sancimus iniquam!

50. ? paulost.   53. acres.   60. versemur.   65. molestus!

	Nam vitiis nemo sine nascitur; optimus ille est,	
dul. S. 1. 4. 135.	Qui minimis urgetur. Amicus dulcis, ut æquum est,	
	Cum mea compenset vitiis bona, pluribus hisce,	· 70
	Si modo plura mihi bona sunt, inclinet: amari	
tru. E. 2. 1. 30.	Si volet hac lege, in trutina ponetur eadem.	
	Qui ne tuberibus propriis offendat amicum	
	Postulat, ignoscet verrucis illius: æquum est,	
	Peccatis veniam poscentem reddere rursus.	75
	Denique, quatenus excidi penitus vitiam iræ	
	Cetera item nequeunt stultis hærentia, cur non	
	Ponderibus modulisque suis ratio utitur, ac res	
	Ut quæque est, ita suppliciis delicta coërcet?	
	Si quis eum servum, patinam qui tollere jussus	80
lig. S. 2. 4. 79.	Semesos pisces tepidumque ligurierit jus,	
cru. E. 1. 16. 48.	In cruce suffigat, Labeone insanior inter	
fur. S. 2. 3. 207.	Sanos dicatur. Quanto hoc furiosius atque	
del. v. 141.	Majus peccatum est! Paulum deliquit amicus,	
	Quod nisi concedas, habeare insuavis, acerbus:	85
	Odisti et fugis ut Rusonem debitor æris;	
Kal. Ep. 2. 70.	Qui nisi, cum tristes misero venere Kalendæ,	
	Mercedem aut nummos unde unde extricat, amaras	
89. A. P. 474;	Porrecto jugulo historias captivus ut audit.	
420.	Comminxit lectum potus mensave catillum	90
	Evandri manibus tritum dejecit: ob hanc rem,	
	Aut positum ante mea quia pullum in parte catini	
	Sustulit esuriens, minus hoc jucundus amicus	
	Sit mihi? Quid faciam, si furtum fecerit, aut si	
	Prodiderit commissa fide sponsumve negarit?	95
	Quis paria esse fere placuit peccata, laborant	

69 : 74. ? æquumst.   79. ? quæquest.   85. acerbus odisti.

Cum ventum ad verum est; sensus moresque repugnant
Atque ipsa utilitas, justi prope mater et æqui.
Cum prorepserunt primis animalia terris,   99. S. 1. 1. 37.
100 Mutum et turpe pecus, glandem atque cubilia propter   A. P. 391, *sq.*
Unguibus et pugnis, dein fustibus, atque ita porro
Pugnabant armis, quæ post fabricaverat usus,
Donec verba, quibus voces sensusque notarent,
Nominaque invenere; dehinc absistere bello,
105 Oppida cœperunt munire et ponere leges,
Ne quis fur esset neu latro neu quis adulter.
Nam fuit ante Helenam cunnus teterrima belli
Causa, sed ignotis perierunt mortibus illi,
Quos venerem incertam rapientes more ferarum
110 Viribus editior cædebat, ut in grege taurus.
Jura inventa metu injusti fateare necesse est,
Tempora si fastosque velis evolvere mundi.
Nec natura potest justo secernere iniquum,
Dividit ut bona diversis, fugienda petendis;   114. S. 1. 2. 75.
115 Nec vincet ratio hoc, tantundem ut peccet idemque,   *vin.* S. 2. 3. 225;
Qui teneros caules alieni fregerit horti   250.
Et qui nocturnus sacra divum legerit. Adsit
Regula, peccatis quæ pœnas irroget æquas,
Ne scutica dignum horribili sectere flagello.
120 Nam ut ferula cædas meritum majora subire
Verbera, non vereor, cum dicas esse pares res
Furta latrociniis et magnis parva mineris
Falce recisurum simili te, si tibi regnum
Permittant homines. Si dives, qui sapiens est,
125 Et sutor bonus et solus formosus et est rex;

       97. ? verumst.   111. ? necessest.

	Cur optas quod habes? Non nosti, quid pater, inquit,	
	Chrysippus dicat: Sapiens crepidas sibi numquam	
	Nec soleas fecit, sutor tamen est sapiens. Qui?	
	Ut quamvis tacet Hermogenes, cantor tamen atque	
vaf. S. 2. 2. 131.	Optimus est modulator; ut Alfenius vafer omni	130
	Abjecto instrumento artis clausaque taberna	
sut. S. 2. 3. 106.	Sutor erat, sapiens operis sic optimus omnis	
	Est opifex solus, sic rex. Vellunt tibi barbam	
	Lascivi pueri; quos tu nisi fuste coërces,	
	Urgeris turba circum te stante miserque	135
	Rumperis et latras, magnorum maxime regum.	
	Ne longum faciam: dum tu quadrante lavatum	
	Rex ibis, neque te quisquam stipator ineptum	
Cri. S. 1. 1. 120.	Praeter Crispinum sectabitur, et mihi dulces	
	Ignoscent si quid peccaro stultus amici,	140
	Inque vicem illorum patiar delicta libenter,	
	Privatusque magis vivam te rege beatus.	

IV.

1. E. 1. 19. 1.	EUPOLIS atque Cratinus Aristophanesque poëtae	
2. S. 1. 10. 16. A. P. 281.	Atque alii quorum comoedia prisca virorum est,	
	Si quis erat dignus describi, quod malus ac fur,	
	Quod moechus foret aut sicarius aut alioqui	
	Famosus, multa cum libertate notabant.	5
	Hinc omnis pendet Lucilius, hosce secutus	
	Mutatis tantum pedibus numerisque, facetus,	
	Emunctae naris, durus componere versus.	
duc. S. 1. 10. 60.	Nam fuit hoc vitiosus: in hora saepe ducentos,	

IV. 2. ? virorumst.   3. aut fur.

SATIRARUM LIB. I. iv.

10 Ut magnum, versus dictabat stans pede in uno.
Cum flueret lutulentus, erat quod tollere velles;   *lut.* S. 1. 10. 50.
Garrulus atque piger scribendi ferre laborem,
Scribendi recte: nam ut multum, nil moror. Ecce,
Crispinus minimo me provocat: Accipe, si vis,
15 Accipiam tabulas; detur nobis locus, hora,
Custodes; videamus uter plus scribere possit.
Di bene fecerunt, inopis me quodque pusilli
Finxerunt animi, raro et perpauca loquentis.
At tu conclusas hircinis follibus auras,
20 Usque laborantes, dum ferrum molliat ignis,
Ut mavis, imitare. Beatus Fannius ultro
Delatis capsis et imagine, cum mea nemo
Scripta legat volgo recitare timentis ob hanc rem
Quod sunt quos genus hoc minime juvat, utpote plures
25 Culpari dignos. Quemvis media erue turba,
Aut ob avaritiam aut misera ambitione laborat.   26. S. 1. 6. 129.
Hic nuptarum insanit amoribus, hic puerorum;   E. 1. 1. 33.
Hunc capit argenti splendor; stupet Albius aere;   *stu.* S. 1. 6. 17.
Hic mutat merces surgente a sole ad eum quo
30 Vespertina tepet regio: quin per mala praeceps   30. S. 1. 1. 39.
Fertur uti pulvis collectus turbine, ne quid   *pul.* C. 1. 1. 4.
Summa deperdat metuens aut ampliet ut rem.
Omnes hi metuunt versus, odere poëtas.
Faenum habet in cornu, longe fuge: dummodo risum
35 Excutiat sibi, non hic cuiquam parcet amico,
Et quodcumque semel chartis illeverit, omnes
Gestiet a furno redeuntes scire lacuque
Et pueros et anus. Agedum, pauca accipe contra.

23. vulgo.   25. elige.

Primum ego me illorum, dederim quibus esse poëtis,
Excerpam numero: neque enim concludere versum   40
Dixeris esse satis; neque si quis scribat uti nos
Sermoni propiora, putes hunc esse poëtam.
43. A. P. 295.   C. 4. 6. 29.   Ingenium cui sit, cui mens divinior atque os
Magna sonaturum, des nominis hujus honorem.
Idcirco quidam comoedia necne poëma   45
Esset quaesivere: quod acer spiritus ac vis
Nec verbis nec rebus inest, nisi quod pede certo
Differt sermoni, sermo merus.   At pater ardens
mer. E. 1. 7. 84.
nep. Ep. 1. 84.   Saevit, quod meretrice nepos insanus amica
Filius uxorem grandi cum dote recuset,   50
Ebrius et, magnum quod dedecus, ambulet ante
fac. C. 3. 26. 7.   Noctem cum facibus.   Numquid Pomponius istis
Audiret leviora, pater si viveret?   Ergo
Non satis est puris versum perscribere verbis,
sto. C. 1. 16. 16;
6. 6.
E. 1. 15. 12.   Quem si dissolvas, quivis stomachetur eodem   55
Quo personatus pacto pater.   His, ego quae nunc,
Olim quae scripsit Lucilius, eripias si
Tempora certa modosque et quod prius ordine verbum est
Posterius facias praeponens ultima primis,
Non, ut si solvas 'Postquam Discordia tetra   60
Belli ferratos postes portasque refregit,'
Invenias etiam disjecti membra poëtae.
Hactenus haec: alias justum sit necne poëma,
Nunc illud tantum quaeram, meritone tibi sit
Suspectum genus hoc scribendi.   Sulcius acer   65
Ambulat et Caprius, rauci male cumque libellis,
Magnus uterque timor latronibus; at bene si quis

39. poëtas.   58. ? verbumst.

SATIRARUM LIB. I. iv.

Et vivat puris manibus, contemnat utrumque.
Ut sis tu similis Cœli Birrique latronum,
70 Non ego sim Capri neque Sulci : cur metuas me ?
Nulla taberna meos habeat neque pila libellos,
Quis manus insudet volgi Hermogenisque Tigelli ;   *vol.* E. 1. 20. 11.
Nec recito cuiquam nisi amicis, idque coactus,
Non ubivis coramve quibuslibet. In medio qui
75 Scripta foro recitent sunt multi quique lavantes ;
Suave locus voci resonat conclusus. Inanes
Hoc juvat, haud illud quærentes, num sine sensu,
Tempore num faciant alieno. Lædere gaudes,
Inquit, et hoc studio pravus facis. Unde petitum
80 Hoc in me jacis ? est auctor quis denique eorum,
Vixi cum quibus ? Absentem qui rodit amicum,
Qui non defendit alio culpante, solutos
Qui captat risus hominum famamque dicacis,
Fingere qui non visa potest, commissa tacere   *com.* E. 1. 18. 70.
85 Qui nequit ; hic niger est, hunc tu, Romane, caveto.   *nig.* E. 2. 2. 60.
Sæpe tribus lectis videas cenare quaternos,   *lec.* S. 2. 8. 41.
E quibus unus amet quavis adspergere cunctos
Præter eum qui præbet aquam ; post hunc quoque potus,   *præb.* S. 2. 2. 69.
Condita cum verax aperit præcordia Liber.   89. C. 3. 21. 16.
90 Hic tibi comis et urbanus liberque videtur,
Infesto nigris ; ego si risi, quod ineptus
Pastillos Rufillus olet, Gargonius hircum,   92. S. 1. 2. 27.
Lividus et mordax videor tibi ? Mentio si qua
De Capitolini furtis injecta Petilli
95 Te coram fuerit, defendas, ut tuus est mos .

    72. vulgi.   73. recitem quicquam.   79. inquis.
        87. imus, (*cp.* A. P. 32) ; avet.

Me Capitolinus convictore usus amicoque
A puero est, causaque mea permulta rogatus
Fecit, et incolumis lætor quod vivit in urbe;
Sed tamen admiror, quo pacto judicium illud
Fugerit. Hic nigræ succus loliginis, hæc est 100
Ærugo mera; quod vitium procul afore chartis
Atque animo prius, ut si quid promittere de me
Possum aliud vere, promitto. Liberius si
Dixero quid, si forte jocosius, hoc mihi juris
Cum venia dabis: insuevit pater optimus hoc me 105
Ut fugerem exemplis vitiorum quæque notando.

par. C. 1. 31. 17. Cum me hortaretur, parce, frugaliter atque
Viverem uti contentus eo, quod mi ipse parasset:
mal. v. 135. Nonne vides, Albi ut male vivat filius atque
Barrus inops? magnum documentum, ne patriam rem 110
Perdere quis velit. A turpi meretricis amore
Cum deterreret: Sectani dissimilis sis.
Ne sequerer mœchas, concessa cum venere uti
Possem: Deprensi non bella est fama Treboni,
Aiebat. Sapiens, vitatu quidque petitu 115
Sit melius, causas reddet tibi; mi satis est, si
117. C. 4. 15. 12. Traditum ab antiquis morem servare tuamque,
Dum custodis eges, vitam famamque tueri
119. S. 1. 9. 34. Incolumem possum; simul ac duraverit ætas
Membra animumque tuum, nabis sine cortice. Sic me
for. E. 2. 1. 128. Formabat puerum dictis, et sive jubebat. 121
Ut facerem quid, Habes auctorem, quo facias hoc:
Unum ex judicibus selectis obiciebat;
Sive vetabat, An hoc inhonestum et inutile factu

97. ? puerost.

125 Necne sit addubites, flagret rumore malo cum
    Hic atque ille? Avidos vicinum funus ut ægros
    Exanimat mortisque metu sibi parcere cogit; *par.* E. 1. 7. 11.
    Sic teneros animos aliena opprobria sæpe
    Absterrent vitiis. Ex hoc ego sanus ab illis,
130 Perniciem quæcumque ferunt, mediocribus et quis *med.* S. 1. 3. 20.
    Ignoscas vitiis teneor; fortassis et istinc
    Largiter abstulerit longa ætas, liber amicus,   [me
    Consilium proprium; neque enim, cum lectulus aut
    Porticus excepit, desum mihi. Rectius hoc est; *des.* S. 1. 9. 56.
135 Hoc faciens vivam melius; sic dulcis amicis   *dul.* S. 1. 3. 69; 139.
    Occurram; hoc quidam non belle: numquid ego illi
    Imprudens olim faciam simile? Hæc ego mecum
    Compressis agito labris; ubi quid datur oti,
    Illudo chartis. Hoc est mediocribus illis   *ill.* C. 1. 32. 2.
140 Ex vitiis unum; cui si concedere nolis,
    Multa poëtarum veniet manus, auxilio quæ
    Sit mihi; nam multo plures sumus ac veluti te
    Judæi cogemus in hanc concedere turbam.

V.

EGRESSUM magna me excepit Aricia Roma
Hospitio modico; rhetor comes Heliodorus,   *rhe.* S. 1. 10. 12.
Græcorum longe doctissimus: inde Forum Appi
Differtum nautis, cauponibus atque malignis.
5 Hoc iter ignavi divisimus, altius ac nos
Præcinctis unum: minus est gravis Appia tardis.
Hic ego propter aquam, quod erat deterrima, ventri

IV. 141. veniat, (*cp.* C. 3. 3. 8.)   V. 6. nimis.
    7. teterrima, *Bent.*

	Indico bellum, cenantes haud animo æquo	
	Exspectans comites. Jam nox inducere terris
	Umbras et cælo diffundere signa parabat;	10
	Tum pueri nautis, pueris convicia nautæ
Ohe, S. 2. 5. 96.	Ingerere: Huc appelle! Trecentos inseris! Ohe
	Jam satis est! Dum æs exigitur, dum mula ligatur,
	Tota abit hora. Mali culices ranæque palustres
	Avertunt somnos, absentem ut cantat amicam	15
pro. S. 2. 4. 27.	Multa prolutus vappa nauta atque viator
	Certatim. Tandem fessus dormire viator
	Incipit, ac missæ pastum retinacula mulæ
rel. C. 1. 32. 7.	Nauta piger saxo religat stertitque supinus.
	Jamque dies aderat, nil cum procedere lintrem	20
cer. S. 1. 9. 11.	Sentimus; donec cerebrosus prosilit unus
	Ac mulæ nautæque caput lumbosque saligno
	Fuste dolat; quarta vix demum exponimur hora.
	Ora manusque tua lavimus, Feronia, lympha.
	Milia tum pransi tria repimus atque subimus	25
	Impositum saxis late candentibus Anxur.
	Huc venturus erat Mæcenas, optimus atque
	Cocceius, missi magnis de rebus uterque
	Legati, aversos soliti componere amicos.
	Hic oculis ego nigra meis collyria lippus	30
	Illinere. Interea Mæcenas advenit atque
	Cocceius Capitoque simul Fonteius, ad unguem
	Factus homo, Antoni non ut magis alter amicus.
	Fundos Aufidio Lusco prætore libenter
	Linquimus, insani ridentes præmia scribæ,	35
cla. S. 1. 6. 28.	Prætextam et latum clavum prunæque batillum.
	In Mamurrarum lassi deinde urbe manemus,

SATIRARUM LIB. I. v.

Murena praebente domum, Capitone culinam.   *præ.* C. 3. 19. 7.
Postera lux oritur multo gratissima: namque
40 Plotius et Varius Sinuessae Virgiliusque   40. E. 2. 1. 247.
    Occurrunt, animae quales neque candidiores   S. 1. 10. 44.
    Terra tulit neque quis me sit devinctior alter.
    O qui complexus et gaudia quanta fuerunt!
    Nil ego contulerim jucundo sanus amico.
45 Proxima Campano ponti quae villula, tectum   *vil.* S. 2. 3. 10.
    Praebuit, et parochi quae debent ligna salemque.
    Hinc muli Capuae clitellas tempore ponunt.
    Lusum it Maecenas, dormitum ego Virgiliusque;
    Namque pila lippis inimicum et ludere crudis.   *pil.* S. 2. 2. 11.
50 Hinc nos Cocceii recipit plenissima villa,
    Quae super est Caudi cauponas. Nunc mihi paucis
    Sarmenti scurrae pugnam Messique Cicirrhi,
    Musa, velim memores, et quo patre natus uterque
    Contulerit lites. Messi clarum genus Osci;
55 Sarmenti domina exstat: ab his majoribus orti
    Ad pugnam venere. Prior Sarmentus: Equi te
    Esse feri similem dico. Ridemus, et ipse
    Messius: Accipio; caput et movet: O, tua cornu
    Ni foret exsecto frons, inquit, quid faceres, cum
60 Sic mutilus minitaris? At illi foeda cicatrix
    Setosam laevi frontem turpaverat oris.
    Campanum in morbum, in faciem permulta jocatus,
    Pastorem saltaret uti Cyclopa rogabat: 63. E. 2. 2. 125
    Nil illi larva aut tragicis opus esse cothurnis.
65 Multa Cicirrhus ad haec: Donasset jamne catenam
    Ex voto Laribus, quaerebat; scriba quod esset,

60. miniteris.

Nihilo deterius dominæ jus esse; rogabat
Denique, cur umquam fugisset, cui satis una
Farris libra foret, gracili sic tamque pusillo.
Prorsus jucunde cenam produximus illam.   70
Tendimus hinc recta Beneventum, ubi sedulus hospes
Pæne macros arsit dum turdos versat in igni:
Nam vaga per veterem dilapso flamma culinam
Vulcano summum properabat lambere tectum.
Convivas avidos cenam servosque timentes   75
Tum rapere atque omnis restinguere velle videres.
Incipit ex illo montes Apulia notos
Ostentare mihi, quos torret Atabulus et quos
Numquam erepsemus, nisi nos vicina Trivici
Villa recepisset lacrimoso non sine fumo,   80
Udos cum foliis ramos urente camino.
Hic ego mendacem stultissimus usque puellam
Ad mediam noctem exspecto; somnus tamen aufert
Intentum veneri; tum immundo somnia visu
Nocturnam vestem maculant ventremque supinum.   85
Quatuor hinc rapimur viginti et milia redis,
Mansuri oppidulo, quod versu dicere non est,
Signis perfacile est: venit vilissima rerum
Hic aqua, sed panis longe pulcherrimus, ultra
ume. S. 1. 1. 47.   Callidus et soleat umeris portare viator;   90
Nam Canusi lapidosus, aquæ non ditior urna
Qui locus a forti Diomede est conditus olim.
Flentibus hinc Varius discedit mæstus amicis.
Inde Rubos fessi pervenimus, utpote longum

70. producimus.   76. omnes.   86. rhedis.
88. ? perfacilest.   92. ? Diomedest.

SATIRARUM LIB. I. vi.

95 Carpentes iter et factum corruptius imbri.
Postera tempestas melior, via pejor ad usque
Bari moenia piscosi; dein Gnatia lymphis
Iratis exstructa dedit risusque jocosque,   *ira.* S. 2. 3. 8.
Dum flamma sine thura liquescere limine sacro
100 Persuadere cupit. Credat Judæus Apella,
Non ego; namque deos didici securum agere ævum;
Nec, si quid miri faciat natura, deos id   101. C. 1. 34. 2.
Tristes ex alto cæli demittere tecto,
Brundisium longæ finis chartæque viæque est.

VI.

Non quia, Mæcenas, Lydorum quidquid Etruscos   *qui.* Ep. 5. 1.
Incoluit fines, nemo generosior est te,
Nec quod avus tibi maternus fuit atque paternus
Olim qui magnis legionibus imperitarent,
5 Ut plerique solent, naso suspendis adunco   *nas.* S. 2. 8. 64.
Ignotos ut me libertino patre natum.   E. 1. 19. 45.
                                                                   lib. E. 1. 20. 20.
Cum referre negas, quali sit quisque parente
Natus, dum ingenuus: persuades hoc tibi vere,
Ante potestatem Tulli atque ignobile regnum
10 Multos sæpe viros nullis majoribus ortos
Et vixisse probos, amplis et honoribus auctos;
Contra Lævinum, Valeri genus, unde Superbus   *und.* C. 1. 12. 17.
Tarquinius regno pulsus fugit, unius assis
Non umquam pretio pluris licuisse notante
15 Judice quo nosti populo, qui stultus honores
Sæpe dat indignis et famæ servit ineptus,   *ind.* E. 1. 16. 34.

v. 97. dehinc.   99. tura.   104. ? viæquest; est *om. al.*

tit. C. 4. 14. 4.	Qui stupet in titulis et imaginibus. Quid oportet	
	Nos facere a volgo longe longeque remotos?	
	Namque esto, populus Lævino mallet honorem	
	Quam Decio mandare novo, censorque moveret	20
	Appius, ingenuo si non essem patre natus :	
	Vel merito, quoniam in propria non pelle quiessem.	
23. E. 2. 1. 177.	Sed fulgente trahit constrictos Gloria curru	
	Non minus ignotos generosis. Quo tibi, Tilli,	
	Sumere depositum clavum fierique tribuno?	25
	Invidia accrevit, privato quæ minor esset.	
	Nam ut quisque insanus nigris medium impediit crus	
	Pellibus et latum demisit pectore clavum,	
at. E. 1. 7. 54.	Audit continuo: Quis homo hic est? quo patre natus?	
	Ut si qui ægrotet quo morbo Barrus, haberi	30
	Ut cupiat formosus, eat quacumque, puellis	
	Injiciat curam quærendi singula, quali	
	Sit facie, sura, quali pede, dente, capillo :	
	Sic qui promittit cives, urbem sibi curæ	
del. C. 3. 6. 2.	Imperium fore et Italiam, delubra deorum,	35
	Quo patre sit natus, num ignota matre inhonestus,	
	Omnes mortales curare et quærere cogit.	
	Tune Syri, Damæ aut Dionysi filius, audes	
	Deicere e saxo cives aut tradere Cadmo?	
	At Novius collega gradu post me sedet uno :	40
	Namque est ille, pater quod erat meus. Hoc tibi Paullus	
pla. E. 2. 2. 74.	Et Messalla videris? At hic, si plaustra ducenta	
	Concurrantque foro tria funera, magna sonabit	
	Cornua quod vincatque tubas ; saltem tenet hoc nos.	

18. longe lateque. 29. hic aut; hic et : natust, S. 35. et delubra.
41. namquest. 42. plostra, (O.) contr. E. 2. 2. 74.

SATIRARUM LIB. I. vi.

45 Nunc ad me redeo libertino patre natum,
  Quem rodunt omnes libertino patre natum, *rod.* S. 1. 4. 81.
  Nunc, quia sum tibi, Mæcenas, convictor, at olim, E. 1. 18. 82.
  Quod mihi pareret legio Romana tribuno.
  Dissimile hoc illi est: quia non ut forsit honorem
50 Jure mihi invideat quivis, ita te quoque amicum,
  Præsertim cautum dignos assumere prava *dig.* E. 1. 7. 22.
  Ambitione procul. Felicem dicere non hoc *amb.* S. 1. 10. 84.
  Me possim, casu quod te sortitus amicum:
  Nulla etenim mihi te fors obtulit: optimus olim
55 Virgilius, post hunc Varius dixere quid essem. *Vir.* S. 1. 10. 44; 81.
  Ut veni coram, singultim pauca locutus,
  Infans namque pudor prohibebat plura profari,
  Non ego me claro natum patre, non ego circum
  Me Satureiano vectari rura caballo,
60 Sed quod eram narro. Respondes, ut tuus est mos,
  Pauca; abeo, et revocas nono post mense jubesque 61. S. 2. 6. 41.
  Esse in amicorum numero. Magnum hoc ego duco,
  Quod placui tibi, qui turpi secernis honestum, *pla.* E. 1. 17. 3.
  Non patre præclaro sed vita et pectore puro. *pur.* E. 1. 2. 67.
  S. 1. 4. 130.
65 Atqui si vitiis mediocribus ac mea paucis
  Mendosa est natura, alioqui recta, velut si
  Egregio inspersos reprehendas corpore nævos,
  Si neque avaritiam neque sordes aut mala lustra
  Obiciet vere quisquam mihi, purus et insons,
70 Ut me collaudem, si et vivo carus amicis;
  Causa fuit pater his, qui macro pauper agello
  Noluit in Flavi ludum me mittere, magni

49. ? illist. 53. possum; possunt. 66. ? mendosast.
68. ac, nec, mala.

Quo pueri magnis e centurionibus orti,
Laevo suspensi loculos tabulamque lacerto,
Ibant octonis referentes Idibus aera: 75
Sed puerum est ausus Romam portare docendum
Artes, quas doceat quivis eques atque senator
Semet prognatos. Vestem servosque sequentes
In magno ut populo si qui vidisset, avita
Ex re praeberi sumptus mihi crederet illos. 80
Ipse mihi custos incorruptissimus omnes
Circum doctores aderat. Quid multa? Pudicum,
Qui primus virtutis honos, servavit ab omni
Non solum facto verum opprobrio quoque turpi,
Nec timuit, sibi ne vitio quis verteret, olim 85
Si praeco parvas aut, ut fuit ipse, coactor
Mercedes sequerer; neque ego essem questus: at hoc nunc
Laus illi debetur et a me gratia major.
Nil me paeniteat sanum patris hujus; eoque
Non, ut magna dolo factum negat esse suo pars, 90
Quod non ingenuos habeat clarosque parentes,
Sic me defendam. Longe mea discrepat istis
Et vox et ratio: nam si natura juberet
A certis annis aevum remeare peractum
Atque alios legere ad fastum quoscumque parentes 95
Optaret sibi quisque, meis contentus honestos
Fascibus et sellis nollem mihi sumere, demens
Judicio volgi, sanus fortasse tuo, quod
Nollem onus haud umquam solitus portare molestum.
Nam mihi continuo major quaerenda foret res 100
Atque salutandi plures, ducendus et unus
Et comes alter, uti ne solus rusve peregreve

76. ? puerumst. 79. si quis. 87. ad hoc, v. haec. 96. honustos, S.

SATIRARUM LIB. I. vi.

    Exirem, plures calones atque caballi *cal.* E. 1. 14. 42.
    Pascendi, ducenda petorrita. Nunc mihi curto *pet.* E. 2. 1. 192.
105 Ire licet mulo vel si libet usque Tarentum,
    Mantica cui lumbos onere ulceret atque eques armos ;
    Obiciet nemo sordes mihi, quas tibi, Tilli,
    Cum Tiburte via praetorem quinque sequuntur
    Te pueri, lasanum portantes oenophorumque,
110 Hoc ego commodius quam tu, praeclare senator,
    Milibus atque aliis vivo. Quacumque libido est,
    Incedo solus, percontor quanti olus ac far ;
    Fallacem Circum vespertinumque pererro
    Saepe forum, assisto divinis, inde domum me
115 Ad porri et ciceris refero laganique catinum ;
    Cena ministratur pueris tribus, et lapis albus
    Pocula cum cyatho duo sustinet, adstat echinus *cya.* C. 3. 8. 13.
    Vilis, cum patera guttus, Campana supellex.
    Deinde eo dormitum non sollicitus, mihi quod cras
120 Surgendum sit mane, obeundus Marsya, qui se
    Voltum ferre negat Noviorum posse minoris.
    Ad quartam jaceo ; post hanc vagor ; aut ego lecto
    Aut scripto quod me tacitum juvet, ungor olivo,
    Non quo fraudatis immundus Natta lucernis.
125 Ast ubi me fessum sol acrior ire lavatum
    Admonuit, fugio Campum lusumque trigonem. *Cam.* S. 2. 3. 144.
    Pransus non avide, quantum interpellet inani
    Ventre diem durare, domesticus otior. Haec est
    Vita solutorum misera ambitione gravique ;
130 His me consolor victurum suavius ac si
    Quaestor avus pater atque meus patruusque fuisset.

    107. objiciet.   108. secuntur, *b. c.*   111. ? libidost.
        131. fuissent, (*cp.* C. 1. 24. 8.)

VII.

PROSCRIPTI Regis Rupili pus atque venenum
Hybrida quo pacto sit Persius ultus, opinor
Omnibus et lippis notum et tonsoribus esse.
Persius hic permagna negotia dives habebat
Clazomenis, etiam lites cum Rege molestas, 5
Durus homo atque odio qui posset vincere Regem,
Confidens tumidusque, adeo sermonis amari,
Sisennas, Barros ut equis præcurreret albis.
Ad Regem redeo. Postquam nihil inter utrumque
Convenit; hoc etenim sunt omnes jure molesti, 10
Quo fortes, quibus adversum bellum incidit: inter
Hectora Priamiden animosum atque inter Achillem
Ira fuit capitalis, ut ultima divideret mors,
Non aliam ob causam, nisi quod virtus in utroque
Summa fuit; duo si discordia vexet inertes 15
Aut si disparibus bellum incidat, ut Diomedi
Cum Lycio Glauco, discedat pigrior ultro
Muneribus missis. Bruto prætore tenente
Ditem Asiam, Rupili et Persi par pugnat, uti non
Compositum melius cum Bitho Bacchius. In jus 20
Acres procurrunt, magnum spectaculum uterque.
Persius exponit causam; ridetur ab omni
Conventu: laudat Brutum laudatque cohortem,
Solem Asiæ Brutum appellat, stellasque salubres
Appellat comites, excepto Rege: Canem illum, 25
Invisum agricolis sidus, venisse; ruebat
Flumen ut hibernum, fertur quo rara securis.
Tum Prænestinus salso multoque fluenti

Expressa arbusto regerit convicia, durus
30 Vindemiator et invictus, cui saepe viator
Cessisset magna compellans voce cuculum.   *com.* S. 2. 3. 297.
At Graecus, postquam est Italo perfusus aceto,
Persius exclamat: Per magnos, Brute, deos te
Oro, qui reges consueris tollere, cur non
35 Hunc Regem jugulas? Operum hoc, mihi crede,
tuorum est.

VIII.

Olim truncus eram ficulnus, inutile lignum,
Cum faber incertus scamnum faceretne Priapum,
Maluit esse deum; deus inde ego, furum aviumque
Maxima formido: nam fures dextra coërcet
5 Obscenoque ruber porrectus ab inguine palus:
Ast importunas volucres in vertice arundo
Terret fixa vetatque novis considere in hortis.
Huc prius angustis ejecta cadavera cellis
Conservus vili portanda locabat in arca;
10 Hoc miserae plebi stabat commune sepulcrum,
Pantolabo scurrae Nomentanoque nepoti.   11. S. 2. 1. 22.
Mille pedes in fronte, trecentos cippus in agrum
Hic dabat, heredes monumentum ne sequeretur.
Nunc licet Esquiliis habitare salubribus atque
15 Aggere in aprico spatiari, quo modo tristes
Albis informem spectabant ossibus agrum;
Cum mihi non tantum furesque feraeque suëtae   17. Ep. 5. 100.
Hunc vexare locum curae sunt atque labori,

vii. 31. cucullum. 32. ? postquamst. 35. ? tuorumst.
viii. 15. qua, *Bent. conj.*

sen. Ep. 5. 87. Quantum carminibus quæ versant atque venenis
Humanos animos: has nullo perdere possum 20
Nec prohibere modo, simul ac vaga Luna decorum
Protulit os, quin ossa legant herbasque nocentes.
Vidi egomet nigra succinctam vadere palla
Canidiam pedibus nudis passoque capillo,
Cum Sagana majore ululantem; pallor utrasque 25
Fecerat horrendas adspectu. Scalpere terram
Unguibus et pullam divellere mordicus agnam
Cœperunt; cruor in fossam confusus, ut inde
Manes elicerent, animas responsa daturas.
Lanea et effigies erat, altera cerea: major 30
Lanea quæ pœnis compesceret inferiorem;
Cerea suppliciter stabat, servilibus ut quæ
Jam peritura modis. Hecaten vocat altera, sævam
Altera Tisiphonen: serpentes atque videres
Infernas errare canes, Lunamque rubentem, 35
Ne foret his testis, post magna latere sepulcra.
Mentior at si quid, merdis caput inquiner albis
Corvorum; atque in me veniat mictum atque cacatum
Julius et fragilis Pediatia furque Voranus.
Singula quid memorem? quo pacto alterna loquentes 40
Umbræ cum Sagana resonarent triste et acutum,
Utque lupi barbam variæ cum dente colubræ
Abdiderint furtim terris et imagine cerea
Largior arserit ignis, et ut non testis inultus
Horruerim voces Furiarum et facta duarum. 45
Nam, displosa sonat quantum vesica, pepedi
Diffissa nate ficus; at illæ currere in urbem.

38. veniant.

Canidiæ dentes, altum Saganæ caliendrum
Excidere atque herbas atque incantata lacertis
50 Vincula, cum magno risuque jocoque videres.

IX.

Ibam forte Via Sacra, sicut meus est mos	*Via Sa.* Ep. 4. 7; 7. 8.
Nescio quid meditans nugarum, totus in illis;	*nug.* E. 2. 1. 93.
Accurrit quidam notus mihi nomine tantum,	*tot.* E. 1. 1. 11.
Arreptaque manu: Quid agis, dulcissime rerum?	
5 Suaviter, ut nunc est, inquam, et cupio omnia quæ vis.	*sua.* E. 1. 8. 4.
Cum assectaretur: Num quid vis? occupo. At ille:	
Noris nos, inquit: docti sumus. Hic ego: Pluris	
Hoc, inquam, mihi eris. Misere discedere quærens,	
Ire modo ocius, interdum consistere, in aurem	
10 Dicere nescio quid puero, cum sudor ad imos	
Manaret talos; O te, Bolane, cerebri	
Felicem! aiebam tacitus; cum quidlibet ille	
Garriret, vicos, urbem laudaret. Ut illi	
Nil respondebam: Misere cupis, inquit, abire:	
15 Jam dudum video; sed nil agis: usque tenebo;	*n. ag.* Ep. 17. 81.
Persequar. Hinc quo nunc iter est tibi? Nil opus est te	
Circumagi: quendam volo visere non tibi notum;	
Trans Tiberim longe cubat is, prope Cæsaris hortos.	*cub.* S. 2. 3. 289.
Nil habeo quod agam et non sum piger: usque sequar te.	
20 Demitto auriculas, ut iniquæ mentis asellus,	
Cum gravius dorso subiit onus. Incipit ille:	
Si bene me novi, non Viscum pluris amicum,	*Vis.* S. 1. 10. 83.
Non Varium facies: nam quis me scribere plures	*Var.* C. 1. 6. 1.

ix. 16. Persequar hinc,....tibi, (O.)

	Aut citius possit versus? quis membra movere
Her. S. 1. 3. 129.	Mollius? invideat quod et Hermogenes, ego canto. 25
	Interpellandi locus hic erat: Est tibi mater,
	Cognati, quis te salvo est opus? Haud mihi quisquam;
	Omnes composui. Felices! nunc ego resto.
Sab. Ep. 17. 28.	Confice: namque instat fatum mihi triste, Sabella
	Quod puero cecinit divina mota anus urna: 30
	Hunc neque dira venena nec hosticus auferet ensis
	Nec laterum dolor aut tussis nec tarda podagra;
	Garrulus hunc quando consumet cumque: loquaces
	Si sapiat vitet, simul atque adoleverit aetas.
Ves. C. 1. 2. 16.	Ventum erat ad Vestae, quarta jam parte diei 35
vad. S. 1. 1. 11.	Praeterita, et casu tunc respondere vadato
	Debebat; quod ni fecisset, perdere litem.
ade. S. 2. 6. 35.	Si me amas, inquit, paulum hic ades. Interream si
int. S. 2. 1. 6.	Aut valeo stare aut novi civilia jura;
	Et propero quo scis. Dubius sum quid faciam, inquit, 40
	Tene relinquam an rem. Me, sodes. Non faciam, ille,
	Et praecedere coepit; ego, ut contendere durum est
	Cum victore, sequor. Maecenas quomodo tecum?
	Hinc repetit; paucorum hominum et mentis bene sanae;
	Nemo dexterius fortuna est usus. Haberes 45
	Magnum adjutorem, posset qui ferre secundas,
tra. E. 1. 9. 3;	Hunc hominem velles si tradere: dispeream ni
18. 78.	Summosses omnes. Non isto vivimus illic,
	Quo tu rere, modo; domus hac nec purior ulla est
	Nec magis his aliena malis; nil mi officit umquam, 50
	Ditior hic aut est quia doctior; est locus uni

27. ? salvost; haut, S.   42. ? durumst; est *om. MSS.*
48. vivitur, *Bent.*   49. ? ullast.   50. inquam.

SATIRARUM LIB. I. ix.

Cuique suus. Magnum narras, vix credibile! Atqui
Sic habet. Accendis quare cupiam magis illi
Proximus esse. Velis tantummodo: quæ tua virtus,
55 Expugnabis; et est qui vinci possit, eoque
Difficiles aditus primos habet. Haud mihi deero: *dee.* S. 2. 1. 17.
Muneribus servos corrumpam; non, hodie si
Exclusus fuero, desistam; tempora quæram;
Occurram in triviis; deducam: Nil sine magno
60 Vita labore dedit mortalibus. Hæc dum agit, ecce
Fuscus Aristius occurrit, mihi carus, et illum *Ari.* C. 1. 22.
Qui pulchre nosset. Consistimus, Unde venis? et, E. 1. 10.
Quo tendis? rogat et respondet. Vellere cœpi
Et prensare manu lentissima bracchia, nutans,
65 Distorquens oculos, ut me eriperet. Male salsus
Ridens dissimulare; meum jecur urere bilis.
Certe nescio quid secreto velle loqui te
Aiebas mecum. Memini bene; sed meliore
Tempore dicam: hodie tricesima sabbata: vin tu
70 Curtis Judæis oppedere? Nulla mihi, inquam,
Religio est. At mi; sum paulo infirmior, unus
Multorum. Ignosces; alias loquar. Huncine solem
Tam nigrum surrexe mihi! Fugit improbus ac me
Sub cultro linquit. Casu venit obvius illi
75 Adversarius et—Quo tu turpissime? magna
Inclamat voce et—Licet antestari? Ego vero
Oppono auriculam. Rapit in jus; clamor utrimque,
Undique concursus. Sic me servavit Apollo.

64. pressare. 68. meliori. 69. vis tu, *B.* (*cp.* S. 2. 6. 92.)
71. ? Religiost. 76. exclamat.

X.

Lucili, quam sis mendosus, teste Catone
Defensore tuo pervincam, qui male factos
Emendare parat versus, hoc lenius ille
Est quo vir melior, longe subtilior illo,
Qui multum puer et loris et funibus udis   5
Exhortatus, ut esset opem qui ferre poëtis
Antiquis posset contra fastidia nostra,
Grammaticorum equitum doctissimus. Ut redeam illuc:

NEMPE incomposito dixi pede currere versus
Lucili :. quis tam Lucili fautor inepte est,
sal. E. 2. 2. 60.   Ut non hoc fateatur? At idem, quod sale multo
Urbem defricuit, charta laudatur eadem.
Nec tamen hoc tribuens dederim quoque cetera; nam sic
Et Laberi mimos ut pulchra poëmata mirer.   6
Ergo non satis est risu diducere rictum
Auditoris; et est quædam tamen hic quoque virtus;
Est brevitate opus, ut currat sententia neu se
Impediat verbis lassas onerantibus aures;   10
Et sermone opus est modo tristi, sæpe jocoso,
rhe. S. 1. 5. 2.   Defendente vicem modo rhetoris atque poëtæ,
Interdum urbani, parcentis viribus atque
rid. S. 1. 1. 24.   Extenuantis eas consulto. Ridiculum acri
Fortius et melius magnas plerumque secat res.   15
16. S. 1. 4. 1.   Illi scripta quibus comœdia prisca viris est
Hoc stabant, hoc sunt imitandi; quos neque pulcher
Hermogenes umquam legit, neque simius iste

2. ? ineptest.

SATIRARUM LIB. I. x.

  Nil praeter Calvum et doctus cantare Catullum.
20 At magnum fecit, quod verbis Graeca Latinis
  Miscuit. O seri studiorum! quine putetis
  Difficile et mirum, Rhodio quod Pitholeonti
  Contigit? At sermo lingua concinnus utraque
  Suavior, ut Chio nota si commixta Falerni est.   *not.* C. 2. 3. 8.
25 Cum versus facias; te ipsum percontor, an et cum
  Dura tibi peragenda rei sit causa Petilli?   26. S. 1. 4. 94.
  Scilicet oblitus patriaeque patrisque, Latine
  Cum Pedius causas exsudet Poplicola atque
  Corvinus, patriis intermiscere petita   *Cor.* A. P. 371.
30 Verba foris malis, Canusini more bilinguis.
  Atque ego cum Graecos facerem natus mare citra
  Versiculos, vetuit me tali voce Quirinus,   *vet.* C. 4. 15. 1.
  Post mediam noctem visus, cum somnia vera: *Qui.* C. 3. 3. 15.
  In silvam non ligna feras insanius ac si
35 Magnas Graecorum malis implere catervas.
  Turgidus Alpinus jugulat dum Memnona dumque
  Defingit Rheni luteum caput, haec ego ludo,   *lud.* C. 1. 32. 2.
  Quae neque in aede sonent certantia judice Tarpa,   *Tar.* A. P. 387.
  Nec redeant iterum atque iterum spectanda theatris.
40 Arguta meretrice potes Davoque Chremeta   *arg.* E. 1. 14. 42.
  Eludente senem comis garrire libellos   *gar.* S. 2. 6. 77.
  Unus vivorum, Fundani; Pollio regum   *Pol.* C. 2. 1. 9.
  Facta canit pede ter percusso; forte epos acer   *acc.* E. 2. 1. 165.
  Ut nemo Varius ducit; molle atque facetum
45 Virgilio annuerunt gaudentes rure Camenae.
  Hoc erat, experto frustra Varrone Atacino
  Atque quibusdam aliis, melius quod scribere possem,

    24. ? Falernist.   27. oblitos, B. *conj.*; Latini.

inv. S. 2. 1. 63.	Inventore minor; neque ego illi detrahere ausim
	Hærentem capiti cum multa laude coronam.
	At dixi fluere hunc lutulentum, sæpe ferentem 50
	Plura quidem tollenda relinquendis. Age, quæso,
	Tu nihil in magno doctus reprehendis Homero?
Acc. E. 2. 1. 56. A. P. 258.	Nil comis tragici mutat Lucilius Acci?
Enn. E. 2. 1. 50. A. P. 259.	Non ridet versus Enni gravitate minores,
	Cum de se loquitur non ut majore reprensis? 55
	Quid vetat et nosmet Lucili scripta legentes
	Quærere, num illius, num rerum dura negarit
	Versiculos natura magis factos et euntes
	Mollius ac si quis pedibus quid claudere senis,
duc. S. 1. 4. 9.'	Hoc tantum contentus, amet scripsisse ducentos 60
	Ante cibum versus, totidem cenatus; Etrusci
	Quale fuit Cassi rapido ferventius amni
	Ingenium, capsis quem fama est esse librisque
	Ambustum propriis. Fuerit Lucilius, inquam,
	Comis et urbanus, fuerit limatior idem 65
	Quam rudis et Græcis intacti carminis auctor,
	Quamque poëtarum seniorum turba; sed ille,
	Si foret hoc nostrum fato dilatus in ævum,
rec. A. P. 447.	Detereret sibi multa, recideret omne quod ultra
	Perfectum traheretur, et in versu faciendo 70
	Sæpe caput scaberet, vivos et roderet ungues.
	Sæpe stilum vertas iterum quæ digna legi sint
	Scripturus, neque te ut miretur turba labores,
74. E. 1. 19. 34.	Contentus paucis lectoribus. An tua demens
dic. E. 2. 1. 71.	Vilibus in ludis dictari carmina malis? 75
equ. E. 2. 1. 185.	Non ego: nam satis est equitem mihi plaudere, ut audax

63. ? famast.

SATIRARUM LIB. I. x.

 Contemptis aliis explosa Arbuscula dixit.
 Men moveat cimex Pantilius, aut cruciet quod
 Vellicet absentem Demetrius, aut quod ineptus
80 Fannius Hermogenis lædat conviva Tigelli?
 Plotius et Varius, Mæcenas Virgiliusque,   *Plo.* S. 1. 5. 40.
 Valgius et probet hæc Octavius, optimus atque   *Val.* C. 2. 9.
 Fuscus et hæc utinam Viscorum laudet uterque.   *Fus.* S. 1. 9. 61.
 Ambitione relegata te dicere possum,   *amb.* S. 1. 6. 52.
85 Pollio, te, Messalla, tuo cum fratre simulque
 Vos, Bibule et Servi, simul his te, candide Furni,   *can.* E. 1. 4. 1.
 Complures alios, doctos ego quos et amicos
 Prudens prætereo; quibus hæc, sunt qualiacunque,   *pru.* A. P. 462.
 Arridere velim, doliturus si placeant spe
90 Deterius nostra. Demetri, teque, Tigelli,
 Discipularum inter jubeo plorare cathedras.
 I, puer, atque meo citus hæc subscribe libello.

88. sint.

Q. HORATI FLACCI SATIRAE.

LIBER SECUNDUS.

I.

  Sunt quibus in satira videor nimis acer et ultra
ner. A. P. 26. Legem tendere opus; sine nervis altera quidquid
  Composui pars esse putat similesque meorum
  Mille die versus deduci posse. Trebati,
  Quid faciam praescribe. Quiescas. Ne faciam, inquis, 5
per. S. 1. 9. 38. Omnino versus? Aio. Peream male, si non
  Optimum erat; verum nequeo dormire. Ter uncti
  Transnanto Tiberim, somno quibus est opus alto,
  Irriguumque mero sub noctem corpus habento.
  Aut, si tantus amor scribendi te rapit, aude   10
  Caesaris invicti res dicere, multa laborum
  Praemia laturus. Cupidum, pater optime, vires
13. C. 1. 6. 5. Deficiunt: neque enim quivis horrentia pilis
 4. 2. 27. Agmina nec fracta pereuntes cuspide Gallos
  Aut labentis equo describat vulnera Parthi.   15
  Attamen et justum poteras et scribere fortem,
  Scipiadam ut sapiens Lucilius. Haud mihi deero,
dex. S. 2. 4. 4. Cum res ipsa feret: nisi dextro tempore, Flacci

   1. videar.   15. describit.

SATIRARUM LIB. II. i.

    Verba per attentam non ibunt Caesaris aurem;
20 Cui male si palpere, recalcitrat undique tutus.
    Quanto rectius hoc quam tristi laedere versu
    Pantolabum scurram Nomentanumque nepotem,   22. S. 1. 8. 11.
    Cum sibi quisque timet, quamquam est intactus, et odit.   *int.* E. 2. 1. 151.
    Quid faciam? Saltat Milonius, ut semel icto
25 Accessit fervor capiti numerusque lucernis;
    Castor gaudet equis, ovo prognatus eodem   26. C. 1. 12. 26.
    Pugnis; quot capitum vivunt, totidem studiorum
    Milia: me pedibus delectat claudere verba
    Lucili ritu, nostrum melioris utroque.
30 Ille velut fidis arcana sodalibus olim
    Credebat libris, neque si male cesserat umquam
    Decurrens alio, neque si bene; quo fit, ut omnis
    Votiva pateat veluti descripta tabella
    Vita senis. Sequor hunc, Lucanus an Apulus anceps;
35 Nam Venusinus arat finem sub utrumque colonus,
    Missus ad hoc pulsis, vetus est ut fama, Sabellis,
    Quo ne per vacuum Romano incurreret hostis,
    Sive quod Apula gens seu quod Lucania bellum
    Incuteret violenta. Sed hic stilus haud petet ultro   *sti.* S. 1. 10. 72.
40 Quemquam animantem et me veluti custodiet ensis
    Vagina tectus; quem cur destringere coner
    Tutus ab infestis latronibus? O pater et rex
    Juppiter, ut pereat positum robigine telum
    Nec quisquam noceat cupido mihi pacis! at ille,
45 Qui me commorit,—melius non tangere, clamo—
    Flebit et insignis tota cantabitur urbe.   46. E. 1. 13. 9.
    Cervius iratus leges minitatur et urnam,

        23. ? quamquamst.

Canidia Albuti quibus est inimica venenum,
Grande malum Turius, si quid se judice certes.
Ut, quo quisque valet, suspectos terreat, utque   50
Imperet hoc natura potens, sic collige mecum:
Dente lupus, cornu taurus petit: unde nisi intus
Monstratum? Scaevae vivacem crede nepoti
Matrem: nil faciet sceleris pia dextera; mirum,
Ut neque calce lupus quemquam neque dente petit bos:
Sed mala tollet anum vitiato melle cicuta.   56
Ne longum faciam: seu me tranquilla senectus

ali. C. 2. 17. 25.   Exspectat seu Mors atris circumvolat alis,
Dives, inops, Romae, seu fors ita jusserit, exsul,

col. E. 1. 17. 23.   Quisquis erit vitae, scribam, color. O puer, ut sis   60

maj. E. 1. 17. 2.   Vitalis metuo, et majorum ne quis amicus
Frigore te feriat. Quid? cum est Lucilius ausus
Primus in hunc operis componere carmina morem,

64. E. 1. 16. 45.   Detrahere et pellem, nitidus qua quisque per ora
Cederet introrsum turpis; num Laelius aut qui   65

66. C. 4. 8. 18.   Duxit ab oppressa meritum Carthagine nomen,

laes. v. 21.
S. 1. 10. 80.   Ingenio offensi aut laeso doluere Metello
Famosisque Lupo cooperto versibus? Atqui

arr. S. 2. 3. 224.   Primores populi arripuit populumque tributim,
Scilicet uni aequus virtuti atque ejus amicis.   70
Quin ubi se a volgo et scena in secreta remorant
Virtus Scipiadae et mitis sapientia Laeli,

nug. E. 1. 18. 60.   Nugari cum illo et discincti ludere, donec

olu. S. 2. 7. 30.
E. 1. 5. 2;
17. 13.   Decoqueretur olus, soliti. Quidquid sum ego, quamvis
Infra Lucili censum ingeniumque, tamen me   75

76. E. 1. 17. 35;
20. 23.   Cum magnis vixisse invita fatebitur usque

62. ? cumst.   65. et qui.   71. vulgo.

SATIRARUM LIB. II. ii.

Invidia et fragili quærens illidere dentem
Offendet solido, nisi quid tu, docte Trebati,
Dissentis. Equidem nihil hinc diffindere possum ;
80 Sed tamen ut monitus caveas, ne forte negoti
Incutiat tibi quid sanctarum inscitia legum :
Si mala condiderit in quem quis carmina, jus est   82. E. 2. 1. 152.
Judiciumque. Esto, si quis mala : sed bona si quis
Judice condiderit laudatus Cæsare ? si quis
85 Opprobriis dignum latraverit, integer ipse ?
Solventur risu tabulæ, tu missus abibis.

II.

Quæ virtus et quanta, boni, sit vivere parvo,—
Nec meus hic sermo est, sed quæ præcepit Ofella
Rusticus, abnormis sapiens, crassaque Minerva—   *Min.* A. P. 385.
Discite non inter lances mensasque nitentes,
5 Cum stupet insanis acies fulgoribus, et cum
Acclinis falsis animus meliora recusat,
Verum hic impransi mecum disquirite. Cur hoc ?   *imp.* S. 2. 3. 257.
Dicam, si potero. Male verum examinat omnis
Corruptus judex. Leporem sectatus equove
10 Lassus ab indomito vel, si Romana fatigat
Militia assuetum Græcari, seu pila velox
Molliter austerum studio fallente laborem
Seu te discus agit, pete cedentem aëra disco :
Cum labor extuderit fastidia, siccus, inanis   *fas.* S. 1. 2. 114.
15 Sperne cibum vilem, nisi Hymettia mella Falerno
Ne biberis diluta. Foris est promus, et atrum   *atr.* C. 3. 27. 18.

I. 84. laudatur.   II. 2. ? sermost ; quem ; Ofellus.

Defendens pisces hiemat mare: cum sale panis
Latrantem stomachum bene leniet. Unde putas aut
Qui partum? Non in caro nidore voluptas
Summa, sed in te ipso est. Tu pulmentaria quaere 20

vit. v. 78.   Sudando: pinguem vitiis albumque neque ostrea
22. Ep. 2. 50; 54.   Nec scarus aut poterit peregrina juvare lagois.

Vix tamen eripiam, posito pavone velis quin
Hoc potius quam gallina tergere palatum,
Corruptus vanis rerum, quia veneat auro 25
Rara avis et picta pandat spectacula cauda,
Tamquam ad rem attineat quicquam. Num vesceris ista
Quam laudas pluma? cocto num adest honor idem?
Carne tamen, quamvis distat nil, hac magis illa.
Imparibus formis deceptum te patet. Esto: 30
Unde datum sentis, lupus hic Tiberinus an alto
Captus hiet, pontesne inter jactatus an amnis

Tus. C. 3. 7. 28.   Ostia sub Tusci? Laudas, insane, trilibrem

Mullum, in singula quem minuas pulmenta necesse est.
Ducit te species, video. Quo pertinet ergo 35
Proceros odisse lupos? quia scilicet illis
Majorem natura modum dedit, his breve pondus.
Jejunus raro stomachus volgaria temnit.
Porrectum magno magnum spectare catino

gul. S. 2. 7. 111. E. 1. 6. 57.   Vellem, ait Harpyiis gula digna rapacibus. At vos, 40

Praesentes Austri, coquite horum obsonia. Quamquam
Putet aper rhombusque recens, mala copia quando
Aegrum sollicitat stomachum, cum rapula plenus

inu. S. 2. 8. 51.   Atque acidas mavolt inulas. Necdum omnis abacta

    20. ? ipsost.   29. illam, *b.* S.   30. petere, S.
       34. ? necessest.   38. vulgaria.

SATIRARUM LIB. II. ii.

45 Pauperies epulis regum: nam vilibus ovis
Nigrisque est oleis hodie locus. Haud ita pridem
Galloni præconis erat acipensere mensa
Infamis. Quid? tum rhombos minus æquora alebant?
Tutus erat rhombus tutoque ciconia nido,
50 Donec vos auctor docuit prætorius. Ergo
Si quis nunc mergos suaves edixerit assos,
Parebit pravi docilis Romana juventus.　　　　　*doc.* C. 4. 6. 43.
Sordidus a tenui victu distabit Ofella
Judice: nam frustra vitium vitaveris illud,
55 Si te alio pravum detorseris. Avidienus,
Cui Canis ex vero dictum cognomen adhæret,
Quinquennes oleas est et silvestria corna,
Ac nisi mutatum parcit defundere vinum et,　　　*mut.* S. 2. 8. 50.
Cujus odorem olei nequeas perferre, licebit
60 Ille repotia, natales aliosve dierum
Festos albatus celebret, cornu ipse bilibri
Caulibus instillat, veteris non parcus aceti.
Quali igitur victu sapiens utetur? et horum　　　63. C. 1. 31. 15.
Utrum imitabitur? Hac urget lupus, hac canis, aiunt.
65 Mundus erit qua non offendat sordibus atque
In neutram partem cultus miser. Hic neque servis
Albuti senis exemplo, dum munia didit,　　　　　*mun. v.* 81.
Sævus erit, nec sic ut simplex Nævius unctam　　C. 2. 5. 2.
Convivis præbebit aquam: vitium hoc quoque magnum.　*præ.* S. 1. 4. 88.
70 Accipe nunc, victus tenuis quæ quantaque secum
Afferat. In primis valeas bene: nam variæ res
Ut noceant homini, credas memor illius escæ,

48. æquor alebat.　　51. suaves.　　55. pravus.
56. ductum.　　　　62. largus.　　65. qui.

Quae simplex olim tibi sederit; at simul assis
Miscueris elixa, simul conchylia turdis,
Dulcia se in bilem vertent stomachoque tumultum 75
pit. E. 1. 1. 108. Lenta feret pituita. Vides ut pallidus omnis
Cena desurgat dubia? Quin corpus onustum
Hesternis vitiis animum quoque praegravat una,
Atque affigit humo divinae particulam aurae.
Alter, ubi dicto citius curata sopori 80
Membra dedit, vegetus praescripta ad munia surgit.
Hic tamen ad melius poterit transcurrere quondam,
Sive diem festum rediens advexerit annus,
Seu recreare volet tenuatum corpus, ubique
Accedent anni et tractari mollius aetas 85
Imbecilla volet. Tibi quidnam accedet ad istam
Quam puer et validus praesumis mollitiem, seu
Dura valetudo inciderit seu tarda senectus?
Rancidum aprum antiqui laudabant, non quia nasus
Illis nullus erat, sed credo hac mente, quod hospes 90
Tardius adveniens vitiatum commodius quam
Integrum edax dominus consumeret. Hos utinam inter
pri. S. 1. 3. 99. Heroas natum tellus me prima tulisset!
Das aliquid famae, quae carmine gratior aurem
Occupat humanam: grandes rhombi patinaeque 95
Grande ferunt una cum damno dedecus; adde
pat. C. 3. 12. 4. Iratum patruum, vicinos, te tibi iniquum
S. 2. 3. 88. Et frustra mortis cupidum, cum deerit egenti
As, laquei pretium. Jure, inquit, Trausius istis
ec. C. 3. 16. 40. Jurgatur verbis; ego vectigalia magna 100
Divitiasque habeo tribus amplas regibus. Ergo,

79. affligit.   95. occupet.   99. inquis.

SATIRARUM LIB. II. ii.

Quod superat non est melius quo insumere possis?
Cur eget indignus quisquam te divite? quare
Templa ruunt antiqua deum? cur, improbe, caræ
105 Non aliquid patriæ tanto emetiris acervo?
Uni nimirum recte tibi semper erunt res.
O magnus posthac inimicis risus! Uterne
Ad casus dubios fidet sibi certius? hic qui
Pluribus adsuerit mentem corpusque superbum,
110 An qui contentus parvo metuensque futuri,
In pace ut sapiens aptarit idonea bello?

Quo magis his credas, puer hunc ego parvus Ofellam
Integris opibus novi non latius usum
Quam nunc accisis. Videas metato in agello
115 Cum pecore et gnatis fortem mercede colonum:
Non ego, narrantem, temere edi luce profesta
Quicquam præter olus fumosæ cum pede pernæ.
At mihi seu longum post tempus venerat hospes
Sive operum vacuo gratus conviva per imbrem
120 Vicinus, bene erat non piscibus urbe petitis
Sed pullo atque hædo; tum pensilis uva secundas
Et nux ornabat mensas cum duplice ficu.
Post hoc ludus erat culpa potare magistra,
Ac venerata Ceres, ita culmo surgeret alto,
125 Explicuit vino contractæ seria frontis.
Sæviat atque novos moveat fortuna tumultus:
Quantum hinc imminuet? quanto aut ego parcius, aut vos,
O pueri, nituistis, ut huc novus incola venit?

104. C. 3. 6. 2.
105. C. 3. 24. 45.
eme. S. 1. 1. 96.

pro. C. 4. 15. 25.

125. C. 3. 29. 16.

Q. HORATI FLACCI

pro. E. 2. 2. 158; Nam propriæ telluris erum natura neque illum
er. C. 2. 18. 32. 172. Nec me nec quemquam statuit: nos expulit ille; 130
Illum aut nequities aut vafri inscitia juris,
Postremum expellet certe vivacior heres.
Nunc ager Umbreni sub nomine, nuper Ofellæ
Dictus, erit nulli proprius; sed cedet in usum
Nunc mihi, nunc alii. Quocirca vivite fortes, 135
Fortiaque adversis opponite pectora rebus.

III.

Sic raro scribis, ut toto non quater anno
mem. A. P. 389. Membranam poscas, scriptorum quæque retexens,
Iratus tibi quod vini somnique benignus
Nil dignum sermone canas. Quid fiet? At ipsis
Saturnalibus huc fugisti. Sobrius ergo 5
pro. A. P. 138. Dic aliquid dignum promissis. Incipe. Nil est.
Culpantur frustra calami immeritusque laborat
Iratis natus paries dis atque poëtis.
min. E. 1. 8. 3. Atqui voltus erat multa et præclara minantis,
vil. S. 1. 5. 45. Si vacuum tepido cepisset villula tecto. 10
Quorsum pertinuit stipare Platona Menandro,
Arc. E. 1. 19. 24. Eupolin, Archilochum, comites educere tantos?
Invidiam placare paras virtute relicta?
Contemnere, miser. Vitanda est improba Siren
Desidia, aut quidquid vita meliore parasti, 15
Ponendum æquo animo. Di te, Damasippe, deæque
Verum ob consilium donent tonsore! sed unde

II. 129. herum. 134. dictus erat; nulli. III. 1. scribes.
14. ? vitandast.

SATIRARUM LIB. II. iii.

Tam bene me nosti? Postquam omnis res mea Janum
Ad medium fracta est, aliena negotia curo
20 Excussus propriis : olim nam quaerere amabam,
Quo vafer ille pedes lavisset Sisyphus aere,
Quid sculptum infabre, quid fusum durius esset ;
Callidus huic signo ponebam milia centum ;
Hortos egregiasque domos mercarier unus
25 Cum lucro noram : unde frequentia Mercuriale
Imposuere mihi cognomen compita. Novi,
Et miror morbi purgatum te illius. Atqui   *mor.* E. 1. 1. 35.
Emovit veterem mire novus, ut solet, in cor
Trajecto lateris miseri capitisve dolore :
30 Ut lethargicus hic cum fit pugil et medicum urget.
Dum ne quid simile huic, esto ut libet. O bone, ne te
Frustrere, insanis et tu stultique prope omnes,   *pro.* S. 1. 3. 98.
Si quid Stertinius veri crepat, unde ego mira   E. 1. 6. 1.
Descripsi docilis praecepta haec, tempore quo me
35 Solatus jussit sapientem pascere barbam
Atque a Fabricio non tristem ponte reverti.
Nam male re gesta cum vellem mittere operto
Me capite in flumen, dexter stetit et, Cave faxis
Te quicquam indignum : pudor, inquit, te malus angit,   *pud.* A. P. 88.
40 Insanos qui inter vereare insanus haberi.
Primum nam inquiram, quid sit furere; hoc si erit in te
Solo, nil verbi, pereas quin fortiter, addam.
Quem mala stultitia et quemcumque inscitia veri
Caecum agit, insanum Chrysippi porticus et grex   *Chr.* S. 1. 3. 127.
45 Autumat. Haec populos, haec magnos formula reges

19. ? fractast.

Excepto sapiente tenet. Nunc accipe, quare
Desipiant omnes æque ac tu, qui tibi nomen
Insano posuere. Velut silvis, ubi passim
Palantes error certo de tramite pellit,
Ille sinistrorsum hic dextrorsum abit, unus utrique　　50
Error, sed variis illudit partibus; hoc te
Crede modo insanum, nihilo ut sapientior ille,
Qui te deridet, caudam trahat. Est genus unum
Stultitiæ nihilum metuenda timentis, ut ignes,
Ut rupes fluviosque in campo obstare queratur;　　55
Alterum et huic varum et nihilo sapientius ignes
Per medios fluviosque ruentis: clamet amica
Mater, honesta soror cum cognatis, pater, uxor:
Hic fossa est ingens, hic rupes maxima; serva!
Non magis audierit, quam Fufius ebrius olim,　　60
Cum Ilionam edormit, Catienis mille ducentis
Mater, te appello, clamantibus. Huic ego volgus
Errori similem cunctum insanire docebo.
Insanit veteres statuas Damasippus emendo:
Integer est mentis Damasippi creditor. Esto.　　65
Accipe quod nunquam reddas mihi, si tibi dicam,
Tune insanus eris, si acceperis? an magis excors
Rejecta præda, quam præsens Mercurius fert?
Scribe decem a Nerio; non est satis: adde Cicutæ
Nodosi tabulas centum, mille adde catenas;　　70
Effugiet tamen hæc sceleratus vincula Proteus.
Cum rapies in jus malis ridentem alienis,
Fiet aper, modo avis, modo saxum, et cum volet arbor.
Si male rem gerere insani est, contra bene sani;

59. ? fossast.　　62. vulgus.　　74. ? insanist.

SATIRARUM LIB. II. iii.

75 Putidius multo cerebrum est, mihi crede, Perilli
Dictantis, quod tu numquam rescribere possis.
Audire atque togam jubeo componere, quisquis
Ambitione mala aut argenti pallet amore,   78. S. 1. 4. 26.
Quisquis luxuria tristive superstitione   E. 1. 18. 22.
80 Aut alio mentis morbo calet; huc propius me,   *cal.* E. 2. 1. 108.
Dum doceo insanire omnes, vos ordine adite.
Danda est ellebori multo pars maxima avaris;   *ell.* E. 2. 2. 137.
Nescio an Anticyram ratio illis destinet omnem.
Heredes Staberi summam incidere sepulcro:
85 Ni sic fecissent, gladiatorum dare centum
Damnati populo paria atque epulum arbitrio Arri,
Frumenti quantum metit Africa. Sive ego prave   *Afr.* C. 1. 1. 10.
Seu recte hoc volui, ne sis patruus mihi. Credo   *pat.* S. 2. 2. 97.
Hoc Staberi prudentem animum vidisse. Quid ergo
90 Sensit, cum summam patrimoni insculpere saxo
Heredes voluit? Quoad vixit, credidit ingens
Pauperiem vitium et cavit nihil acrius, ut si   92. C. 3. 24. 42.
Forte minus locuples uno quadrante perisset,   E. 1. 1. 42.
Ipse videretur sibi nequior: omnis enim res,
95 Virtus, fama, decus, divina humanaque pulchris
Divitiis parent; quas qui construxerit, ille   *con.* C. 2. 3. 19.
Clarus erit, fortis, justus. Sapiensne? Etiam, et rex   S. 1. 1. 44.
Et quidquid volet. Hoc, veluti virtute paratum,
Speravit magnæ laudi fore. Quid simile isti
100 Græcus Aristippus, qui servos proicere aurum
In media jussit Libya, quia tardius irent
Propter onus segnes? Uter est insanior horum?
Nil agit exemplum, litem quod lite resolvit.

     75. ? cerebrumst.   82. hellebori.   96. contraxerit.

<pre>
              Si quis emat citharas, emptas comportet in unum,
              Nec studio citharæ nec Musæ deditus ulli ;   105
            ⸌ Si scalpra et formas non sutor, nautica vela
              Aversus mercaturis, delirus et amens
              Undique dicatur merito. ⸜Qui discrepat istis,
109. S. 1. 1. 41.   Qui nummos aurumque recondit, nescius uti
10. S. 1. 1. 71.   Compositis metuensque velut contingere sacrum ?   110
              Si quis ad ingentem frumenti semper acervum
              Porrectus vigilet cum longo fuste, neque illinc
              Audeat esuriens dominus contingere granum,
              Ac potius foliis parcus vescatur amaris ;
              Si positis intus Chii veterisque Falerni   115
              Mille cadis, nihil est, tercentum milibus, acre
              Potet acetum ; age, si et stramentis incubet, unde-
              Octoginta annos natus, cui stragula vestis,
tin. E. 1. 20. 12. Blattarum ac tinearum epulæ, putrescat in arca ;
              Nimirum insanus paucis videatur, eo quod   120
              Maxima pars hominum morbo jactatur eodem.
122. C. 2. 14. 25. Filius aut etiam hæc libertus ut ebibat heres,
des. E. 2. 2. 52.   Dis inimice senex, custodis ? Ne tibi desit ?
              Quantulum enim summæ curtabit quisque dierum,⸍
              Ungere si caules oleo meliore caputque   125
              Cœperis impexa fœdum porrigine ? Quare,
              Si quidvis satis est, perjuras, surripis, aufers
              Undique ? Tun sanus ? Populum si cædere saxis
              Incipias servosve, tuo quos ære pararis,
              Insanum te omnes pueri clamentque puellæ :   130
              Cum laqueo uxorem interemis matremque veneno,
</pre>

119. ? tiniarum. 129. servosque tuos, (O.)
131. interimis, *vulg.*

SATIRARUM LIB. II. iii.

 Incolumi capite es? Quid enim? Neque tu hoc facis
  Argis,
 Nec ferro ut demens genetricem occidis Orestes.
 An tu reris eum occisa insanisse parente,
135 Ac non ante malis dementem actum Furiis, quam
 In matris jugulo ferrum tepefecit acutum?
 Quin, ex quo est habitus male tutæ mentis Orestes,
 Nil sane fecit quod tu reprehendere possis:
 Non Pyladen ferro violare aususve sororem
140 Electram, tantum maledicit utrique vocando
 Hanc Furiam, hunc aliud, jussit quod splendida bilis.
 Pauper Opimius argenti positi intus et auri,   142. C. 3. 16. 28.
 Qui Veientanum festis potare diebus
 Campana solitus trulla vappamque profestis,   pro. S. 2. 2. 116.
                        C. 4. 15. 25.
145 Quondam lethargo grandi est oppressus, ut heres
 Jam circum loculos et claves lætus ovansque
 Curreret. Hunc medicus multum celer'atque fidelis
 Excitat hoc pacto: mensam poni jubet atque
 Effundi saccos nummorum, accedere plures
150 Ad numerandum; hominem sic erigit; addit et illud:
 Ni tua custodis, avidus jam hæc auferet heres.
 Men vivo? Ut vivas igitur, vigila: hoc age. Quid   age, E. 1. 18. 88.
  vis?
 Deficient inopem venæ te, ni cibus atque
 Ingens accedit stomacho fultura ruenti.
155 Tu cessas? agedum, sume hoc ptisanarium oryzæ.
 Quanti emptæ? Parvo. Quanti ergo? Octussibus.
  Eheu!

  132. quidni? neque enim hoc, *Bent.*   137. ? quost.
  139. sororem est, *Bent.*   145. ? grandist.

Quid refert, morbo an furtis pereamque rapinis?—
Quisnam igitur sanus? Qui non stultus. Quid avarus?
Stultus et insanus. Quid? si quis non sit avarus,
Continuo sanus? Minime. Cur, Stoice?. Dicam. 160
Non est cardiacus—Craterum dixisse putato—
Hic aeger: recte est igitur surgetque? Negabit,
Quod latus aut renes morbo temptentur acuto.
Non est perjurus neque sordidus; immolet aequis

Lar. C. 3. 23. 4. Hic porcum Laribus: verum ambitiosus et audax; 165
Naviget Anticyram. Quid enim differt, barathrone
Dones quidquid habes, an numquam utare paratis?

Can. S. 1. 5. 91;
10. 30. Servius Oppidius Canusi duo praedia, dives
Antiquo censu, gnatis divisse duobus
Fertur et hoc moriens pueris dixisse vocatis 170
Ad lectum: Postquam te talos, Aule, nucesque
Ferre sinu laxo, donare et ludere vidi,
Te, Tiberi, numerare, cavis abscondere tristem;
Extimui, ne vos ageret vesania discors,

Nom. S. 1.1. 102. Tu Nomentanum, tu ne sequerere Cicutam. 175
Quare per divos oratus uterque Penates,
Tu cave ne minuas, tu ne majus facias id,
Quod satis esse putat pater et natura coërcet.
Praeterea ne vos titillet gloria, jure—

ute. S. 2. 5. 28. Jurando obstringam ambo: uter aedilis fueritve 180
Vestrum praetor, is intestabilis et sacer esto.
In cicere atque faba bona tu perdasque lupinis,
Latus ut in Circo spatiere et aëneus ut stes,
Nudus agris, nudus nummis, insane, paternis;

157. pereamve. 162. ? rectest. 163. tentantur, (O.)
170. haec. 183. aut aeneus, (*male, v. Bent.*)

185 Scilicet ut plausus, quos fert Agrippa, feras tu,
Astuta ingenuum volpes imitata leonem.
Ne quis humasse velit Ajacem, Atrida, vetas cur?
Rex sum. Nil ultra quaero plebeius. Et aequam
Rem imperito; ac si cui videor non justus, inulto
190 Dicere quod sentit permitto. Maxime regum,
Di tibi dent capta classem deducere Troja!
Ergo consulere et mox respondere licebit?
Consule. Cur Ajax, heros ab Achille secundus,
Putescit, totiens servatis clarus Achivis,
195 Gaudeat ut populus Priami Priamusque inhumato,
Per quem tot juvenes patrio caruere sepulcro?
Mille ovium insanus morti dedit, inclutum Ulixen
Et Menelaum una mecum se occidere clamans.
Tu cum pro vitula statuis dulcem Aulide natam
200 Ante aras spargisque mola caput, improbe, salsa,
Rectum animi servas? Quorsum? Insanus quid enim Ajax
Fecit, cum stravit ferro pecus? Abstinuit vim
Uxore et gnato: mala multa precatus Atridis,
Non ille aut Teucrum aut ipsum violavit Ulixen.
205 Verum ego, ut haerentes adverso litore naves
Eriperem, prudens placavi sanguine divos. *pru.* S. 1. 10. 88.
Nempe tuo, furiose. Meo, sed non furiosus. E. 2. 2. 18.
Qui species alias veris scelerisque tumultu
Permixtas capiet, commotus habebitur; atque
210 Stultitiane erret, nihilum distabit, an ira:
Ajax cum immeritos occidit, desipit, agnos;

189. at si.   191. reducere.
194. putrescit.   197. inclytum.

	Cum prudens scelus ob titulos admittis inanes,
tum. A. P. 197.	Stas animo et purum est vitio tibi, cum tumidum est, cor ?
	Si quis lectica nitidam gestare amet agnam,
	Huic vestem ut gnatae, paret ancillas, paret aurum, 215
for. S. 2. 5. 64.	Rufam et Pusillam appellet fortique marito
int. E. 1. 1. 103.	Destinet uxorem ; interdicto huic omne adimat jus
	Praetor, et ad sanos abeat tutela propinquos.
mut. S. 1. 3. 100.	Quid ? si quis gnatam pro muta devovet agna,
	Integer est animi ? Ne dixeris. Ergo ubi prava 220
	Stultitia, hic summa est insania ; qui sceleratus,
	Et furiosus erit ; quem cepit vitrea fama,
	Hunc circumtonuit gaudens Bellona cruentis.
arr. S. 2. 1. 69.	Nunc age luxuriam et Nomentanum arripe mecum :
vin. S. 1. 3. 115.	Vincet enim stultos ratio insanire nepotes. 225
	Hic simul accepit patrimoni mille talenta,
	Edicit, piscator uti, pomárius, auceps,
Tus. E. 2. 1. 269.	Unguentarius ac Tusci turba impia vici,
mac. E. 1. 15. 31.	Cum scurris fartor, cum Velabro omne macellum
	Mane domum veniant. Quid tum ? Venere frequentes.
	Verba facit leno : Quidquid mihi, quidquid et horum 231
	Cuique domist, id crede tuum et vel nunc pete vel cras.
	Accipe, quid contra juvenis responderit aequus :
Luc. S. 2. 8. 6.	In nive Lucana dormis ocreatus, ut aprum
	Cenem ego: tu pisces hiberno ex aequore verris ; 235
	Segnis ego indignus qui tantum possideam : aufer !
dec. S. 1. 3. 15.	Sume tibi decies ; tibi tantundem ; tibi triplex,
	Unde uxor media currit de nocte vocata.

212. Tu...cum admittis (*Bent. conj.*) 213. ? purumst ; tumidumst.
216. Pupam, Pusam ; Posillam, Rufillam. 219. si qui, *Bent.*
221. ? summast ; sceleratʼest, κ. 232. ? domi est.
235. vellis.

Filius Æsopi detractam ex aure Metellæ,
240 Scilicet ut decies solidum obsorberet, aceto   *obs.* S. 2. 8. 24.
Diluit insignem bacam : qui sanior ac si
Illud idem in rapidum flumen jaceretve cloacam?
Quinti progenies Arri, par nobile fratrum,   *Arr.* c. 86.
Nequitia et nugis, pravorum et amore gemellum,
245 Luscinias soliti impenso prandere coëmptas,
Quorsum abeant? Sanin creta an carbone notandi?   *cre.* C. 1. 36. 10.
Ædificare casas, plostello adjungere mures,
Ludere par impar, equitare in arundine longa
Si quem delectet barbatum, amentia verset.
250 Si puerilius his ratio esse evincet amare.
Nec quicquam differre, utrumne in pulvere, trimus
Quale prius, ludas opus, an meretricis amore
Sollicitus plores ; quæro, faciasne quod olim
Mutatus Polemon? ponas insignia morbi,   *mor.* E. 1. 1. 35.
255 Fasciolas, cubital, focalia, potus ut ille   *cub.* S. 2. 4. 39.
Dicitur ex collo furtim carpsisse coronas,
Postquam est impransi correptus voce magistri?   *imp.* S. 2. 2. 7.
Porrigis irato puero cum poma, recusat :
Sume, catelle ; negat : si non des, optet : amator
260 Exclusus qui distat, agit ubi secum, eat an non,
Quo rediturus erat non arcessitus, et hæret
Invisis foribus? Nec nunc, cum me vocat ultro,
Accedam? an potius mediter finire dolores?
Exclusit ; revocat : redeam? Non, si obsecret. Ecce
265 Servus non paulo sapientior : O ere, quæ res
Nec modum habet neque consilium, ratione modoque

240. exsorberet. 246. sani ut. 248. harundine, *Hl. F.*
254. Polemo. 259. optat. 265. here.

P

	Tractari non vult. In amore hæc sunt mala, bellum,	
	Pax rursum: hæc si quis tempestatis prope ritu	
	Mobilia et cæca fluitantia sorte laboret	
	Reddere certa sibi: nihilo plus explicet ac si	270
	Insanire paret certa ratione modoque.	
Pic. S. 2. 4. 70.	Quid? cum Picenis excerpens semina pomis	
	Gaudes, si cameram percusti forte, penes te es?	
	Quid? cum balba feris annoso verba palato,	
cru. C. 2. 8. 16.	Ædificante casas qui sanior? Adde cruorem	275
	Stultitiæ atque ignem gladio scrutare. Modo, inquam,	
	Hellade percussa Màrius cum præcipitat se,	
	Cerritus fuit? an commotæ crimine mentis	
	Absolves hominem et sceleris damnabis eundem,	
	Ex more imponens cognata vocabula rebus? ✓	280
sic. C. 4. 5. 39. S. 2. 2. 7. E. 1. 19. 9.	Libertinus erat, qui circum compita siccus	
	Lautis mane senex manibus currebat et, Unum,—	
	Quid tam magnum? addens—unum me surpite morti,	
	Dis etenim facile est, orabat; sanus utrisque	
	Auribus atque oculis; mentem, nisi litigiosus,	285
	Exciperet dominus, cum venderet.) Hoc quoque volgus	
	Chrysippus ponit fecunda in gente Meneni.	
	Juppiter, ingentes qui das adimisque dolores,	
cub. S. 1. 9. 18.	Mater ait pueri menses jam quinque cubantis,	
	Frigida si puerum quartana reliquerit, illo	290
man. C. 4. 5. 39.	Mane die, quo tu indicis jejunia, nudus	
	In Tiberi stabit. Casus medicusve levarit	
	Ægrum ex præcipiti, mater delira necabit	
	In gelida fixum ripa febrimque reducet.	
quo. S. 2. 2. 107. *con.* C. 1. 37. 14.	Quone malo mentem concussa? Timore deorum.	295

283. quiddam.   284. ? facilest.   286. vulgus.

Hæc mihi Stertinius, sapientum octavus, amico
Arma dedit, posthac ne compellarer inultus.
Dixerit insanum qui me, totidem audiet atque   298. S. 2. 1. 45.
Respicere ignoto discet pendentia tergo.
300 Stoice, post damnum sic vendas omnia pluris,   *dam. v.* 19.
Qua me stultitia, quoniam non est genus unum,
Insanire putas? ego nam videor mihi sanus.
Quid? caput abscissum manibus cum portat Agave
Gnati infelicis, sibi tum furiosa videtur?
305 Stultum me fateor, liceat concedere veris,
Atque etiam insanum ; tantum hoc edissere, quo me
Ægrotare putes animi vitio. Accipe: primum
Ædificas; hoc est, longos imitaris ab imo
Ad summum totus moduli bipedalis, et idem
310 Corpore majorem rides Turbonis in armis
Spiritum et incessum : qui ridiculus minus illo?
An quodcumque facit Mæcenas, te quoque verum est
Tantum dissimilem et tanto certare minorem?   *cer.* E. 1. 18. 30.
Absentis ranæ pullis vituli pede pressis
315 Unus ubi effugit, matri denarrat, ut ingens
Belua cognatos eliserit : illa rogare,
Quantane? Num tantum, sufflans se, magna fuisset?
Major dimidio. Num tantum? Cum magis atque
Se magis inflaret, Non, si te ruperis, inquit,
320 Par eris. Hæc a te non multum abludit imago.
Adde poëmata nunc, hoc est, oleum adde camino ;
Quæ si quis sanus fecit, sanus facis et tu.   *san.* A. P. 296.
Non dico horrendam rabiem. Jam desine. Cultum   *rab.* E. 1. 20. 25.

303. demens cum.   312. ? verumst.   313. tanto dissimilem.
322. facit, et sanus facies tu, (O.) *Hl. B.*

Majorem censu. Teneas, Damasippe, tuis te.
Mille puellarum, puerorum mille furores. 325
O major tandem parcas, insane, minori!

IV.

UNDE et quo Catius? Non est mihi tempus aventi
Ponere signa novis praeceptis, qualia vincunt
Pyt. C. 1. 28. 14. Pythagoran Anytique reum doctumque Platona.
laev. S. 2. 1. 18. Peccatum fateor, cum te sic tempore laevo
Interpellarim; sed des veniam bonus oro. 5
Quodsi interciderit tibi nunc aliquid, repetes mox,
Sive est naturae hoc sive artis, mirus utroque.
Quin id erat curae, quo pacto cuncta tenerem,
Utpote res tenues tenui sermone peractas.
Ede hominis nomen, simul et Romanus an hospes. 10
Ipsa memor praecepta canam, celabitur auctor.
Longa quibus facies ovis erit, illa memento,
Ut suci melioris et ut magis alba rotundis,
pon. S. 2. 2. 23; Ponere: namque marem cohibent callosa vitellum.
6. 64. Caule suburbano qui siccis crevit in agris 15
Dulcior; irriguo nihil est elutius horto.
Si vespertinus subito te oppresserit hospes,
Ne gallina malum responset dura palato,
Doctus eris vivam mixto mersare Falerno:
Hoc teneram faciet. Pratensibus optima fungis 20
Natura est: aliis male creditur. Ille salubres
Aestates peraget, qui nigris prandia moris
Finiet, ante gravem quae legerit arbore solem.

IV. 19. misto, musto. 21. ? naturast.

SATIRARUM LIB. II. iv.

    Aufidius forti miscebat mella Falerno,   *for.* C. 1. 27. 9.
25 Mendose, quoniam vacuis committere venis   2. 11. 19.
    Nil nisi lene decet: leni praecordia mulso
    Prolueris melius.   Si dura morabitur alvus,
    Mitulus et viles pellent obstantia conchae
    Et lapathi brevis herba, sed albo non sine Coo.   *lap.* Ep. 2. 57.
30 Lubrica nascentes implent conchylia lunae,   *con.* S. 2. 8. 27.
    Sed non omne mare est generosae fertile testae:
    Murice Baiano melior Lucrina peloris,   *Luc.* Ep. 2. 49.
    Ostrea Circeiis, Miseno oriuntur echini,
    Pectinibus patulis jactat se molle Tarentum.   *mol.* E. 1. 7. 45.
35 Nec sibi cenarum quivis temere arroget artem,
    Non prius exacta tenui ratione saporum.
    Nec satis est cara pisces avertere mensa,   *car.* v. 76.
    Ignarum, quibus est jus aptius et quibus assis
    Languidus in cubitum jam se conviva reponet.   *cub.* C. 1. 27. 8.
40 Umber et iligna nutritus glande rotundas
    Curvat aper lances carnem vitantis inertem:
    Nam Laurens malus est, ulvis et arundine pinguis.
    Vinea submittit capreas non semper edules.
    Fecundae leporis sapiens sectabitur armos.   44. S. 2. 8. 89.
45 Piscibus atque avibus quae natura et foret aetas,
    Ante meum nulli patuit quaesita palatum.
    Sunt quorum ingenium nova tantum crustula promit.   *cru.* S. 1. 1. 25.
    Nequaquam satis in re una consumere curam;   E. 1. 1. 78.
    Ut si quis solum hoc, mala ne sint vina, laboret,
50 Quali perfundat pisces securus olivo.
    Massica si caelo supponas vina sereno,
    Nocturna, si quid crassi est, tenuabitur aura

    48. satis est, *Hl. F.*   51. suppones, (O.)   52. ? crassist.

     Et decedet odor nervis inimicus; at illa
     Integrum perdunt lino vitiata saporem.
Sur. E. 1. 17. 52. Surrentina vafer qui miscet fæce Falerna   55
     Vina, columbino limum bene colligit ovo,
     Quatenus ima petit volvens aliena vitellus.
     Tostis marcentem squillis recreabis et Afra
     Potorem cochlea: nam lactuca innatat acri
     Post vinum stomacho; perna magis ac magis hillis 60
     Flagitat immorsus refici, quin omnia malit,
     Quæcumque immundis fervent allata popinis.
op.pr. E.2.1.229. Est operæ pretium duplicis pernoscere juris
     Naturam. Simplex e dulci constat olivo,
     Quod pingui miscere mero muriaque decebit, 65
     Non alia quam qua Byzantia putuit orca.
     Hoc ubi confusum sectis inferbuit herbis
     Corycioque croco sparsum stetit, insuper addes
     Pressa Venafranæ quod baca remisit olivæ.
Tib. C. 1. 7. 14. Picenis cedunt pomis Tiburtia succo: 70
     Nam facie præstant. Venucula convenit ollis,
     Rectius Albanam fumo duraveris uvam.
     Hanc ego cum malis, ego fæcem primus et allec,
     Primus et invenior piper album cum sale nigro
     Incretum puris circumposuisse catillis.   75
     Immane est vitium dare milia terna macello
     Angustoque vagos pisces urgere catino.
     Magna movet stomacho fastidia, seu puer unctis
lig. S. 1. 3. 81. Tractavit calicem manibus, dum furta ligurit,
     Sive gravis veteri crateræ limus adhæsit.   80
map. S. 2. 8. 10. Vilibus in scopis, in mappis, in scobe quantus
 E. 1. 5. 22.

    73. halec.   76. ? **immanest.**

SATIRARUM LIB. II. v.

Consistit sumptus? neglectis, flagitium ingens.
Ten lapides varios lutulenta radere palma
Et Tyrias dare circum inluta toralia vestes,
85 Oblitum, quanto curam sumptumque minorem
Haec habeant, tanto reprehendi justius illis,
Quae nisi divitibus nequeant contingere mensis?
Docte Cati, per amicitiam divosque rogatus
Ducere me auditum, perges quocumque, memento.
90 Nam quamvis referas memori mihi pectore cuncta,
Non tamen interpres tantundem juveris. Adde
Voltum habitumque hominis, quem tu vidisse beatus
Non magni pendis, quia contigit; at mihi cura
Non mediocris inest, fontis ut adire remotos
95 Atque haurire queam vitae praecepta beatae.

V.

Hoc quoque, Tiresia, praeter narrata petenti
Responde, quibus amissas reparare queam res
Artibus atque modis. Quid rides? Jamne doloso
Non satis est Ithacam revehi patriosque penates
5 Adspicere? O nulli quicquam mentite, vides ut
Nudus inopsque domum redeam, te vate, neque illic
Aut apotheca procis intacta est aut pecus: atqui
Et genus et virtus nisi cum re vilior alga est.
Quando pauperiem missis ambagibus horres,
10 Accipe qua ratione queas ditescere. Turdus
Sive aliud privum dabitur tibi, devolet illuc,
Res ubi magna nitet domino sene; dulcia poma

ten, S. 2. 8. 63.
ves. S. 2. 6. 103.

rog. E. 1. 8. 2.

8. S. 2. 3. 95.
E. 1. 1. 52.
alg. C. 3. 17. 10.
amb. E. 1. 7. 82.

iv. 84. illota.   94. fontes.   v. 7. ? intactast.   8. ? algast.

                Et quoscumque feret cultus tibi fundus honores,
                Ante Larem gustet venerabilior Lare dives;
                Qui quamvis perjurus erit, sine gente, cruentus   15
                Sanguine fraterno, fugitivus, ne tamen illi
                Tu comes exterior, si postulet, ire recuses.

ne, Ep. 17. 56.   Utne tegam spurco Damae latus? Haud ita Trojae
                Me gessi certans semper melioribus. Ergo
20. C. 1. 7. 30.   Pauper eris. Fortem hoc animum tolerare jubebo;   20
                Et quondam majora tuli. Tu protinus unde
                Divitias aerisque ruam, dic augur, acervos.
                Dixi equidem et dico: captes astutus ubique
                Testamenta senum, neu si vafer unus et alter
                Insidiatorem praeroso fugerit hamo,   25
                Aut spem deponas aut artem illusus omittas.
cer. S. 2. 1. 49.   Magna minorve foro si res certabitur olim,
ute. S. 2. 3. 180.   Vivet uter locuples sine gnatis, improbus, ultro
                Qui meliorem audax vocet in jus, illius esto
                Defensor; fama civem causaque priorem   30
                Sperne, domi si gnatus erit fecundave conjux.
                Quinte puta aut Publi,—gaudent praenomine molles
                Auriculae—tibi me virtus tua fecit amicum:
                Jus anceps novi, causas defendere possum;
                Eripiet quivis oculos citius mihi, quam te   35
                Contemptum cassa nuce pauperet: haec mea cura est,
                Ne quid tu perdas neu sis jocus. Ire domum atque
cur. E. 1. 2. 29;   Pelliculam curare jube; fi cognitor ipse;
   4. 15.   Persta atque obdura, seu rubra canicula findet
                Infantes statuas, seu pingui tentus omaso   40
41. S. 1. 10. 36.   Furius hibernas cana nive conspuet Alpes.

            18. haut.   36. quassa; ? curast.   40. **infantis.**

Nonne vides, aliquis cubito stantem prope tangens
Inquiet, ut patiens, ut amicis aptus, ut acer?
Plures annabunt thunni et cetaria crescent.
45 Si cui præterea validus male filius in re
Præclara sublatus aletur, ne manifestum
Cælibis obsequium nudet te; leniter in spem
Arrepe officiosus, ut et scribare secundus
Heres et, si quis casus puerum egerit Orco,
50 In vacuum venias: perraro hæc alea fallit.   *ale.* C. 2. 1. 6.
Qui testamentum tradet tibi cumque legendum,
Abnuere et tabulas a te removere memento,
Sic tamen ut limis rapias quid prima secundo
Cera velit versu; solus multisne coheres,   *coh.* v. 107.
55 Veloci percurre oculo. Plerumque recoctus
Scriba ex quinqueviro corvum deludet hiantem,
Captatorque dabit risus Nasica Corano.
Num furis? an prudens ludis me obscura canendo?
O Laërtiade, quidquid dicam aut erit aut non:
60 Divinare etenim magnus mihi donat Apollo.
Quid tamen ista velit sibi fabula, si licet, ede.
Tempore quo juvenis Parthis horrendus, ab alto   *juv.* C. 1. 2. 41.
Demissum genus Æneas, tellure marique   4. 15. 7.
Magnus erit, forti nubet procera Corano   *for.* S. 2. 3. 216.
65 Filia Nasicæ, metuentis reddere soldum.   *met.* C. 2. 2. 7.
Tum gener hoc faciet: tabulas socero dabit atque
Ut legat orabit: multum Nasica negatas
Accipiet tandem et tacitus leget, invenietque
Nil sibi legatum præter plorare suisque.   *plo.* S. 1. 10. 91.
70 Illud ad hæc jubeo: mulier si forte dolosa
Libertusve senem delirum temperet, illis

Accedas socius; laudes, lauderis ut absens:
Adjuvat hoc quoque, sed vincit longe prius ipsum
Expugnare caput.   Scribet mala carmina vecors:
Laudato.   Scortator erit: cave te roget; ultro   75
pot. C. 3. 9. 2. Penelopam facilis potiori trade.   Putasne?
 Ep. 15. 13.
fru. E. 1. 16. 49. Perduci poterit tam frugi tamque pudica,
78. C. 3. 10. 11. Quam nequiere proci recto depellere cursu?
Venit enim magnum donandi parca juventus,
Nec tantum veneris quantum studiosa culinæ: 80
Sic tibi Penelope frugi est, quæ si semel uno
luc. Ep. 1. 18. 102. De sene gustarit tecum partita lucellum,
Ut canis a corio numquam absterrebitur uncto.
Me sene quod dicam factum est: anus improba Thebis
Ex testamento sic est elata: cadaver   85
Unctum oleo largo nudis humeris tulit heres,
Scilicet elabi si posset mortua; credo,
Quod nimium institerat viventi.   Cautus adito,
89. E. 1. 13. 5. Neu desis operæ neve immoderatus abundes.
Difficilem et morosum offendet garrulus; ultro   90
Non etiam sileas.   Davus sis comicus atque
Stes capite obstipo, multum similis metuenti.
Obsequio grassare; mone, si increbuit aura,
Cautus uti velet carum caput; extrahe turba
Oppositis umeris; aurem substringe loquaci.   95
Ohe, S. 1. 5. 12. Importunus amat laudari: donec Ohe jam!
Ad cælum manibus sublatis dixerit, urge,
Crescentem tumidis infla sermonibus utrem.
Cum te servitio longo curaque levarit
Et certum vigilans, Quartæ sit partis Ulixes,   100

81. ? frugist.   84. ? factumst.   97. urge et.   100. esto.

SATIRARUM LIB. II. vi. 219

 Audieris, heres: Ergo nunc Dama sodalis
Nusquam est? unde mihi tam fortem tamque fidelem?
Sparge subinde et, si paulum potes, illacrimare; est
Gaudia prodentem voltum celare. Sepulcrum
105 Permissum arbitrio sine sordibus exstrue: funus
Egregie factum laudet vicinia. Si quis
Forte coheredum senior male tussiet, huic tu
Dic, ex parte tua seu fundi sive domus sit
Emptor, gaudentem nummo te addicere. Sed me
110 Imperiosa trahit Proserpina: vive valeque.

erg. C. 1. 24. 5.
und. S. 2. 7. 116.
sub. E. 1. 8. 15.
est, Ep. 17. 25.
S. 1. 2. 101.

VI.

 Hoc erat in votis: modus agri non ita magnus,
Hortus ubi et tecto vicinus jugis aquae fons
Et paulum silvae super his foret. Auctius atque
Di melius fecere. Bene est: nihil amplius oro,
5 Maia nate, nisi ut propria haec mihi munera faxis.
Si neque majorem feci ratione mala rem,
Nec sum facturus vitio culpave minorem;
Si veneror stultus nihil horum: O si angulus ille
Proximus accedat, qui nunc denormat agellum!
10 O si urnam argenti fors quae mihi monstret, ut illi,
Thesauro invento qui mercenarius agrum
Illum ipsum mercatus aravit, dives amico
Hercule!—; si quod adest gratum juvat, hac prece
 te oro;
Pingue pecus domino facias et cetera praeter

vot. E. 1. 18. 106.

ben. S. 1. 4. 17.
ni. am. E. 1. 2. 46.
pro. S. 2. 2. 129.

ven. C. S. 49.

ar. S. 1. 1. 51.

qu. ad. C. 3. 29. 32.

  v: 102. ? nusquamst. 104. vultum.
  vi. 4. ? benest; nil. 10. qua.

	Ingenium, utque soles, custos mihi maximus adsis.	15
16. C. 3. 4. 21.	Ergo ubi me in montis et in arcem ex urbe removi,	
ped. C. 2. 12. 9. A. P. 95.	Quid prius illustrem satiris musaque pedestri?	
	Nec mala me ambitio perdit nec plumbeus Auster	
19. C. 3. 23. 8. Lib. C. 3. 30. 7. E. 1. 7. 6.	Autumnusque gravis, Libitinae quaestus acerbae.	
	Matutine pater, seu Jane libentius audis,	20
	Unde homines operum primos vitaeque labores	
	Instituunt—sic dis placitum—, tu carminis esto	
spo. E. 2. 2. 67.	Principium. Romae sponsorem me rapis. Eja,	
	Ne prior officio quisquam respondeat, urge.	
rad. Ep. 16. 54.	Sive Aquilo radit terras seu bruma nivalem	25
	Interiore diem gyro trahit, ire necesse est.	
	Postmodo, quod mi obsit, clare certumque locuto	
	Luctandum in turba et facienda injuria tardis.	
	Quid vis, insane, et quas res agis? improbus urget	
	Iratis precibus; tu pulses omne quod obstat,	30
	Ad Maecenatem memori si mente recurras.	
	Hoc juvat et melli est; non mentiar; at simul atras	
Esq. S. 1. 8. 14.	Ventum est Esquilias, aliena negotia centum	
	Per caput et circa saliunt latus. Ante secundam	
ade. S. 1. 9. 38. Put. E. 1. 19. 8. scr. S. 2. 5. 56.	Roscius orabat sibi adesses ad Puteal cras.	35
	De re communi scribae magna atque nova te	
	Orabant hodie meminisses, Quinte, reverti.	
	Imprimat his cura Maecenas signa tabellis.	
	Dixeris, Experiar: Si vis, potes, addit et instat.	
	Septimus octavo propior jam fugerit annus,	40
41. S. 1. 6. 62.	Ex quo Maecenas me coepit habere suorum	
	In numero, dumtaxat ad hoc, quem tollere reda	

16. montes. 29. quid tibi vis; agis improbus?
32. ? mellist. 33. ? ventumst. 42. rheda.

SATIRARUM LIB. II. vi.

Vellet iter faciens et cui concredere nugas
Hoc genus : Hora quota est ? Thrax est Gallina Syro   *quo.* C. 3. 19. 7.
par ?   E. 1. 5. 30.
45 Matutina parum cautos jam frigora mordent ;
Et quæ rimosa bene deponuntur in aure.
Per totum hoc tempus subjectior in diem et horam
Invidiæ noster. Ludos spectaverat una,
Luserat in campo: Fortunæ filius ! omnes.
50 Frigidus a rostris manat per compita rumor :
Quicumque obvius est, me consulit : O bone,—nam te
Scire, deos quoniam propius contingis, oportet—   *deo.* E. 1. 19. 43.
Numquid de Dacis audisti ? Nil equidem. Ut tu   *Dac.* C. 3. 6. 14.
Semper eris derisor ! At omnes di exagitent me,
55 Si quicquam. Quid ? militibus promissa Triquetra
Prædia Cæsar an est Itala tellure daturus ?
Jurantem me scire nihil mirantur ut unum
Scilicet egregii mortalem altique silenti.   *mor.* S. 1. 6. 37.
Perditur hæc inter misero lux non sine votis :
60 O rus, quando ego te adspiciam, quandoque licebit
Nunc veterum libris nunc somno et inertibus horis   *som.* S. 2. 7. 114.
Ducere sollicitæ jucunda oblivia vitæ ?
O quando faba Pythagoræ cognata simulque
Uncta satis pingui ponentur oluscula lardo ?   *olu.* S. 2. 7. 30.
                                                                                                                                                  E. 1. 5. 2.
65 O noctes cenæque deum ! quibus ipse meique
Ante Larem proprium vescor vernasque procaces   *ter.* Ep. 2. 65.
Pasco libatis dapibus. Prout cuique libido est,
Siccat inæquales calices conviva solutus
Legibus insanis, seu quis capit acria fortis   69. C. 2. 7. 25.

            44. ? quotast ; Threx.
   48. invidiæ : noster—spectaverit. Luserit, *Bent.*
     64. holuscula.   67. ? libidost.

uve. C. 4. 5. 39.	Pocula seu modicis uvescit lætius. Ergo	70
	Sermo oritur, non de villis domibusve alienis,	
	Nec male necne Lepos saltet; sed quod magis ad nos	
	Pertinet et nescire malum est agitamus: utrumne	
	Divitiis homines an sint virtute beati;	
	Quidve ad amicitias, usus rectumne, trahat nos;	75
	Et quæ sit natura boni summumque quid ejus.	
gar. S. 1. 10. 41.	Cervius hæc inter vicinus garrit aniles	
nam, S. 2. 3. 20; 41. E. 2. 1. 186.	Ex re fabellas. Si quis nam laudat Arelli Sollicitas ignarus opes, sic incipit: Olim	
sol. C. 3. 1. 48.	Rusticus urbanum murem mus paupere fertur	80
	Accepisse cavo, veterem vetus hospes amicum,	
att. E. 1. 7. 91.	Asper et attentus quæsitis, ut tamen artum	
	Solveret hospitiis animum. Quid multa? neque ille	
	Sepositi ciceris nec longæ invidit avenæ;	
	Aridum et ore ferens acinum semesaque lardi	85
fas. E. 2. 1. 215.	Frusta dedit, cupiens varia fastidia cena	
	Vincere tangentis male singula dente superbo:	
pat. S. 2. 8. 7. hor. C. 3. 23. 3.	Cum pater ipse domus palea porrectus in horna Esset ador loliumque, dapis meliora relinquens.	
	Tandem urbanus ad hunc: Quid te juvat, inquit, amice,	90
	Prærupti nemoris patientem vivere dorso?	
rus, S. 1. 9. 69.	Vis tu homines urbemque feris præponere silvis?	
	Carpe viam, mihi crede, comes, terrestria quando	
	Mortales animas vivunt sortita neque ulla est	
	Aut magno aut parvo leti fuga: quo, bone, circa,	95
	Dum licet, in rebus jucundis vive beatus,	
97. C. 1. 11. 6. E. 1. 4. 13; 11. 23.	Vive memor quam sis ævi brevis. Hæc ubi dicta Agrestem pepulere, domo levis exsilit; inde	

73. ? malumst.   94. ? ullast.

SATIRARUM LIB. II. vii.

    Ambo propositum peragunt iter, urbis aventes
100 Mœnia nocturni subrepere. Jamque tenebat
    Nox medium cæli spatium, cum ponit uterque
    In locuplete domo vestigia, rubro ubi cocco
    Tincta super lectos canderet vestis eburnos,   *ves.* S. 2. 4. 84.
    Multaque de magna superessent fercula cena,
105 Quæ procul exstructis inerant hesterna canistris.
    Ergo ubi purpurea porrectum in veste locavit
    Agrestem, veluti succinctus cursitat hospes   *suc.* S. 2. 8. 10.
    Continuatque dapes, nec non verniliter ipsis
    Fungitur officiis, prælambens omne quod affert.
110 Ille cubans gaudet mutata sorte bonisque
    Rebus agit lætum convivam, cum subito ingens
    Valvarum strepitus lectis excussit utrumque.
    Currere per totum pavidi conclave, magisque
    Exanimes trepidare, simul domus alta Molossis   *Mol.* Ep. 6. 5.
115 Personuit canibus. Tum rusticus: Haud mihi vita
    Est opus hac, ait, et valeas; me silva cavusque
    Tutus ab insidiis tenui solabitur ervo.

VII.

    JAM dudum ausculto et cupiens tibi dicere servus
    Pauca reformido. Davusne? Ita, Davus, amicum
    Mancipium domino et frugi quod sit satis, hoc est,   *fru.* E. 1. 16. 49.
    Ut vitale putes. Age, libertate Decembri,   *Dec.* S. 2. 3. 5.
  5 Quando ita majores voluerunt, utere; narra.
    Pars hominum vitiis gaudet constanter, et urget
    Propositum; pars multa natat, modo recta capessens,

    VI. 108. vernaliter.   109. prælibans.

	Interdum pravis obnoxia. Saepe notatus	
	Cum tribus anellis, modo laeva Priscus inani,	
inae. S. 1. 3. 9.	Vixit inaequalis, clavum ut mutaret in horas;	10
	Aedibus ex magnis subito se conderet, unde	
	Mundior exiret vix libertinus honeste;	
	Jam moechus Romae, jam mallet doctus Athenis	
	Vivere: Vertumnis quotquot sunt natus iniquis.	
	Scurra Volanerius, postquam illi justa cheragra	15
	Contudit articulos, qui pro se tolleret atque	
	Mitteret in phimum talos, mercede diurna	
pav. S. 1. 6. 104.	Conductum pavit: quanto constantior isdem	
	In vitiis, tanto levius miser ac prior illo,	
	Qui jam contento, jam laxo fune laborat.	20
put. S. 2. 3. 75.	Non dices hodie quorsum haec tam putida tendant,	
	Furcifer? Ad te, inquam. Quo pacto, pessime? Laudas	
	Fortunam et mores antiquae plebis, et idem,	
24. S. 1. 1. 15.	Si quis ad illa deus subito te agat, usque recuses,	
	Aut quia non sentis quod clamas rectius esse,	25
	Aut quia non firmus rectum defendis et haeres	
	Nequiquam caeno cupiens evellere plantam.	
28. E. 1. 8. 12.	Romae rus optas; absentem rusticus urbem	
	Tollis ad astra levis. Si nusquam es forte vocatus	
	Ad cenam, laudas securum olus ac, velut usquam	30
	Vinctus eas, ita te felicem dicis amasque,	
	Quod nusquam tibi sit potandum. Jusserit ad se	
lum. E. 2. 2. 98.	Maecenas serum sub lumina prima venire	
	Convivam: Nemon oleum fert ocius? ecquis	
	Audit? cum magno blateras clamore fugisque.	35

13. doctor.   27. nequicquam, nequidquam.   34. feret.
35. furisque.

SATIRARUM LIB. II. vii. 225

Mulvius et scurrae tibi non referenda precati *scu.* E. 1. 15. 28.
Discedunt. Etenim fateor me, dixerit ille,
Duci ventre levem, nasum nidore supinor,
Imbecillus, iners, si quid vis, adde, popino;
40 Tu cum sis quod ego et fortassis nequior, ultro
Insectere velut melior verbisque decoris
Obvolvas vitium? Quid, si me stultior ipso
Quingentis empto drachmis deprenderis? Aufer
Me voltu terrere; manum stomachumque teneto,
45 Dum quae Crispini docuit me janitor edo. *Cri.* S. 1. 1. 120.
Te conjux aliena capit, meretricula Davum:
Peccat uter nostrum cruce dignius? Acris ubi me
Natura intendit, sub clara nuda lucerna
Quaecumque excepit turgentis verbera caudae,
50 Clunibus aut agitavit equum lasciva supinum,
Dimittit neque famosum neque sollicitum, ne
Ditior aut formae melioris meiat eodem.
Tu cum projectis insignibus, anulo equestri
Romanoque habitu, prodis ex judice Dama
55 Turpis, odoratum caput obscurante lacerna,
Non es quod simulas? Metuens induceris atque
Altercante libidinibus tremis ossa pavore.
Quid refert, uri, virgis ferroque necari
Auctoratus eas, an turpi clausus in arca,
60 Quo te demisit peccati conscia erilis, *con.* S. 1. 2. 130.
Contractum genibus tangas caput? Estne marito
Matronae peccantis in ambo justa potestas?
In corruptorem vel justior. Illa tamen se

60. herilis.

Non habitu mutatve loco, peccatve superne.
Cum te formidet mulier neque credat amanti, 65
Ibis sub furcam prudens dominoque furenti
Committes rem omnem et vitam et cum corpore famam.
Evasti: credo, metues doctusque cavebis;
Quæres quando iterum paveas iterumque perire
Possis, o totiens servus! Quæ belua ruptis 70
Cum semel effugit, reddit se prava catenis?
Non sum mœchus, ais; neque ego, hercule, fur, ubi vasa

73. E. 1. 16. 53. Prætereo sapiens argentea: tolle periclum,
Jam vaga prosiliet frenis natura remotis.
Tune mihi dominus, rerum imperiis hominumque 75
Tot tantisque minor, quem ter vindicta quaterque
Imposita haud umquam misera formidine privet?
Adde super dictis quod non levius valeat: nam
Sive vicarius est, qui servo paret—uti mos
Vester ait—seu conservus; tibi quid sum ego? Nempe 80
Tu, mihi qui imperitas, alii servis miser atque
Duceris ut nervis alienis mobile lignum.
Quisnam igitur liber? Sapiens sibi qui imperiosus,
Quem neque pauperies neque mors neque vincula terrent,

res. r. 103. Responsare cupidinibus, contemnere honores 85
E. 1. 1. 68. Fortis, et in se ipso totus, teres atque rotundus,
Externi ne quid valeat per leve morari,
In quem manca ruit semper fortuna. Potesne
Ex his ut proprium quid noscere? Quinque talenta
Poscit te mulier, vexat foribusque repulsum 90
Perfundit gelida, rursus vocat: eripe turpi
Colla jugo; Liber, liber sum, dic age! Non quis:

81. aliis.

Urget enim dominus mentem non lenis et acris
Subjectat lasso stimulos versatque negantem.
95 Vel cum Pausiaca torpes, insane, tabella, *tor.* E. 2. 1. 97.
Qui peccas minus atque ego, cum Fulvi Rutubæque
Aut Pacideiani contento poplite miror
Prœlia rubrica picta aut carbone, velut si
Re vera pugnent, feriant vitentque moventes
100 Arma viri? Nequam et cessator Davus; at ipse *ces.* E. 2. 2. 14.
Subtilis veterum judex et callidus audis. *cal.* S. 2. 3. 23.
Nil ego, si ducor libo fumante: tibi ingens
Virtus atque animus cenis responsat opimis?
Obsequium ventris mihi perniciosius est cur?
105 Tergo plector enim. Qui tu impunitior illa,
Quæ parvo sumi nequeunt, obsonia captas?
Nempe inamarescunt epulæ sine fine petitæ, 107. S. 2. 2. 75.
Illusique pedes vitiosum ferre recusant *vit.* S. 2. 2. 21.
Corpus. An hic peccat, sub noctem qui puer uvam
110 Furtiva mutat strigili? qui prædia vendit,
Nil servile gulæ parens habet? Adde, quod idem *gul.* E. 1. 6. 57.
Non horam tecum esse potes, non otia recte
Ponere, teque ipsum vitas fugitivus et erro, 113. C. 2. 16. 20.
Jam vino quærens, jam somno fallere curam; 114. S. 2. 6. 61.
115 Frustra: nam comes atra premit sequiturque fugacem. 115. C. 3. 1. 40.
Unde mihi lapidem? Quorsum est opus? Unde sa-
   gittas?
Aut insanit homo aut versus facit. Ocius hinc te
Ni rapis, accedes opera agro nona Sabino.

93. acres.   97. Placideiani.   116. ? quorsumst.

VIII.

Ut Nasidieni juvit te cena beati?
Nam mihi quærenti convivam dictus here illic
De medio potare die. Sic, ut mihi numquam
In vita fuerit melius. Da, si grave non est,
ven. S. 1. 5. 8. Quæ prima iratum ventrem placaverit esca. 5
    2. 2. 18. In primis Lucanus aper: leni fuit Austro
Captus, ut aiebat cenæ pater; acria circum
Rapula, lactucæ, radices, qualia lassum
all. S. 2. 4. 73. Pervellunt stomachum, siser, allec, fæcula Coa.
His ubi sublatis puer alte cinctus acernam 10
Gausape purpureo mensam pertersit, et alter
Sublegit quodcumque jaceret inutile quodque
Att. S. 1. 3. 11. Posset cenantis offendere; ut Attica virgo
Cum sacris Cereris procedit fuscus Hydaspes
Cæcuba vina ferens, Alcon Chium maris expers. 15
Hic erus: Albanum, Mæcenas, sive Falernum
Te magis appositis delectat: habemus utrumque.
mis. S. 2. 6. 79. Divitias miseras! Sed quis cenantibus una,
Fundani, pulchre fuerit tibi, nosse laboro.
Summus ego et prope me Viscus Thurinus et infra, 20
Si memini, Varius, cum Servilio Balatrone
umb. E. 1. 5. 28. Vibidius, quas Mæcenas adduxerat umbras.
Nomentanus erat super ipsum, Porcius infra,
obs. S. 2. 3. 240. Ridiculus totas semel obsorbere placentas.
Nomentanus ad hoc, qui si quid forte lateret, 25
Indice monstraret digito: nam cetera turba,

    1. ut te Nasidieni.   13. cenantes.   16. herus.
    22. quos.   24. simul.

SATIRARUM LIB. II. viii.

Nos, inquam, cenamus avis, conchylia, pisces,   *con.* S. 2. 4. 30.
Longe dissimilem noto celantia sucum;   Ep. 2. 49.
Ut vel continuo patuit, cum passeris atque
30 Ingustata mihi porrexerat ilia rhombi.
Post hoc me docuit melimela rubere minorem
Ad lunam delecta: quid hoc intersit, ab ipso
Audieris melius. Tum Vibidius Balatroni:
Nos nisi damnose bibimus, moriemur inulti;
35 Et calices poscit majores. Vertere pallor   35. Ep. 9. 33.
Tum parochi faciem nil sic metuentis ut acris
Potores, vel quod maledicunt liberius vel
Fervida quod subtile exsurdant vina palatum.
Invertunt Allifanis vinaria tota
40 Vibidius Balatroque, secutis omnibus; imi   *imi,* E. 1. 18. 10.
Convivae lecti nihilum nocuere lagenis.
Affertur squillas inter muraena natantes
In patina porrecta. Sub hoc erus: Haec gravida, inquit,
Capta est, deterior post partum carne futura.
45 His mixtum jus est: oleo, quod prima Venafri   *Ven.* S. 2. 4. 69.
Pressit cella; garo de sucis piscis Hiberi;
Vino quinquenni, verum citra mare nato,
Dum coquitur—cocto Chium sic convenit, ut non
Hoc magis ullum aliud;—pipere albo, non sine aceto,
50 Quod Methymnaeam vitio mutaverit uvam.   *mut.* S. 2. 2. 58.
Erucas virides, inulas ego primus amaras   *inv.* S. 2. 2. 44.
Monstravi incoquere; inlutos Curtillus echinos,   *inc.* Ep. 3. 7.
Ut melius muria quod testa marina remittat.

    27. aves.   36. acres.   43. herus.
        44. ? captast.   53. quam.

Interea suspensa gravis aulæa ruinas
In patinam fecere, trahentia pulveris atri 55
Quantum non Aquilo Campanis excitat agris.
Nos majus veriti, postquam nihil esse pericli
Sensimus, erigimur; Rufus posito capite, ut si
Filius immaturus obisset, flere. Quis esset
Finis, ni sapiens sic Nomentanus amicum 60
Tolleret: Heu, Fortuna, quis est crudelior in nos
Te deus? Ut semper gaudes illudere rebus
Humanis! Varius mappa compescere risum

64. S. 1. 6. 5.   Vix poterat. Balatro suspendens omnia naso,
Hæc est condicio vivendi, aiebat, eoque 65
Responsura tuo numquam est par fama labori.

ten. S. 2. 4. 83.   Tene, ut ego accipiar laute, torquerier omni
Ep. 11. 11.   Sollicitudine districtum, ne panis adustus,
Ne male conditum jus apponatur, ut omnes

præ. S. 1. 5. 6;   Præcincti recte pueri comptique ministrent? 70
6. 107.   Adde hos præterea casus, aulæa ruant si,
Ut modo; si patinam pede lapsus frangat agaso.
Sed convivatoris, uti ducis, ingenium res
Adversæ nudare solent, celare secundæ.
Nasidienus ad hæc: Tibi Di quæcumque preceris 75
Commoda dent! ita vir bonus es convivaque comis;
Et soleas poscit. Tum in lecto quoque videres
Stridere secreta divisos aure susurros.
Nullos his mallem ludos spectasse; sed illa
Redde, age, quæ deinceps risisti. Vibidius dum 80
Quærit de pueris, num sit quoque fracta lagena,
Quod sibi poscenti non dantur pocula, dumque

54. graves.

SATIRARUM LIB. II. viii.

    Ridetur fictis rerum Balatrone secundo,
    Nasidiene, redis mutatæ frontis, ut arte
85 Emendaturus fortunam; deinde secuti
    Mazonomo pueri magno discerpta ferentes
    Membra gruis sparsi sale multo, non sine farre,
    Pinguibus et ficis pastum jecur anseris albæ,
    Et leporum avolsos, ut multo suavius, armos   89. S. 2. 4. 44.
90 Quam si cum lumbis quis edit. Tum pectore adusto   *edi.* Ep. 3. 3.
    Vidimus et merulas poni et sine clune palumbes,
    Suavis res, si non causas narraret earum et
    Naturas dominus, quem nos sic fugimus ulti,
    Ut nihil omnino gustaremus, velut illis
95 Canidia afflasset pejor serpentibus Afris.   *Afr.* C. 3. 10. 18.

    88. albi.   92. suaves.   95. atris.

Q. HORATI FLACCI EPISTOLAE.

LIBER PRIMUS.

I.

1. C. 1. 1. 1.	Prima dicte mihi, summa dicende Camena,
	Spectatum satis et donatum jam rude quaeris,
	Maecenas, iterum antiquo me includere ludo:
4. C. 4. 10. 7.	Non eadem est aetas, non mens. Veianius, armis
fix. C. 3. 26. 3.	Herculis ad postem fixis, latet abditus agro, 5
	Ne populum extrema totiens exoret harena.
	Est mihi purgatam crebro qui personet aurem:
	Solve senescentem mature sanus equum, ne
	Peccet ad extremum ridendus et ilia ducat.
10. E. 2. 2. 57.	Nunc itaque et versus et cetera ludicra pono, 10
	Quid verum atque decens curo et rogo et omnis in hoc sum;
c. et. c. E. 2. 1. 8.	Condo et compono, quae mox depromere possim.
	Ac ne forte roges, quo me duce, quo lare tuter;,
jur. Ep. 15. 4.	Nullius addictus jurare in verba magistri,
	Quo me cumque rapit tempestas, deferor hospes, 15
	Nunc agilis fio et mersor civilibus undis,

        4. ? eademst.   6. totiens; arena.   16. versor.

EPISTOLARUM LIB. I. i.

Virtutis veræ custos rigidusque satelles;
Nunc in Aristippi furtim præcepta relabor, *Ari.* E. 1. 17. 23;
Et mihi res, non me rebus subjungere conor. 18. 103.
20 Ut nox longa, quibus mentitur amica, diesque
Longa videtur opus debentibus, ut piger annus
Pupillis, quos dura premit custodia matrum:
Sic mihi tarda fluunt ingrataque tempora, quæ spem
Consiliumque morantur agendi naviter id, quod
25 Æque pauperibus prodest, locupletibus æque,
Æque neglectum pueris senibusque nocebit:
Restat, ut his ego me ipse regam solerque elementis.
Non possis oculo quantum contendere Lynceus, *Lyn.* S. 1. 2. 90.
Non tamen idcirco contemnas lippus inungi;
30 Nec, quia desperes invicti membra Glyconis,
Nodosa corpus nolis prohibere cheragra. *che.* S. 2. 7. 15.
Est quadam prodire tenus, si non datur ultra.
Fervet avaritia miseroque cupidine pectus: 33. S. 1. 4. 26.
Sunt verba et voces, quibus hunc lenire dolorem
35 Possis et magnam morbi deponere partem. *mor.* S. 2. 3. 27.
Laudis amore tumes: sunt certa piacula, quæ te
Ter pure lecto poterunt recreare libello.
Invidus, iracundus, iners, vinosus, amator,
Nemo adeo ferus est, ut non mitescere possit,
40 Si modo culturæ patientem commodet aurem.
Virtus est vitium fugere et sapientia prima
Stultitia caruisse. Vides, quæ maxima credis *max.* S. 2. 3. 92.
Esse mala, exiguum censum turpemque repulsam, *rep.* C. 3. 2. 17.
Quanto devites animi capitisque labore.
45 Impiger extremos curris mercator ad Indos, 45. S. 1. 1. 39.
Per mare pauperiem fugiens. per saxa, per ignes: C. 3. 24. 40.

	Ne cures ea, quæ stulte miraris et optas,	
dis. E. 1. 8. 8.	Discere et audire et meliori credere non vis?	
mel. E. 1. 2. 68.	Quis circum pagos et circum compita pugnax	
	Magna coronari contemnat Olympia, cui spes,	50
pul. C. 1. 1. 3.	Cui sit condicio dulcis sine pulvere palmæ?	
	Vilius argentum est auro, virtutibus aurum.	
	O cives, cives, quærenda pecunia primum est;	
Jan. S. 2. 3. 18.	Virtus post nummos. Hæc Janus summus ab imo	
dic. E. 1. 18. 13.	Prodocet, hæc recinunt juvenes dictata senesque	55
56. S. 1. 6. 74.	Lævo suspensi loculos tabulamque lacerto.	
	Est animus tibi, sunt mores et lingua fidesque,	
qua. Ep. 4. 15.	Sed quadringentis sex septem milia desunt:	
	Plebs eris. At pueri ludentes, Rex eris, aiunt,	
	Si recte facies. Hic murus aëneus esto:	60
	Nil conscire sibi, nulla pallescere culpa.	
	Roscia, dic sodes, melior lex, an puerorum est	
Nen. C. 3. 28. 16.	Nenia, quæ regnum recte facientibus offert,	
mar. A. P. 402.	Et maribus Curiis et decantata Camillis?	
Cam. C. 1. 12. 41.	Isne tibi melius suadet, qui rem facias, rem,	65
	Si possis, recte, si non, quocumque modo rem,	
	Ut propius spectes lacrimosa poëmata Pupi,	
68. S. 2. 7. 85.	An qui Fortunæ te responsare superbæ	
	Liberum et erectum præsens hortatur et aptat?	
	Quod si me populus Romanus forte roget, cur	70
	Non, ut porticibus, sic judiciis fruar isdem,	
	Nec sequar aut fugiam, quæ diligit ipse vel odit,	
	Olim quod volpes ægroto cauta leoni	
	Respondit, referam: Quia me vestigia terrent,	

52. ? argentumst. 53. primumst. 57. est lingua. 58. si.
62. ? puerorumst; *est om. MSS. pleriq. ut* S. 1. 9. 42.

75 Omnia te adversum spectantia, nulla retrorsum.
   Belua multorum es capitum. Nam quid sequar aut
      quem?
   Pars hominum gestit conducere publica, sunt qui
   Crustis et pomis viduas venentur avaras   78. S. 2, 5. 12.
   Excipiantque senes, quos in vivaria mittant;   viv. S. 2. 5. 44.
80 Multis occulto crescit res fenore. Verum
   Esto aliis alios rebus studiisque teneri:
   Idem eadem possunt horam durare probantes?
   Nullus in orbe sinus Bais praelucet amoenis,   Bai. C. 2. 18. 20.
                                                        3. 4. 24.
   Si dixit dives, lacus et mare sentit amorem   84. C. 2. 15. 3.
85 Festinantis eri; cui si vitiosa libido   3. 1. 33.
   Fecerit auspicium: Cras ferramenta Teanum   aus. C. 2. 15. 12.
   Tolletis, fabri. Lectus genialis in aula est:
   Nil ait esse prius, melius nil caelibe vita;
   Si non est, jurat bene solis esse maritis.   ben. C. 3. 16. 43.
                                                        S. 2. 2. 120.
90 Quo teneam voltus mutantem Protea nodo?   Pro. S. 2. 3. 71.
   Quid pauper? Ride: mutat cenacula, lectos,
   Balnea, tonsores, conducto navigio aeque
   Nauseat ac locuples, quem ducit priva triremis.
   Si curatus inaequali tonsore capillos
95 Occurri, rides; si forte subucula pexae
   Trita subest tunicae vel si toga dissidet impar,   96. S. 1. 3. 31.
   Rides: quid, mea cum pugnat sententia secum,
   Quod petiit spernit, repetit quod nuper omisit,
   Aestuat et vitae disconvenit ordine toto,
100 Diruit, aedificat, mutat quadrata rotundis?
    Insanire putas sollemnia me neque rides,
    Nec medici credis nec curatoris egere

83. Baiis.   85. heri.   87. ? aulast.   94. curtatus.

A praetore dati, rerum tutela mearum
Cum sis et prave sectum stomacheris ob unguem
De te pendentis, te respicientis amici. 105
Ad summam: sapiens uno minor est Jove, dives,
Liber, honoratus, pulcher, rex denique regum;
Praecipue sanus, nisi cum pituita molesta est.

II.

Trojani belli scriptorem, maxime Lolli,
Dum tu declamas Romae, Praeneste relegi;
Qui, quid sit pulchrum, quid turpe, quid utile, quid non,
Planius ac melius Chrysippo et Crantore dicit.
Cur ita crediderim, nisi quid te detinet, audi. 5
Fabula, qua Paridis propter narratur amorem
Graecia Barbariae lento collisa duello,
Stultorum regum et populorum continet aestus.
Antenor censet belli praecidere causam.
Quid Paris? Ut salvus regnet vivatque beatus, 10
Cogi posse negat. Nestor componere lites
Inter Peliden festinat et inter Atriden;
Hunc amor, ira quidem communiter urit utrumque.
Quidquid delirant reges, plectuntur Achivi.
Seditione, dolis, scelere atque libidine et ira 15
Iliacos intra muros peccatur et extra.
Rursus, quid virtus et quid sapientia possit,
Utile proposuit nobis exemplar Ulixen,
Qui domitor Trojae multorum providus urbes
Et mores hominum inspexit, latumque per aequor, 20

I. 108. ? molestast.   II. 4. plenius.   10. quod Paris, ut.

Dum sibi, dum sociis reditum parat, aspera multa
Pertulit, adversis rerum immersabilis undis.   *imm.* C. 4. 4. 65.
Sirenum voces et Circæ pocula nosti ;
Quæ si cum sociis stultus cupidusque bibisset,
25 Sub domina meretrice fuisset turpis et excors,
Vixisset canis immundus vel amica luto sus.
Nos numerus sumus et fruges consumere n.ti,   *fru.* C. 2. 14. 10.
Sponsi Penelopæ, nebulones, Alcinoique   *Alc.* E. 1. 15. 24
In cute curanda plus æquo operata juventus,   *cur.* S. 2. 5. 38.
30 Cui pulchrum fuit in medios dormire dies, et
Ad strepitum citharæ cessatum ducere curam.
Ut jugulent homines, surgunt de nocte latrones :
Ut te ipsum serves, non expergisceris ? Atqui,
Si noles sanus, curres hydropicus ; et ni
35 Posces ante diem librum cum lumine, si non
Intendes animum studiis et rebus honestis,
Invidia vel amore vigil torquebere. Nam cur,
Quæ lædunt oculum, festinas demere ; si quid
Est animum, differs curandi tempus in annum ?
40 Dimidium facti, qui cœpit, habet : sapere aude ;
Incipe. Qui recte vivendi prorogat horam,
Rusticus exspectat, dum defluat amnis ; at ille
Labitur et labetur in omne volubilis ævum.
Quæritur argentum puerisque beata creandis
45 Uxor, et incultæ pacantur vomere silvæ :   45. E. 2. 2. 186.
Quod satis est cui contingit, nihil amplius optet.   46. C. 3. 1. 25 ;
Non domus et fundus, non æris acervus et auri   16. 43.
                                                    ni. am. S. 2. 6. 4
Ægroto domini deduxit corpore febres,   47. C. 3. 1. 41.
Non animo curas. Valeat possessor oportet,

28. Alcinoique ; In...   46. contigit, hic, (*vel*) is.

uti, S. 2. 3. 109.	Si comportatis rebus bene cogitat uti. 50
cup. E. 1. 6. 12.	Qui cupit aut metuit, juvat illum sic domus et res,
fom. Ep. 11. 17. E. 1. 4. 26.	Ut lippum pictæ tabulæ, fomenta podagram, Auriculas citharæ collecta sorde dolentes.
sin. S. 1. 3. 56.	Sincerum est nisi vas, quodcumque infundis, acescit.
55. S. 1. 2. 39.	Sperne voluptates; nocet empta dolore voluptas. 55
fin. S. 1. 1. 92.	Semper avarus eget; certum voto pete finem.
57. S. 1. 1. 111.	Invidus alterius macrescit rebus opimis; Invidia Siculi non invenere tyranni Majus tormentum. Qui non moderabitur iræ Infectum volet esse, dolor quod suaserit et mens, 60 Dum poenas odio per vim festinat inulto. Ira furor brevis est: animum rege, qui nisi paret,
63. C. 1. 16. 22.	Imperat; hunc frenis, hunc tu compesce catena. Fingit equum tenera docilem cervice magister Ire viam, qua monstret eques; venaticus, ex quo 65 Tempore cervinam pellem latravit in aula,
pur. S. 1. 6. 64.	Militat in silvis catulus. Nunc adbibe puro
mel. E. 1. 1. 48. S. 2. 5. 19.	Pectore verba, puer, nunc te melioribus offer. Quo semel est imbuta recens, servabit odorem Testa diu. Quod si cessas aut strenuus anteis, 70 Nec tardum opperior nec præcedentibus insto.

III.

	Juli Flore, quibus terrarum militet oris
Cla. E. 1. 12. 27.	Claudius Augusti privignus, scire laboro.
Thr. E. 1. 16. 13. Heb. C. 3. 25. 10.	Thracane vos Hebrusque nivali compede vinctus, An freta vicinas inter currentia turres,

II. 54. ? sincerumst.   III. 4. terras, Bl. Bent.

EPISTOLARUM LIB. I. iii.

5 An pingues Asiae campi collesque morantur?
   Quid studiosa cohors operum struit? Hoc quoque curo.   *coh.* S. 1. 7. 23.
   Quis sibi res gestas Augusti scribere sumit?   *sum.* C. 1. 12. 2.
   Bella quis et paces longum diffundit in aevum?   8. C. 4. 14. 3.
   Quid Titius Romana brevi venturus in ora?
10 Pindarici fontis qui non expalluit haustus,
   Fastidire lacus et rivos ausus apertos.
   Ut valet? ut meminit nostri? Fidibusne Latinis
   Thebanos aptare modos studet auspice Musa,   *apt.* C. 2. 12. 4.
   An tragica desaevit et ampullatur in arte?   *amp.* A. P. 97.
15 Quid mihi Celsus agit? monitus multumque monendus,   *agi.* S. 1. 9. 4.
   Privatas ut quaerat opes et tangere vitet
   Scripta, Palatinus quaecumque recepit Apollo,   17. E. 2. 1. 216.
   Ne, si forte suas repetitum venerit olim   E. 1. 31.
   Grex avium plumas, moveat cornicula risum
20 Furtivis nudata coloribus. Ipse quid audes?
   Quae circumvolitas agilis thyma? Non tibi parvum   *thy.* C. 4. 2. 29.
   Ingenium, non incultum est et turpiter hirtum.   *tur.* A. P. 3.
   Seu linguam causis acuis seu civica jura
   Respondere paras seu condis amabile carmen,   *resp.* E. 2. 1. 104.
25 Prima feres hederae victricis praemia. Quod si   25. C. 1. 1. 29.
   Frigida curarum fomenta relinquere posses,   *fom.* Ep. 11. 17.
   Quo te caelestis sapientia duceret, ires.
   Hoc opus, hoc studium parvi properemus et ampli,
   Si patriae volumus, si nobis vivere cari.
30 Debes hoc etiam rescribere, si tibi curae
   Quantae conveniat Munatius; an male sarta
   Gratia nequiquam coit et rescinditur? At vos
   Seu calidus sanguis seu rerum inscitia vexat

6. haec.   22. ? incultumst nec.   30. sit.   32. ac.

fer. E. 1. 13. 8.   Indomita cervice feros, ubicumque locorum
fra. E. 1. 10. 4.   Vivitis, indigni fraternum rumpere fœdus,   35
vo.ju. C. 4. 3. 53. Pascitur in vestrum reditum votiva juvenca.

IV.

Alb. C. 1. 33.   Albi, nostrorum sermonum candide judex,
can. S. 1. 10. 86. Quid nunc te dicam facere in regione Pedana?
Scribere quod Cassi Parmensis opuscula vincat,
An tacitum silvas inter reptare salubres,
Curantem quidquid dignum sapiente bonoque est?   5
Non tu corpus eras sine pectore. Di tibi formam,
Di tibi divitias dederunt artemque fruendi.
Quid voveat dulci nutricula majus alumno,
Qui sapere et fari possit quæ sentiat, et cui
Gratia, fama, valetudo contingat abunde   10
mun. C. 3. 29. 14. Et mundus victus, non deficiente crumena?
Inter spem curamque, timores inter et iras,
13. C. 1. 9. 14; Omnem crede diem tibi diluxisse supremum:
3. 29. 42.   Grata superveniet, quæ non sperabitur, hora.
cur. E. 1. 2. 29. Me pinguem et nitidum bene curata cute vises, 15
Cum ridere voles, Epicuri de grege porcum.

V.

Si potes Archiacis conviva recumbere lectis
2. S. 2. 6. 64;   Nec modica cenare times olus omne patella,
7. 30.   Supremo te sole domi, Torquate, manebo.
Vina bibes iterum Tauro diffusa palustris

iv. 5. ? bonoquest: est *om. al.*   9. quam...ut possit.
v. 2. holus.   4. palustres.

5 Inter Minturnas Sinuessanumque Petrinum.
Si melius quid habes, arcesse vel imperium fer. *arc.* C. 4. 12. 21.
Jam dudum splendet focus et tibi munda supellex: *spl.* C. 2. 6. 14.
Mitte leves spes et certamina divitiarum *mun.* C. 3. 29. 14.
Et Moschi causam : cras nato Caesare festus
10 Dat veniam somnumque dies ; impune licebit *imp.* A. P. 210.
Æstivam sermone benigno tendere noctem.
Quo mihi fortunam, si non conceditur uti ?
Parcus ob heredis curam nimiumque severus 13. C. 3. 16. 28.
Assidet insano: potare et spargere flores   S. 2. 3. 151.
 14. C. 3. 19. 22.
15 Incipiam patiarque vel inconsultus haberi.
Quid non ebrietas designat ? Operta recludit,
Spes jubet esse ratas, ad proelia trudit inertem ;
Sollicitis animis onus eximit, addocet artes.
Fecundi calices quem non fecere disertum ?
20 Contracta quem non in paupertate solutum ?
Haec ego procurare et idoneus imperor et non
Invitus, ne turpe toral, ne sordida mappa *tor.* S. 2. 4. 84.
Corruget naris, ne non et cantharus et lanx
Ostendat tibi te, ne fidos inter amicos
25 Sit qui dicta foras eliminet, ut coëat par
Jungaturque pari. Butram tibi Septiciumque,
Et nisi cena prior potiorque puella Sabinum
Detinet, assumam ; locus est et pluribus umbris : *umb.* S. 2. 8. 22.
Sed nimis arta premunt olidae convivia caprae. 29. S. 1. 2. 27.
30 Tu, quotus esse velis, rescribe, et rebus omissis
Atria servantem postico falle clientem.

6. sin.   17. inermem.   23. nares.

R

VI.

        Nil admirari prope res est una, Numici,
        Solaque, quæ possit facere et servare beatum.
        Hunc solem et stellas et decedentia certis
mom. E. 1. 10. 16.   Tempora momentis sunt qui formidine nulla
        Imbuti spectent: quid censes munera terræ,   5
        Quid maris extremos Arabas ditantis et Indos,
        Ludicra quid, plausus et amici dona Quiritis,
        Quo spectanda modo, quo sensu credis et ore?
        Qui timet his adversa, fere miratur eodem,
        Quo cupiens, pacto; pavor est utrobique molestus,   10
        Improvisa simul species exterret utrumque.
cup. E. 1. 2. 5.   Gaudeat an doleat, cupiat metuatne, quid ad rem,
        Si, quidquid vidit melius pejusve sua spe,
        Defixis oculis animoque et corpore torpet?
        Insani sapiens nomen ferat, æquus iniqui,   15
        Ultra quam satis est virtutem si petat ipsam.
17. C. 4. 8. 2;
    5.   I nunc, argentum et marmor vetus æraque et artes
18. E. 2. 2. 180.   Suspice, cum gemmis Tyrios mirare colores;
        Gaude, quod spectant oculi te mille loquentem;
        Navus mane forum et vespertinus pete tectum,   20
        Ne plus frumenti dotalibus emetat agris
        Mutus et, (indignum, quod sit pejoribus ortus,)
        Hic tibi sit potius quam tu mirabilis illi.
        Quidquid sub terra est, in apricum proferet ætas;
        Defodiet condetque nitentia. Cum bene notum   25
App. Ep. 4. 14.   Porticus Agrippæ et via te conspexerit Appi,
27. C. 4. 7. 15.   Ire tamen restat, Numa quo devenit et Ancus.

               24. ? terrast.

EPISTOLARUM LIB. I. vi.   243

 Si latus aut renes morbo temptantur acuto,
 Quaere fugam morbi. Vis recte vivere: quis non?
30 Si virtus hoc una potest dare, fortis omissis   *for*. E. 1. 2. 40.
 Hoc age deliciis. Virtutem verba putas et   *hoc a.* S. 2. 3. 152.
 Lucum ligna: cave ne portus occupet alter,   E. 1. 18. 88.
 Ne Cibyratica, ne Bithyna negotia perdas;   *Bit.* C. 1. 35. 7.
 Mille talenta rotundentur, totidem altera, porro et 3. 7. 3.
35 Tertia succedant et quae pars quadrat acervum.
 Scilicet uxorem cum dote fidemque et amicos   36. S. 2. 3. 95.
 Et genus et formam regina Pecunia donat,   37. S. 2. 5. 8.
 Ac bene nummatum decorat Suadela Venusque.
 Mancipiis locuples eget aeris Cappadocum rex:
40 Ne fueris hic tu. Chlamydes Lucullus, ut aiunt,
 Si posset centum scenae praebere rogatus,
 Qui possum tot? ait; tamen et quaeram et quot habebo
 Mittam: post paulo scribit sibi milia quinque
 Esse domi chlamydum: partem vel tolleret omnes.
45 Exilis domus est, ubi non et multa supersunt
 Et dominum fallunt et prosunt furibus. Ergo,
 Si res sola potest facere et servare beatum,
 Hoc primus repetas opus, hoc postremus omittas.
 Si fortunatum species et gratia praestat,   *spe.* E. 2. 2. 203.
50 Mercemur servum, qui dictet nomina, laevum
 Qui fodicet latus et cogat trans pondera dextram *pon.* S. 1. 3. 78.
 Porrigere. Hic multum in Fabia valet, ille Velina;
 Cuilibet hic fasces dabit eripietque curule
 Cui volet importunus ebur. Frater, Pater, adde: *imp.* E. 2. 2. 185.
55 Ut cuique est aetas, ita quemque facetus adopta.

  31. putes ut. 51. fodiat. 53. cui libet, is.
   54. cuilibet imp. *Hl. B.* 55. ? cuiquest.

	Si, bene qui cenat, bene vivit, lucet, eamus	
gul. S. 2. 7. 111;	Quo ducit gula; piscemur, venemur, ut olim	
pla. E. 1. 18. 46.	2. 40. Gargilius, qui mane plagas, venabula, servos	
	Differtum transire forum populumque jubebat,	
	Unus ut e multis populo spectante referret	60
cru. S. 1. 5. 49.	Emptum mulus aprum. Crudi tumidique lavemur,	
	Quid deceat, quid non, obliti, Caerite cera	
	Digni, remigium vitiosum Ithacensis Ulixei,	
	Cui potior patria fuit interdicta voluptas.	
Mim. E. 2. 2. 101.	Si, Mimnermus uti censet, sine amore jocisque	65
	Nil est jucundum, vivas in amore jocisque.	
vi. va. S. 2. 5. 110.	Vive, vale. Si quid novisti rectius istis,	
can. E. 1. 4. 1.	Candidus imperti; si non, his utere mecum.	

VII.

	Quinque dies tibi pollicitus me rure futurum,	
	Sextilem totum mendax desideror. Atqui	
	Si me vivere vis sanum recteque valentem,	
	Quam mihi das aegro, dabis aegrotare timenti,	
	Maecenas, veniam, dum ficus prima calorque	5
6. S. 2. 6. 19.	Designatorem decorat lictoribus atris,	
	Dum pueris omnis pater et matercula pallet,	
off. S. 1. 6. 101. E. 2. 2. 68.	Officiosaque sedulitas et opella forensis	
	Adducit febres et testamenta resignat.	
	Quod si bruma nives Albanis illinet agris,	10
par. S. 1. 4. 127.	Ad mare descendet vates tuus et sibi parcet	
	Contractusque leget; te, dulcis amice, reviset	
	Cum Zephyris, si concedes, et hirundine prima.	

VII. 3. vis recteque videre valentem.   10. nivis.

EPISTOLARUM LIB. I. vii.

Non, quo more piris vesci Calaber jubet hospes,
15 Tu me fecisti locupletem. Vescere sodes.
Jam satis est. At tu quantum vis tolle. Benigne.
Non invisa feres pueris munuscula parvis.
Tam teneor dono, quam si dimittar onustus.
Ut libet; hæc porcis hodie comedenda relinques.
20 Prodigus et stultus donat, quæ spernit et odit;
Hæc seges ingratos tulit et feret omnibus annis.
Vir bonus et sapiens dignis ait esse paratus,   *dig.* S. 1. 6. 51.
Nec tamen ignorat, quid distent æra lupinis:
Dignum præstabo me etiam pro laude merentis.
25 Quod si me noles usquam discedere, reddes
Forte latus, nigros angusta fronte capillos,
Reddes dulce loqui, reddes ridere decorum et
Inter vina fugam Cinaræ mærere protervæ.
Forte per angustam tenuis volpecula rimam
30 Repserat in cumeram frumenti, pastaque rursus
Ire foras pleno tendebat corpore frustra;
Cui mustela procul, Si vis, ait, effugere istinc,
Macra cavum repetes artum, quem macra subisti.
Hac ego si compellor imagine, cuncta resigno;   *res.* C. 3. 29. 54.
35 Nec somnum plebis laudo satur altilium, nec
Otia divitiis Arabum liberrima muto.
Sæpe verecundum laudasti, rexque paterque   *rex,* E. 1. 17. 34.
Audisti coram, nec verbo parcius absens: A. P. 434.
Inspice, si possum donata reponere lætus.   *aud.* S. 2. 6. 20;
40 Haud male Telemachus, proles patientis Ulixei: 7. 101.
Non est aptus equis Ithace locus, ut neque planis   E. 1. 16. 17.
Porrectus spatiis nec multæ prodigus herbæ;

    16. quantumvis.   18. honustus.   29. vulpecula.

Atride, magis apta tibi tua dona relinquam.
reg. C. 4. 3. 13;   Parvum parva decent; mihi jam non regia Roma,
14. 45.
45. C. 2. 6. 5, *sq.*   Sed vacuum Tibur placet aut imbelle Tarentum.   45
S. 2. 4. 34.
Strenuus et fortis causisque Philippus agendis
Clarus ab officiis octavam circiter horam
Dum redit atque Foro nimium distare Carinas
Jam grandis natu queritur, conspexit, ut aiunt,
Adrasum quendam vacua tonsoris in umbra   50
Cultello proprios purgantem leniter ungues.
Demetri, puer hic non læve jussa Philippi
Accipiebat, abi, quære et refer, unde domo, quis,
Cujus fortunæ, quo sit patre quove patrono.
It, redit et narrat, Volteium nomine Menam,   55.
Præconem, tenui censu, sine crimine, notum,
loc. C. 4. 12. 28.   Et properare loco et cessare et quærere et uti
ces. E. 1. 10. 46;
2. 2. 183.   Gaudentem parvisque sodalibus et lare certo
quæ. S. 1. 1. 92.   Et ludis et post decisa negotia Campo.
A. P. 170.
Scitari libet ex ipso, quodcumque refers; dic   60
Ad cenam veniat. Non sane credere Mena.
ben. v. 16.   Mirari secum tacitus. Quid multa? Benigne,
Respondet. Neget ille mihi? Negat improbus et te
Neglegit aut horret. Volteium mane Philippus
Vilia vendentem tunicato scruta popello   65
sa. ju. E. 1. 10. 1.   Occupat et salvere jubet prior. Ille Philippo
Excusare laborem et mercenaria vincla,
Quod non mane domum venisset, denique, quod non
Providisset eum. Sic ignovisse putato
Me tibi, si cenas hodie mecum. Ut libet. Ergo   70
Post nonam venies; nunc i, rem strenuus auge.

60. quæcumque.

Ut ventum ad cenam est, dicenda tacenda locutus
Tandem dormitum dimittitur. Hic ubi sæpe
Occultum visus decurrere piscis ad hamum   74. E. 1. 16. 51.
75 Mane cliens et jam certus conviva, jubetur
Rura suburbana indictis comes ire Latinis.
Impositus mannis arvum cælumque Sabinum   man. C. 3. 27. 7.
Non cessat laudare. Videt ridetque Philippus,
Et, sibi dum requiem, dum risus undique quærit,
80 Dum septem donat sestertia, mutua septem
Promittit, persuadet uti mercetur agellum.
Mercatur. Ne te longis ambagibus ultra   amb. S. 2. 5. 9.
Quam satis est morer, ex nitido fit rusticus atque   nit. E. 1. 4. 15.
Sulcos et vineta crepat mera; præparat ulmos,   ulm. Ep. 2. 10.
85 Immoritur studiis et amore senescit habendi.
Verum ubi oves furto, morbo periere capellæ,
Spem mentita seges, bos est enectus arando,   men. C. 3. 1. 30.
Offensus damnis media de nocte caballum   Ep. 16. 45.
Arripit iratusque Philippi tendit ad ædes.
90 Quem simul adspexit scabrum intonsumque Philippus,
Durus, ait, Voltei, nimis attentusque videris   att. S. 2. 6. 82.
Esse mihi. Pol me miserum, patrone, vocares,
Si velles, inquit, verum mihi ponere nomen!
Quod te per Genium dextramque deosque Penates   Gen. E. 2. 1. 144;
95 Obsecro et obtestor, vitæ me redde priori.   2. 187.
Qui semel adspexit, quantum dimissa petitis
Præstent, mature redeat repetatque relicta.   mat. E. 1. 1. 8.
Metiri se quemque suo modulo ac pede verum est. ver. S. 2. 3. 312.

72. ? cenamst.   96. simul.   98. ? verumst.

VIII.

	Celso gaudere et bene rem gerere Albinovano	
rog. S. 2. 4. 88.	Musa rogata refer, comiti scribæque Neronis.	
ag. E. 1. 3. 15.	Si quæret, quid agam, dic multa et pulchra minantem	
gra. C. 3. 1. 29.	Vivere nec recte nec suaviter; haud quia grando	
mom. S. 2. 6. 45.	Contuderit vites oleamque momorderit æstus,	5
	Nec quia longinquis armentum ægrotet in agris;	
	Sed quia mente minus validus quam corpore toto	
aud. E. 1. 1. 48.	Nil audire velim, nil discere, quod levet ægrum;	
	Fidis offendar medicis, irascar amicis,	
cur, E. 1. 33. 3.	Cur me funesto properent arcere veterno;	10
	Quæ nocuere sequar, fugiam quæ profore credam;	
	Romæ Tibur amem ventosus, Tibure Romam.	
	Post hæc, ut valeat, quo pacto rem gerat et se,	
coh. E. 1. 3. 6.	Ut placeat juveni percontare utque cohorti.	
	Si dicet, Recte, primum gaudere, subinde	15
	Præceptum auriculis hoc instillare memento:	
	Ut tu fortunam, sic nos te, Celse, feremus.	

IX.

	Septimius, Claudi, nimirum intellegit unus,	
	Quanti me facias; nam cum rogat et prece cogit,	
tra. S. 1. 9. 47.	Scilicet ut tibi se laudare et tradere coner,	
E. 1. 18. 78.	Dignum mente domoque legentis honesta Neronis,	
	Munere cum fungi propioris censet amici,	5
	Quid possim videt ac novit me valdius ipso.	
	Multa quidem dixi, cur excusatus abirem;	
	Sed timui, mea ne finxisse minora putarer,	

Dissimulator opis propriæ, mihi commodus uni.
10 Sic ego majoris fugiens opprobria culpæ
Frontis ad urbanæ descendi præmia.   Quod si
Depositum laudas ob amici jussa pudorem, *pud.* E. 2. 1. 80.
Scribe tui gregis hunc et fortem crede bonumque. *bon.* C. 4. 4. 29.

X.

Urbis amatorem Fuscum salvere jubemus   *Fus.* C. 1. 22.
Ruris amatores, hac in re scilicet una   S. 1. 9. 61.
   sal. j. E. 1. 7. 66.
Multum dissimiles, at cetera pæne gemelli   *gem.* S. 2. 3. 244.
Fraternis animis ; quidquid negat alter, et alter ;
5 Annuimus pariter vetuli notique columbi.
Tu nidum servas : ego laudo ruris amœni   *nid.* C. 3. 4. 14.
Rivos et musco circumlita saxa nemusque.
Quid quæris ?   Vivo et regno, simul ista reliqui,
Quæ vos ad cælum fertis rumore secundo :
10 Utque sacerdotis fugitivus liba recuso ;
Pane egeo jam mellitis potiore placentis.
Vivere naturæ si convenienter oportet,
Ponendæque domo quærenda est area primum,
Novistine locum potiorem rure beato ?
15 Est ubi plus tepeant hiemes, ubi gratior aura   *tep.* C. 2. 6. 17.
Leniat et rabiem Canis et momenta Leonis,   *Leo.* C. 3. 29. 18.
Cum semel accepit Solem furibundus acutum ?
Est ubi divellat somnos minus invida cura ?
Deterius Libycis olet aut nitet herba lapillis ?
20 Purior in vicis aqua tendit rumpere plumbum,
Quam quæ per pronum trepidat cum murmure rivum ? *tre.* C. 2. 3. 12.

x. 3. ad.   9. effertis.   13. ? quærendast.   18. depellat.

22. C. 3. 10. 6.	Nempe inter varias nutritur silva columnas
	Laudaturque domus, longos quae prospicit agros.
	Naturam expellas furca, tamen usque recurret,
	Et mala perrumpet furtim fastidia victrix. 25
	Non, qui Sidonio contendere callidus ostro
fuc. C. 3. 5. 28.	Nescit Aquinatem potantia vellera fucum,
	Certius accipiet damnum propiusve medullis,
	Quam qui non poterit vero distinguere falsum.
nim. C. 1. 18. 15;	Quem res plus nimio delectavere secundae, 30
33. 1.	Mutatae quatient. Si quid mirabere, pones
	Invitus. Fuge magna; licet sub paupere tecto
prae. S. 1. 7. 8.	Reges et regum vita praecurrere amicos.
	Cervus equum pugna melior communibus herbis
	Pellebat, donec minor in certamine longo 35
	Imploravit opes hominis frenumque recepit;
	Sed postquam victor violens discessit ab hoste,
	Non equitem dorso, non frenum depulit ore.
	Sic, qui pauperiem veritus potiore metallis
	Libertate caret, dominum vehit improbus atque 40
	Serviet aeternum, quia parvo nesciet uti.
	Cui non conveniet sua res, ut calceus olim,
	Si pede major erit, subvertet; si minor, uret.
	Laetus sorte tua vives sapienter, Aristi,
	Nec me dimittes incastigatum, ubi plura 45
	Cogere quam satis est ac non cessare videbor.
47. E. 1. 2. 62.	Imperat aut servit collecta pecunia cuique,
	Tortum digna sequi potius quam ducere funem.
	Haec tibi dictabam post fanum putre Vacunae,
	Excepto, quod non simul esses, cetera laetus. 50

24. expelles.   40. vehet.

XI.

Quid tibi visa Chios, Bullati, notaque Lesbos,
Quid concinna Samos, quid Croesi regia, Sardis,
Smyrna quid et Colophon? Majora minorave fama,
Cunctane prae Campo et Tiberino flumine sordent?
5 An venit in votum Attalicis ex urbibus una,
An Lebedum laudas odio maris atque viarum?
Scis, Lebedus quid sit; Gabiis desertior atque
Fidenis vicus; tamen illic vivere vellem
Oblitusque meorum obliviscendus et illis
10 Neptunum procul e terra spectare furentem.
Sed neque, qui Capua Romam petit imbre lutoque
Adspersus volet in caupona vivere; nec, qui
Frigus collegit, furnos et balnea laudat
Ut fortunatam plene praestantia vitam.
15 Nec, si te validus jactaverit Auster in alto,
Idcirco navem trans Aegaeum mare vendas.
Incolumi Rhodos et Mytilene pulchra facit, quod
Paenula solstitio, campestre nivalibus auris,
Per brumam Tiberis, Sextili mense caminus.
20 Dum licet ac voltum servat Fortuna benignum,
Romae laudetur Samos et Chios et Rhodos absens.
Tu, quamcumque deus tibi fortunaverit horam,
Grata sume manu, neu dulcia differ in annum,
Ut, quocumque loco fueris, vixisse libenter
25 Te dicas; nam si ratio et prudentia curas
Non locus effusi late maris arbiter aufert,
Caelum non animum mutant, qui trans mare currunt.

3. minorane. 20. vultum.

Strenua nos exercet inertia; navibus atque
Quadrigis petimus bene vivere. Quod petis, hic est,
Est Ulubris, animus si te non deficit æquus. 30

XII.

FRUCTIBUS Agrippæ Siculis, quos colligis, Icci,
2. C. 3. 16. 25. Si recte frueris, non est, ut copia major
Jov. C. 1. 28. 28. Ab Jove donari possit tibi. Tolle querellas;
usu. C. 2. 11. 4. Pauper enim non est, cui rerum suppetit usus.
Si ventri bene, si lateri est pedibusque tuis, nil 5
Divitiæ poterunt regales addere majus.
Si forte in medio positorum abstemius herbis
Vivis et urtica, sic vives protinus, ut te
9. Ep. 15. 20. Confestim liquidus Fortunæ rivus inauret,
Vel quia naturam mutare pecunia nescit, 10
Vel quia cuncta putas una virtute minora.
Miramur, si Democriti pecus edit agellos
Cultaque, dum peregre est animus sine corpore velox;
Cum tu inter scabiem tantam et contagia lucri
Nil parvum sapias et adhuc sublimia cures: 15
Quæ mare compescant causæ, quid temperet annum,
Stellæ sponte sua, jussæne vagentur et errent,
Quid premat obscurum lunæ, quid proferat orbem,
Quid velit et possit rerum concordia discors,
Ste. S. 2. 3. 33. Empedocles, an Stertinium deliret acumen. 20
Verum, seu pisces seu porrum et cæpe trucidas,
ute. E. 1. 17. 2. Utere Pompeio Grospho et, si quid petet, ultro
Gro. C. 2. 16.
def. C. 2. 2. 22. Defer; nil Grosphus nisi verum orabit et æquum.

XII. 5. ? laterist.   13. ? peregrest.

Vilis amicorum est annona, bonis ubi quid deest.
25 Ne tamen ignores, quo sit Romana loco res :
   Cantaber Agrippæ, Claudi virtute Neronis
   Armenius cecidit; jus imperiumque Phraates
   Cæsaris accepit genibus minor; aurea fruges
   Italiæ pleno defundit Copia cornu.

Can. C. 2. 6. 2.
Phr. C. 2. 2. 17.
29. C. 1. 17. 16.

XIII.

Ut proficiscentem docui te sæpe diuque,
Augusto reddes signata volumina, Vini,
Si validus, si lætus erit, si denique poscet ;
Ne studio nostri pecces odiumque libellis
5 Sedulus importes opera vehemente minister.
  Si te forte meæ gravis uret sarcina chartæ,
  Abicito potius, quam quo perferre juberis
  Clitellas ferus impingas Asinæque paternum
  Cognomen vertas in risum et fabula fias.
10 Viribus uteris per clivos, flumina, lamas ;
   Victor propositi simul ac perveneris illuc,
   Sic positum servabis onus, ne forte sub ala
   Fasciculum portes librorum, ut rusticus agnum,
   Ut vinosa glomus furtivæ Pyrrhia lanæ,
15 Ut cum pileolo soleas conviva tribulis.
   Ne volgo narres te sudavisse ferendo
   Carmina, quæ possint oculos auresque morari
   Cæsaris ; oratus multa prece, nitere porro.
   Vade, vale, cave ne titubes mandataque frangas.

3. S. 2. 1. 18.
   E. 2. 1. 221.

fab. Ep. 1. 1. 18.

XII. 24. ? amicorumst.   29. defudit.   XIII. 7. abjicito.

XIV.

spi. E. 2. 2. 212.
for. E. 1. 6. 30.
Lam. C. 1. 26.
3. 17.
9. S. S. 1. 1. 114.
13. S. 2. 7. 113.
tra. S. 1. 1. 11.
sal. C. 3. 18. 15.

Vilice silvarum et mihi me reddentis agelli,
Quem tu fastidis habitatum quinque focis et
Quinque bonos solitum Variam dimittere patres,
Certemus, spinas animone ego fortius, an tu
Evellas agro et melior sit Horatius an res.   5
Me quamvis Lamiæ pietas et cura moratur
Fratrem mærentis, rapto de fratre dolentis
Insolabiliter, tamen istæc meas animasque
Fert et amat spatiis obstantia rumpere claustra.
Rure ego viventem, tu dicis in urbe beatum;   10
Cui placet alterius, sua nimirum est odio sors.
Stultus uterque locum immeritum causatur inique;
In culpa est animus, qui se non effugit unquam.
Tu mediastinus tacita prece rura petebas,
Nunc urbem et ludos et balnea vilicus optas;   15
Me constare mihi scis et discedere tristem,
Quandocumque trahunt invisa negotia Romam.
Non eadem miramur; eo disconvenit inter
Meque et te: nam, quæ deserta et inhospita tesca
Credis, amœna vocat, mecum qui sentit, et odit   20
Quæ tu pulchra putas. Fornix tibi et uncta popina
Incutiunt urbis desiderium, video, et quod
Angulus iste feret piper et thus ocius uva,
Nec vicina subest vinum præbere taberna
Quæ possit tibi, nec meretrix tibicina, cujus   25
Ad strepitum salias terræ gravis: et tamen urges

    11. ? nimirumst: est *om. al.*   13. ? culpast.
    19. qua.   21. vocas.   23. tus.

Jampridem non tacta ligonibus arva bovemque
Disjunctum curas et strictis frondibus exples:
Addit opus pigro rivus, si decidit imber,
30 Multa mole docendus aprico parcere prato.
Nunc age, quid nostrum concentum dividat, audi.
Quem tenues decuere togæ nitidique capilli,
Quem scis immunem Cinaræ placuisse rapaci,   *Cin.* C. 4. 1. 4.
Quem bibulum liquidi media de luce Falerni,
35 Cena brevis juvat et prope rivum somnus in herba;
Nec lusisse pudet, sed non incidere ludum.   36. E. 2. 2. 142.
Non istic obliquo oculo mea commoda quisquam
Limat, non odio obscuro morsuque venenat;
Rident vicini glebas et saxa moventem.   39. E. 1. 7. 83.
40 Cum servis urbana diaria rodere mavis;
Horum tu in numerum voto ruis. Invidet usum
Lignorum et pecoris tibi calo argutus et horti.
Optat ephippia bos piger optat arare caballus;
Quam scit uterque, libens, censebo, exerceat artem.   44. E. 2. J. 116.

XV.

Quæ sit hiemps Veliæ, quod cælum, Vala, Salerni,
Quorum hominum regio et qualis via; (nam mihi
    Baias
Musa supervacuas Antonius, et tamen illis
Me facit invisum, gelida cum perluor unda
5 Per medium frigus. Sane murteta relinqui
Dictaque cessantem nervis elidere morbum
Sulphura contemni vicus gemit, invidus ægris,
Qui caput et stomachum supponere fontibus audent   *cap.* E. 1. 16. 14.

Clusinis, Gabiosque petunt et frigida rura.
Mutandus locus est et deversoria nota   10
Præteragendus equus. Quo tendis? Non mihi Cumas
Est iter aut Baias, læva stomachosus habena
Dicet eques; sed equi frenato est auris in ore.)
Major utrum populum frumenti copia pascat,
Collectosne bibant imbres puteosne perennes   15
Jugis aquæ; (nam vina nihil moror illius oræ:

pe. pa. E.1.16.74.
C. 3. 24. 43.
len. C. 3. 29. 2.

Rure meo possum quidvis perferre patique;
Ad mare cum veni, generosum et lene requiro,
Quod curas abigat, quod cum spe divite manet
In venas animumque meum, quod verba ministret,   20
Quod me Lucanæ juvenem commendet amicæ;)

apr. S. 2. 8. 6.

Tractus uter plures lepores, uter educet apros,

ech. Ep. 5. 27.
S. 2. 4. 33.
Phæ. E. 1. 2. 28.

Utra magis pisces et echinos æquora celent,
Pinguis ut inde domum possim Phæaxque reverti,
Scribere te nobis, tibi nos accredere par est.   25
Mænius, ut rebus maternis atque paternis
Fortiter absumptis urbanus coepit haberi,

scu. S. 2. 7. 15.
cer. E. 1. 7. 75.

Scurra vagus, non qui certum præsepe teneret,
Impransus non qui civem dinosceret hoste,
Quælibet in quemvis opprobria fingere sævus,   30
Pernicies et tempestas barathrumque macelli,
Quidquid quæsierat, ventri donabat avaro.
Hic, ubi nequitiæ fautoribus et timidis nil
Aut paulum abstulerat, patinas cenabat omasi,
Vilis et agninæ, tribus ursis quod satis esset;   35
Scilicet ut ventres lamna candente nepotum

    10. diversoria.   13. equis; ? frenatost.   29. dignosceret.
                               37. correctus.

Diceret urendos, corrector Bestius. Idem
Quidquid erat nactus praedae majoris, ubi omne
Verterat in fumum et cinerem, Non hercule miror,
40 Aiebat, si qui comedunt bona, cum sit obeso *com.* S. 1. 2. 8.
Nil melius turdo, nil volva pulchrius ampla.
Nimirum hic ego sum; nam tuta et parvula laudo,
Cum res deficiunt, satis inter vilia fortis;
Verum, ubi quid melius contigit et unctius, idem
45 Vos sapere et solos aio bene vivere, quorum
Conspicitur nitidis fundata pecunia villis.

XVI.

Ne perconteris, fundus meus, optime Quincti,
Arvo pascat erum an bacis opulentet olivae,
Pomisne et pratis, an amicta vitibus ulmo,
Scribetur tibi forma loquaciter et situs agri.
5 Continui montes, ni dissocientur opaca
Valle, sed ut veniens dextrum latus adspiciat Sol,
Laevum discedens curru fugiente vaporet.
Temperiem laudes. Quid, si rubicunda benigni
Corna vepres et pruna ferant? si quercus et ilex
10 Multa fruge pecus, multa dominum juvet umbra?
Dicas adductum propius frondere Tarentum.
Fons etiam rivo dare nomen idoneus, ut nec 12. C. 3. 13.
Frigidior Thracam nec purior ambiat Hebrus, 13. E. 1. 3. 3.
Infirmo capiti fluit utilis, utilis alvo.
15 Hae latebrae dulces, etiam, si credis, amoenae,

xv. 41. vulva. xvi. 2. herum. 3. an pratis.
8. benigne, benignae. 9. ferunt. 10. juvat.

16. C. 3. 23. 8.	Incolumem tibi me praestant Septembribus horis.
S. 2. 6. 19.	
rec. E. 1. 8. 4.	Tu recte vivis, si curas esse quod audis.
aud. E. 1. 7. 38.	Jactamus jampridem omnis te Roma beatum ;
	Sed vereor, ne cui de te plus quam tibi credas,
ali. E. 2. 1. 240.	Neve putes alium sapiente bonoque beatum, 20
	Neu, si te populus sanum recteque valentem
	Dictitet, occultam febrem sub tempus edendi
	Dissimules, donec manibus tremor incidat unctis.
	Stultorum incurata pudor malus ulcera celat.
	Si quis bella tibi terra pugnata marique 25
	Dicat, et his verbis vacuas permulceat aures :
	Tene magis salvum populus velit, an populum tu,
	Servet in ambiguo, qui consulit et tibi et urbi,
	Juppiter ; Augusti laudes agnoscere possis :
	Cum pateris sapiens emendatusque vocari, 30
	Respondesne tuo, dic sodes, nomine ? Nempe
	Vir bonus et prudens dici delector ego ac tu.
	Qui dedit hoc hodie, cras, si volet, auferet, ut si
34. C. 3. 2. 19.	Detulerit fasces indigno, detrahet idem.
	Pone, meum est ; inquit. Pono tristisque recedo. 35
	Idem si clamet furem, neget esse pudicum,
	Contendat laqueo collum pressisse paternum ;
	Mordear opprobriis falsis mutemque colores ?
	Falsus honor juvat et mendax infamia terret
	Quem nisi mendosum et medicandum? Vir bonus est
	quis?
	Qui consulta patrum, qui leges juraque servat, 41
sec. S. 1. 10. 15.	Quo multae magnaeque secantur judice lites,
	Quo res sponsore et quo causae teste tenentur.

35. ? meumst; est *om. al.*

EPISTOLARUM LIB. I. xvi.

Sed videt hunc omnis domus et vicinia tota
45 Introrsum turpem, speciosum pelle decora.   *pel.* S. 2. 1. 64.
   Nec furtum feci nec fugi, si mihi dicat
   Servus, Habes pretium, loris non ureris, aio.   *ure.* Ep. 4. 3.
   Non hominem occidi.   Non pasces in cruce corvos.   *cru.* S. 1. 3. 82.
   Sum bonus et frugi.   Renuit negitatque Sabellus: *fru.* S. 2. 7. 3.
50 Cautus enim metuit foveam lupus, accipiterque   *Sab.* C. 3. 6. 38.
   Suspectos laqueos, et opertum miluus hamum.
   Oderunt peccare boni virtutis amore;
   Tu nihil admittes in te formidine poenæ:
   Sit spes fallendi, miscebis sacra profanis;
55 Nam de mille fabæ modiis cum surripis unum,
   Damnum est, non facinus, mihi pacto lenius isto.
   Vir bonus, omne forum quem spectat et omne tribunal,
   Quandocumque deos vel porco vel bove placat,
   Jane pater, clare, clare cum dixit, Apollo,   *pat.* S. 2. 6. 20.
60 Labra movet metuens audiri: Pulchra Laverna,
   Da mihi fallere, da justo sanctoque videri,
   Noctem peccatis et fraudibus obice nubem!
   Qui melior servo, qui liberior sit avarus,   *6j.* S. 2. 7. 83.
   In triviis fixum cum se demittit ob assem,
65 Non video; nam qui cupiet, metuet quoque; porro,   *cu. me.* E. 1. 2. 51.
   Qui metuens vivet, liber mihi non erit umquam.
   Perdidit arma, locum virtutis deseruit, qui
   Semper in augenda festinat et obruitur re.
   Vendere cum possis captivum, occidere noli;
70 Serviet utiliter: sine pascat durus aretque,
   Naviget ac mediis hiemet mercator in undis;   *mer.* S. 1. 1. 6.

   45. introrsus.   56. ? damnumst; est *om. al.*
   61. justum sanctumque, (*cp.* S. 1. 4. 39.)   62. objice.

Annonæ prosit; portet frumenta penusque.
Vir bonus et sapiens audebit dicere: Pentheu,

pe. pa. E. 1.16.17. Rector Thebarum, quid me perferre patique
Indignum coges? Adimam bona. Nempe pecus, rem, 75
Lectos, argentum: tollas licet. In manicis et
Compedibus sævo te sub custode tenebo.
Ipse deus, simul atque volam, me solvet. Opinor,
Hoc sentit: Moriar; mors ultima linea rerum est.

XVII.

QUAMVIS, Scæva, satis per te tibi consulis et scis,

maj. S. 2. 1. 61. Quo tandem pacto deceat majoribus uti,
Disce, docendus adhuc quæ censet amiculus, ut si
Cæcus iter monstrare velit; tamen adspice, si quid
Et nos, quod cures proprium fecisse, loquamur. 5
Si te grata quies et primam somnus in horam
Delectat, si te pulvis strepitusque rotarum,
Si lædit caupona, Ferentinum ire jubebo;
Nam neque divitibus contingunt gaudia solis,

10. E. 1. 18. 103. Nec vixit male, qui natus moriensque fefellit. 10
Si prodesse tuis pauloque benignius ipsum
Te tractare voles, accedes siccus ad unctum.
Si pranderet olus patienter, regibus uti
Nollet Aristippus. Si sciret regibus uti

ol. E. 1. 5. 2. Fastidiret olus, qui me notat. Utrius horum 15
Verba probes et facta, doce, vel junior audi,
Cur sit Aristippi potior sententia; namque
Mordacem Cynicum sic eludebat, ut aiunt:

XVI. 79. ? rerumst; est *om. al.* XVII. 13. holus.

EPISTOLARUM LIB. I. xvii.

 Scurror ego ipse mihi, populo tu; rectius hoc et *hoc*, S. 2. 2. 36.
20 Splendidius multo est. Equus ut me portet, alat rex,
 Officium facio: tu poscis vilia rerum,
 Dante minor, quamvis fers te nullius egentem.
 Omnis Aristippum decuit color et status et res, *col.* S. 2. 1. 60.
 Temptantem majora fere præsentibus æquum.
25 Contra, quem duplici panno patientia velat,
 Mirabor, vitæ via si conversa decebit. *mir.* A. P. 424.
 Alter purpureum non expectabit amictum,
 Quidlibet indutus celeberrima per loca vadet,
 Personamque feret non inconcinnus utramque;
30 Alter Mileti textam cane pejus et angui
 Vitabit chlamydem, morietur frigore, si non
 Rettuleris pannum. Refer et sine vivat ineptus.
 Res gerere et captos ostendere civibus hostis
 Attingit solium Jovis et cælestia temptat:
35 Principibus placuisse viris non ultima laus est. 35. S. 1. 6. 63.
 Non cuivis homini contingit adire Corinthum. E. 1. 20. 23.
 Sedit, qui timuit, ne non succederet. Esto!
 Quid, qui pervenit, fecitne viriliter? Atqui
 Hic est aut nusquam, quod quærimus. Hic onus horret,
40 Ut parvis animis et parvo corpore majus:
 Hic subit et perfert. Aut virtus nomen inane est,
 Aut decus et pretium recte petit experiens vir.
 Coram rege sua de paupertate tacentes *reg.* E. 1. 7. 37.
 Plus poscente ferent; distat, sumasne pudenter,
45 An rapias. Atqui rerum caput hoc erat, hic fons.

  20. ? multost; est *om. al.* 33. hostes. 34. tentat.
    41. ? inanest.   43. suo.

Indotata mihi soror est, paupercula mater,
Et fundus nec vendibilis nec pascere firmus,
Qui dicit, clamat: Victum date. Succinit alter:
Et mihi dividuo findetur munere quadra.
Sed tacitus pasci si posset corvus, haberet 50
Plus dapis et rixæ multo minus invidiæque.

52. S. 1. 5.
2. 6. 42.
Brundisium comes aut Surrentum ductus amœnum,
Qui queritur salebras et acerbum frigus et imbres,
Aut cistam effractam et subducta viatica plorat,
Nota refert meretricis acumina, sæpe catellam, 55
Sæpe periscelidem raptam sibi flentis, uti mox

ver. C. 1. 37. 15.
Nulla fides damnis verisque doloribus adsit.
Nec semel irrisus triviis attollere curat
Fracto crure planum, licet illi plurima manet
Lacrima, per sanctum juratus dicat Osirim: 60
Credite, non ludo; crudeles, tollite claudum.
Quære peregrinum, vicinia rauca reclamat.

XVIII.

Si bene te novi, metues, liberrime Lolli,

scu. E. 1. 17. 19.
Scurrantis speciem præbere, professus amicum.
Ut matrona meretrici dispar erit atque
Discolor, infido scurræ distabit amicus.
Est huic diversum vitio vitium prope majus, 5

inc. S. 1. 3. 50.
Asperitas agrestis et inconcinna gravisque,
Quæ se commendat tonsa cute, dentibus atris,
Dum volt libertas dici mera veraque virtus.
Virtus est medium vitiorum et utrimque reductum.

imi, S. 1. 4. 87.
Alter in obsequium plus æquo pronus et imi 10

EPISTOLARUM LIB. I. xviii.

Derisor lecti sic nutum divitis horret,   *der.* A. P. 433.
Sic iterat voces et verba cadentia tollit,
Ut puerum saevo credas dictata magistro   *dic.* E. 1. 1. 55.
Reddere vel partes mimum tractare secundas.   2. 1. 71.
15 Alter rixatur de lana saepe caprina,
Propugnat nugis armatus: Scilicet, ut non
Sit mihi prima fides et vere quod placet ut non
Acriter elatrem? Pretium aetas altera sordet.
Ambigitur quid enim? Castor sciat an Dolichos plus;
20 Brundisium Minuci melius via ducat an Appi.
Quem damnosa Venus, quem praeceps alea nudat,   *ale.* C. 3. 24. 58.
Gloria quem supra vires et vestit et ungit,   22. C. 1. 18. 15.
Quem tenet argenti sitis importuna famesque,   *imp.* C. 3. 16. 37.
Quem paupertatis pudor et fuga, dives amicus,   24. C. 3. 24. 42.
25 Saepe decem vitiis instructior, odit et horret,
Aut, si non odit, regit ac veluti pia mater
Plus quam se sapere et virtutibus esse priorem
Volt, et ait prope vera: Meae, contendere noli,   *con.* S. 2. 3. 313.
Stultitiam patiuntur opes; tibi parvula res est:
30 Arta decet sanum comitem toga; desine mecum
Certare. Eutrapelus, cuicumque nocere volebat,
Vestimenta dabat pretiosa: beatus enim jam
Cum pulchris tunicis sumet nova consilia et spes,
Dormiet in lucem, scorto postponet honestum
35 Officium, nummos alienos pascet, ad imum
Thrax erit aut olitoris aget mercede caballum.   *Thr.* S. 2. 6. 44.
Arcanum neque tu scrutaberis illius unquam,
Commissumque teges et vino tortus et ira;   A. P. 435.
Nec tua laudabis studia aut aliena reprendes,

35. numos.

Nec, cum venari volet ille, poëmata panges.] 40
Gratia sic fratrum geminorum, Amphionis atque
Zethi, dissiluit, donec suspecta severo
Conticuit lyra. Fraternis cessisse putatur
Moribus Amphion: tu cede potentis amici
Lenibus imperiis, quotiensque educet in agros 45

Æto. E. 1. 6. 58. Ætolis onerata plagis jumenta canesque,
Surge et inhumanæ senium depone Camenæ,
43. S. 2. 2. 20. Cenes ut pariter pulmenta laboribus empta;
Romanis sollemne viris opus, utile famæ
Vitæque et membris, præsertim cum valeas et 50
Vel cursu superare canem vel viribus aprum
Possis. Adde, virilia quod speciosius arma
Non est qui tractet: scis, quo clamore coronæ
Prœlia sustineas campestria; denique sævam
Can. C. 2. 6. 2. Militiam puer et Cantabrica bella tulisti 55
3. 8. 22.
Par. E. 1. 12. 26. Sub duce, qui templis Parthorum signa refigit
C. 4. 15. 6. Nunc et, si quid abest, Italis adjudicat armis.
Ac, ne te retrahas et inexcusabilis absis,
n. et m. E.2.2.144. Quamvis nil extra numerum fecisse modumque
nug. S. 2. 1. 73. Curas: interdum nugaris rure paterno; 60
Partitur lintres exercitus; Actia pugna
Te duce per pueros hostili more refertur;
Adversarius est frater, lacus Hadria, donec
Alterutrum velox Victoria fronde coronet.
Consentire suis studiis qui crediderit te, 65
Fautor utroque tuum laudabit pollice ludum.
Protinus ut moneam, si quid monitoris eges tu,
Quid de quoque viro et cui dicas, sæpe videto.

45. quoties.   58. abstes, *Bent.*

Percontatorem fugito, nam garrulus idem est,
70 Nec retinent patulæ commissa fideliter aures,   *com.* S. 1. 4. 84.
Et semel emissum volat irrevocabile verbum.   *irr.* A. P. 390.
Non ancilla tuum jecur ulceret ulla puerve
Intra marmoreum venerandi limen amici,
Ne dominus pueri pulchri caræve puellæ
75 Munere te parvo beet aut incommodus angat.
Qualem commendes, etiam atque etiam adspice, ne mox
Incutiant aliena tibi peccata pudorem.
Fallimur et quondam non dignum tradimus: ergo   *tra.* E. 1. 9. 3.
Quem sua culpa premet, deceptus omitte tueri,
80 Ut penitus notum, si temptent crimina, serves
Tuterisque tuo fidentem præsidio; qui
Dente Theonino cum circumroditur, ecquid   *cir.* S. 1. 4. 81.
Ad te post paulo ventura pericula sentis?
Nam tua res agitur, paries cum proximus ardet,
85 Et neglecta solent incendia sumere vires.
Dulcis inexpertis cultura potentis amici:
Expertus metuit. Tu, dum tua navis in alto est,   *Tu,* A. P. 385.
Hoc age, ne mutata retrorsum te ferat aura.   *hoc a.* S. 2. 3. 152.
Oderunt hilarem tristes tristemque jocosi,
90 Sedatum celeres, agilem navumque remissi;
[Potores bibuli media de nocte Falerni]
Oderunt porrecta negantem pocula, quamvis
Nocturnos jures te formidare vapores.
Deme supercilio nubem; plerumque modestus
95 Occupat obscuri speciem, taciturnus acerbi.
Inter cuncta leges et percontabere doctos,

    69. ? idemst.   87. ? altost.   93. tepores.

	Qua ratione queas traducere leniter ævum;	
ino. C. 3. 16. 28. E. 1. 2. 56. *cup. pav.* E.1.2.51.	Num te semper inops agitet vexetque cupido, Num pavor et rerum mediocriter utilium spes;	
	Virtutem doctrina paret, naturane donet;	100
	Quid minuat curas, quid te tibi reddat amicum;	
luc. S. 2. 5. 82.	Quid pure tranquillet, honos an dulce lucellum,	
fall. E. 1. 17. 10.	An secretum iter et fallentis semita vitæ.	
ref. E. 1. 14. 1.	Me quotiens reficit gélidus Digentia rivus,	
	Quem Mandela bibit, rugosus frigore pagus,	105
	Quid sentire putas? quid credis, amice, precari?	
	Sit mihi, quod nunc est, etiam minus: et mihi vivam	
	Quod superest ævi, si quid superesse volunt di;	
lib. S. 2. 6. 61.	Sit bona librorum et provisæ frugis in annum	
flu. S. 2. 3. 269.	Copia, neu fluitem dubiæ spe pendulus horæ.	110
	Sed satis est orare Jovem quæ donat et aufert;	
æqu. C. 2. 3. 1.	Det vitam, det opes, æquum mi animum ipse parabo.	

XIX.

Cra. S. 1. 4. 1.	Prisco si credis, Mæcenas docte, Cratino,	
	Nulla placere diu nec vivere carmina possunt,	
san. A. P. 296. S. 2. 3. 322. *ads.* C. 2. 19. 4. E. 2. 2. 78.	Quæ scribuntur aquæ potoribus. Ut male sanos Adscripsit Liber Satyris Faunisque poëtas,	
	Vina fere dulces oluerunt mane Camenæ.	5
	Laudibus arguitur vini vinosus Homerus;	
Enn. C. 4. 8. 20.	Ennius ipse pater numquam nisi potus ad arma	
Put. S. 2. 6. 35.	Prosiluit dicenda. Forum Puteal que Libonis	
	Mandabo siccis, adimam cantare severis:	
	Hoc simul edixi, non cessavere poëtæ	10

xviii. 98, 99. ne...ne; non...non.   104. quoties.

EPISTOLARUM LIB. I. xix.

Nocturno certare mero, putere diurno. *cer.* C. 4. 1. 31.
Quid, si quis voltu torvo ferus et pede nudo
Exiguæque togæ simulet textore Catonem, *ex. t.* E. 1. 18. 30.
Virtutemne repræsentet moresque Catonis?
15 Rupit Iarbitam Timagenis æmula lingua,
Dum studet urbanus tenditque disertus haberi.
Decipit exemplar vitiis imitabile; quod si
Pallerem casu, biberent exsangue cuminum.
O imitatores, servum pecus, ut mihi sæpe
20 Bilem, sæpe jocum vestri movere tumultus!
Libera per vacuum posui vestigia princeps, 21. C. 3. 30. 13.
Non aliena meo pressi pede. Qui sibi fidit, 4. 9. 3.
Dux regit examen. Parios ego primus iambos
Ostendi Latio, numeros animosque secutus
25 Archilochi, non res et agentia verba Lycamben. 25. Ep. 6. 13.
Ac ne me foliis ideo brevioribus ornes,
Quod timui mutare modos et carminis artem:
Temperat Archilochi Musam pede mascula Sappho,
Temperat Alcæus, sed rebus et ordine dispar,
30 Nec socerum quærit, quem versibus oblinat atris, *obl.* E. 2. 1. 237.
Nec sponsæ laqueum famoso carmine nectit. *nec,* Ep. 17. 72.
Hunc ego non alio dictum prius ore Latinus
Volgavi fidicen; juvat immemorata ferentem *Vol.* C. 4. 9. 3.
Ingenuis oculisque legi manibusque teneri. *ing.* S. 1. 10. 76.
35 Scire velis, mea cur ingratus opuscula lector
Laudet ametque domi, premat extra limen iniquus? *ex. li.* C. 3. 4. 10.
Non ego ventosæ plebis suffragia venor *suf.* E. 2. 2. 103.
Impensis cenarum et tritæ munere vestis;
Non ego, nobilium scriptorum auditor et ultor,
40 Grammaticas ambire tribus et pulpita dignor:

sp. E. 2. 1. 60.	Hinc illæ lacrimæ. Spissis indigna theatris
A. P. 205.	
nug. S. 1. 9. 2.	Scripta pudet recitare et nugis addere pondus,
	Si dixi : Rides, ait, et Jovis auribus ista
mel. C. 4. 2. 27.	Servas ; fidis enim manare poëtica mella
nar. S. 1. 6. 5.	Te solum, tibi pulcher. Ad hæc ego naribus uti 45
	Formido et, luctantis acuto ne secer ungui,
	Displicet iste locus, clamo, et diludia posco.
	Ludus enim genuit trepidum certamen et iram,
ira, C. 1. 16. 17.	Ira truces inimicitias et funebre bellum.

XX.

	VERTUMNUM Janumque, liber, spectare videris,
Sos. A. P. 345.	Scilicet ut prostes Sosiorum pumice mundus.
	Odisti claves et grata sigilla pudico ;
	Paucis ostendi gemis et communia laudas,
	Non ita nutritus. Fuge, quo descendere gestis : 5
	Non erit emisso reditus tibi. Quid miser egi ?
	Quid volui ? dices, ubi quis te læserit ; et scis
	In breve te cogi, cum plenus languet amator.
	Quod si non odio peccantis desipit augur,
	Carus eris Romæ, donec te deserat ætas ; 10
il. S. 1. 4. 72.	Contrectatus ubi manibus sordescere volgi
	Cœperis, aut tineas pasces taciturnus inertis,
Ile. C. 2. 20. 20.	Aut fugies Uticam aut vinctus mitteris Ilerdam.
	Ridebit monitor non exauditus, ut ille,
	Qui male parentem in rupes protrusit asellum 15
inv. A. P. 467.	Iratus : quis enim invitum servare laboret ?
	Hoc quoque te manet, ut pueros elementa docentem

      XX. 7. ubi quid.   10. deseret.   12. ? tinias...inertes.

EPISTOLARUM LIB. 1. xx.

    Occupet extremis in vicis balba senectus.
    Cum tibi sol tepidus pluris admoverit aures,
20 Me libertino natum patre et in tenui re
    Majores pennas nido extendisse loqueris,
    Ut, quantum generi demas, virtutibus addas:
    Me primis Urbis belli placuisse domique;
    Corporis exigui, praecanum, solibus aptum,
25 Irasci celerem, tamen ut placabilis essem.
    Forte meum si quis te percontabitur aevum,
    Me quater undenos sciat implevisse Decembris,
    Collegam Lepidum quo duxit Lollius anno.

    19. plures.   27. Decembres.

lib. S. 1. 6. 6;
    45.

23. S. 2. 1. 76.
   E. 1. 17. 35.
exi. S. 2. 3. 309.

Q. HORATI FLACCI EPISTOLAE.

LIBER SECUNDUS.

I.

	Cum tot sustineas et tanta negotia solus,	
mor. C. 3. 24. 35.	Res Italas armis tuteris, moribus ornes,	
	Legibus emendes, in publica commoda peccem,	
	Si longo sermone morer tua tempora, Caesar.	
	Romulus et Liber pater et cum Castore Pollux,	5
	Post ingentia facta deorum in templa recepti,	
	Dum terras hominumque colunt genus, aspera bella	
	Componunt, agros assignant, oppida condunt,	
	Ploravere suis non respondere favorem	
hyd. C. 4. 4. 61.	Speratum meritis. Diram qui contudit hydram	10
	Notaque fatali portenta labore subegit,	
12. C. 3. 24. 32.	Comperit invidiam supremo fine domari,	
	Urit enim fulgore suo, qui praegravat artes	
	Infra se positas; exstinctus amabitur idem.	
prae. C. 3. 5. 2.	Praesenti tibi maturos largimur honores	15
	Jurandasque tuum per nomen ponimus aras,	
17. C. 4. 2. 37.	Nil oriturum alias, nil ortum tale fatentes.	

16. numen.

Sed tuus hic populus, sapiens et justus in uno,
Te nostris ducibus, te Grais anteferendo,
20 Cetera nequaquam simili ratione modoque
Æstimat et, nisi quæ terris semota suisque
Temporibus defuncta videt, fastidit et odit,
Sic fautor veterum, ut tabulas peccare vetantis,
Quas bis quinque viri sanxerunt, fœdera regum
25 Vel Gabiis vel cum rigidis æquata Sabinis,
Pontificum libros, annosa volumina vatum
Dictitet Albano Musas in monte locutas.
Si, quia Græcorum sunt antiquissima quæque
Scripta vel optima, Romani pensantur eadem
30 Scriptores trutina, non est quod multa loquamur: *tru.* S. 1. 3. 72.
Nil intra est oleam, nil extra est in nuce duri;
Venimus ad summum fortunæ, pingimus atque
Psallimus et luctamur Achivis doctius unctis.
Si meliora dies, ut vina, poëmata reddit,
35 Scire velim, chartis pretium quotus arroget annus. *arr.* C. 4. 14. 40.
Scriptor, abhinc annos centum qui decidit, inter *dec.* C. 4. 7. 14.
Perfectos veteresque referri debet, an inter
Viles atque novos? Excludat jurgia finis.
Est vetus atque probus, centum qui perficit annos.
40 Quid, qui deperiit minor uno mense vel anno,
Inter quos referendus erit? veteresne poëtas,
An quos et præsens et postera respuat ætas?
Iste quidem veteres inter ponetur honeste,
Qui vel mense brevi vel toto est junior anno.
45 Utor permisso caudæque pilos ut equinæ
Paulatim vello et demo unum, demo et item unum,

23. vetantes. 31. ? intrast...extrast. 44. ? totost.

	Dum cadat elusus ratione ruentis acervi,	
	Qui redit in fastos et virtutem æstimat annis	
Lib. S. 2. 6. 19.	Miraturque nihil, nisi quod Libitina sacravit.	
Enn. S. 1. 10. 54.	Ennius et sapiens et fortis et alter Homerus,	50
E. 1. 19. 7.	Ut critici dicunt, leviter curare videtur,	
pro. A. P. 138.	Quo promissa cadant et somnia Pythagorea.	
	Nævius in manibus non est et mentibus hæret	
rec. C. 3. 30. 8.	Pæne recens? Adeo sanctum est vetus omne poëma.	
	Ambigitur quotiens uter utro sit prior, aufert	55
sen. S. 2. 1. 34.	Pacuvius docti famam senis, Accius alti,	
	Dicitur Afrani toga convenisse Menandro,	
	Plautus ad exemplar Siculi properare Epicharmi,	
	Vincere Cæcilius gravitate, Terentius arte.	
60. E. 1. 19. 41.	Hos ediscit et hos arto stipata theatro	60
	Spectat Roma potens; habet hos numeratque poëtas	
	Ad nostrum tempus Livi scriptoris ab ævo.	
	Interdum volgus rectum videt, est ubi peccat.	
	Si veteres ita miratur laudatque poëtas,	
	Ut nihil anteferat, nihil illis comparet; errat:	65
dur. S. 1. 4. 8.	Si quædam nimis antique, si pleraque dure	
	Dicere credit eos, ignave multa fatetur,	
fac. E. 2. 2. 23.	Et sapit et mecum facit et Jove judicat æquo.	
	Non equidem insector delendaque carmina Livi	
	Esse reor, memini quæ plagosum mihi parvo	70
dic. E. 1. 18. 13.	Orbilium dictare; sed emendata videri	
E. 1. 10. 75.	Pulchraque et exactis minimum distantia miror;	
	Inter quæ verbum emicuit si forte decorum et	
	Si versus paulo concinnior unus et alter,	
	Injuste totum ducit venditque poëma.	75

55. quoties.   56. Attius.

EPISTOLARUM LIB. II. i.

Indignor quicquam reprehendi, non quia crasse
Compositum illepideve putetur, sed quia nuper;   *ill.* A. P. 273.
Nec veniam antiquis, sed honorem et præmia posci.
Recte necne crocum floresque perambulet Attæ
80 Fabula si dubitem, clament periisse pudorem
Cuncti pæne patres, ea cum reprehendere coner,
Quæ gravis Æsopus, quæ doctus Roscius egit:
Vel quia nil rectum, nisi quod placuit sibi, ducunt,
Vel quia turpe putant parere minoribus et, quæ
85 Imberbi didicere, senes perdenda fateri.   *Imb.* A. P. 161
Jam Saliare Numæ carmen qui laudat et illud,
Quod mecum ignorat, solus volt scire videri,
Ingeniis non ille favet plauditque sepultis,
Nostra sed impugnat, nos nostraque lividus odit.   *n. et n.* A. P. 63.
90 Quod si tam Græcis novitas invisa fuisset
Quam nobis, quid nunc esset vetus? aut quid haberet,
Quod legeret tereretque viritim publicus usus?
Ut primum positis nugari Græcia bellis   *nug.* E. 1. 19. 42.
         S. 1. 9. 2.
Cœpit et in vitium fortuna labier æqua,   *lab.* E. 1. 1. 18.
95 Nunc athletarum studiis, nunc arsit equorum,
Marmoris aut eboris fabros aut æris amavit,   96. E. 1. 6. 17.
Suspendit picta vultum mentemque tabella,   97. S. 2. 7. 95.
Nunc tibicinibus, nunc est gavisa tragœdis;
Sub nutrice puella velut si luderet infans,
100 Quod cupide petiit, mature plena reliquit.
Quid placet aut odio est, quod non mutabile credas?
Hoc paces habuere bonæ ventique secundi.
Romæ dulce diu fuit et sollemne reclusa
Mane domo vigilare, clienti promere jura,   104. S. 1. 1. 10.

76. reprendi.   85. Imberbes.   101. ? odiost.

nom. S. 1. 2. 16.	Cautos nominibus rectis expendere nummos,	105
	Majores audire, minori dicere, per quæ	
dam. E. 1. 18. 21.	Crescere res posset, minui damnosa libido.	
cal. S. 2. 3. 80.	Mutavit mentem populus levis et calet uno	
	Scribendi studio; pueri patresque severi	
	Fronde comas vincti cenant et carmina dictant.	110
	Ipse ego, qui nullos me affirmo scribere versus,	
	Invenior Parthis mendacior et prius orto	
scr. S. 1. 1. 120.	Sole vigil calamum et chartas et scrinia posco.	
114. A. P. 379.	Navim agere ignarus navis timet; abrotonum ægro	
	Non audet, nisi qui didicit, dare; quod medicorum est	
	Promittunt medici; tractant fabrilia fabri :	116
	Scribimus indocti doctique poëmata passim.	
	Hic error tamen et levis hæc insania quantas	
col. S. 2. 1. 51.	Virtutes habeat, sic collige: vatis avarus	
	Non temere est animus; versus amat, hoc studet unum;	
	Detrimenta, fugas servorum, incendia ridet;	121
soc. C. 3. 24. 60.	Non fraudem socio puerove incogitat ullam	
	Pupillo; vivit siliquis et pane secundo;	
	Militiæ quamquam piger et malus, utilis urbi,	
	Si das hoc, parvis quoque rebus magna juvari.	125
	Os tenerum pueri balbumque poëta figurat,	
	Torquet ab obscenis jam nunc sermonibus aurem,	
128. A. P. 404.	Mox etiam pectus præceptis format amicis,	
	Asperitatis et invidiæ corrector et iræ;	
	Recte facta refert, orientia tempora notis	130
	Instruit exemplis, inopem solatur et ægrum.	
132. C. 4. 6. 31.	Castis cum pueris ignara puella mariti	

   114. navem; habrotonum. 115. ? medicorumst.
    120. ? temerest. 124. urbi est.

Disceret unde preces, vatem ni Musa dedisset?
Poscit opem chorus et praesentia numina sentit, *præ.* C. 1. 35. 2.
135 Caelestes implorat aquas docta prece blandus,
Avertit morbos, metuenda pericula pellit,
Impetrat et pacem et locupletem frugibus annum.
Carmine di superi placantur, carmine Manes.
Agricolae prisci, fortes parvoque beati, 139. S. 2. 2. 105.
140 Condita post frumenta levantes tempore festo
Corpus et ipsum animum spe finis dura ferentem,
Cum sociis operum, pueris et conjuge fida,
Tellurem porco, Silvanum lacte piabant, *Sil.* Ep. 2. 22.
Floribus et vino Genium memorem brevis ævi. *Gen.* E. 2. 2. 187.
145 Fescennina per hunc inventa licentia morem
Versibus alternis opprobria rustica fudit,
Libertasque recurrentes accepta per annos
Lusit amabiliter, donec jam saevus apertam
In rabiem coepit verti jocus et per honestas
150 Ire domos impune minax. Doluere cruento
Dente lacessiti; fuit intactis quoque cura *int.* S. 2. 1. 23.
Condicione super communi; quin etiam lex *lex,* S. 2. 1. 82.
Poenaque lata, malo quae nollet carmine quemquam A. P. 282.
Describi; vertere modum, formidine fustis
155 Ad bene dicendum delectandumque redacti.
Graecia capta ferum victorem cepit et artes
Intulit agresti Latio; sic horridus ille
Defluxit numerus Saturnius, et grave virus
Munditiae pepulere; sed in longum tamen aevum
160 Manserunt hodieque manent vestigia ruris.
Serus enim Graecis admovit acumina chartis,
Et post Punica bella quietus quaerere coepit,

The. A. P. 276.	Quid Sophocles et Thespis et Æschylus utile ferrent.
	Temptavit quoque rem, si digne vertere posset.
ac. S. 1. 10. 43.	Et placuit sibi, natura sublimis et acer; 165
spi. C. 4. 3. 24.	Nam spirat tragicum satis et feliciter audet,
lit. A. P. 293.	Sed turpem putat inscite metuitque lituram.
	Creditur, ex medio quia res arcessit, habere
	Sudoris minimum, sed habet comœdia tanto
	Plus oneris, quanto veniæ minus. Adspice, Plautus 170
	Quo pacto partes tutetur amantis ephebi,
att. E. 1. 7. 91.	Ut patris attenti, lenonis ut insidiosi:
	Quantus sit Dossennus edacibus in parasitis,
soc. A. P. 80.	Quam non adstricto percurrat pulpita socco;
	Gestit enim nummum in loculos demittere, post hoc 175
	Securus, cadat an recto stet fabula talo.
ven. E. 1. 19. 37.	Quem tulit ad scenam ventoso Gloria curru,
cur. S. 1. 6. 23.	Exanimat lentus spectator, sedulus inflat:
	Sic leve, sic parvum est, animum quod laudis avarum
	Subruit aut reficit. Valeat res ludicra, si me 180
	Palma negata macrum, donata reducit opimum.
	Sæpe etiam audacem fugat hoc terretque poëtam,
	Quod numero plures, virtute et honore minores,
	Indocti stolidique et depugnare parati,
	Si discordet eques, media inter carmina poscunt 185
pla. C. 1. 20. 4.	Aut ursum aut pugiles; his nam plebecula plaudit.
A. P. 155.	Verum equitis quoque jam migravit ab aure voluptas
	Omnis ad incertos oculos et gaudia vana.
	Quattuor aut plures aulæa premuntur in horas,
	Dum fugiunt equitum turmæ peditumque catervæ; 190
ret. C. 3. 5. 22.	Mox trahitur manibus regum fortuna retortis,

178. instat.   179. ? parvumst.   180. ac.   186. gaudet.

EPISTOLARUM LIB. II. i.

Esseda festinant, pilenta, petorrita, naves,   *pet.* S. 1. 6. 104.
Captivum portatur ebur, captiva Corinthus.
Si foret in terris, rideret Democritus, seu   *Dem.* E. 1. 12. 12.
195 Diversum confusa genus panthera camelo,
Sive elephas albus volgi converteret ora;
Spectaret populum ludis attentius ipsis,
Ut sibi praebentem mimo spectacula plura;
Scriptores autem narrare putaret asello
200 Fabellam surdo. Nam quae pervincere voces
Evaluere sonum, referunt quem nostra theatra?
Garganum mugire putes nemus aut mare Tuscum,   *Gar.* C. 2. 9. 7.
Tanto cum strepitu ludi spectantur et artes   *art.* C. 4. 8. 5.
Divitiaeque peregrinae, quibus oblitus actor   *obl.* C. 4. 9. 14.
205 Cum stetit in scena, concurrit dextera laevae.
Dixit adhuc aliquid? Nil sane. Quid placet ergo?
Lana Tarentino violas imitata veneno.   207. C. 3. 5. 28.
Ac ne forte putes me, quae facere ipse recusem,   *ac f.* E. 1. 1. 13.
Cum recte tractent alii, laudare maligne:
210 Ille per extentum funem mihi posse videtur
Ire poëta, meum qui pectus inaniter angit,
Irritat, mulcet, falsis terroribus implet,
Ut magus, et modo me Thebis, modo ponit Athenis.
Verum age et his, qui se lectori credere malunt
215 Quam spectatoris fastidia ferre superbi,   *fas.* S. 2. 6. 86.
Curam redde brevem, si munus Apolline dignum   *Apo.* E. 1. 3. 17.
Vis complere libris et vatibus addere calcar,   C. 1. 31.
Ut studio majore petant Helicona virentem.
Multa quidem nobis facimus mala saepe poëtae,
220 Ut vineta egomet caedam mea, cum tibi librum
Sollicito damus aut fesso; cum laedimur, unum   221. E. 1. 13. 3.
                                                                 S. 2. 1. 18.

278   Q. HORATI FLACCI

                 Si quis amicorum est ausus reprehendere versum ;
                 Cum loca jam recitata revolvimus irrevocati;
                 Cum lamentamur non apparere labores
ded. S. 2. 1. 4.   Nostros et tenui deducta poëmata filo ;   225
                 Cum speramus eo rem venturam, ut simul atque
                 Carmina rescieris nos fingere, commodus ultro
                 Arcessas et egere vetes et scribere cogas.
op. pr. S. 2. 4. 63.   Sed tamen est operæ pretium cognoscere, quales
                 Ædituos habeat belli spectata domique   230
                 Virtus indigno non committenda poëtæ.
                 Gratus Alexandro regi magno fuit ille
Chœ. A. P. 357.   Chœrilus, incultis qui versibus et male natis
                 Rettulit acceptos, regale nomisma, Philippos.
                 Sed veluti tractata notam labemque remittunt   235
                 Atramenta, fere scriptores carmine fœdo
lin. E. 1. 19. 30.   Splendida facta linunt.   Idem rex ille, poëma
                 Qui tam ridiculum tam care prodigus emit,
                 Edicto vetuit, ne quis se præter Apellen
ali. E. 1. 16. 20.   Pingeret, aut alius Lysippo duceret æra   240
                 Fortis Alexandri vultum simulantia.   Quod si
                 Judicium subtile videndis artibus illud
                 Ad libros et ad hæc Musarum dona vocares,
                 Bœotum in crasso jurares aëre natum.
                 At neque dedecorant tua de se judicia atque   245
246. E. 1. 7. 24.   Munera, quæ multa dantis cum laude tulerunt
247. S. 1. 5. 40 ;
      10. 44.   Dilecti tibi Virgilius Variusque poëtæ;
248. C. 4. 8. 13.   Nec magis expressi voltus per aënea signa,
                 Quam per vatis opus mores animique virorum
                 Clarorum apparent.   Nec sermones ego mallem   250

         222. ? amicorumst.   239. Apellem.   247. Vergilius, *b*.

EPISTOLARUM LIB. II. ii.

    Repentes per humum quam res componere gestas,   *rep.* C. 2. 12. 9.
    Terrarumque situs et flumina dicere et arces   S. 2. 6. 17.
    Montibus impositas et barbara regna tuisque   A. P. 95.
    Auspiciis totum confecta duella per orbem   *aus.* C. 4. 14. 33.
255 Claustraque custodem pacis cohibentia Janum   *Jan.* C. 4. 15. 9.
    Et formidatam Parthis, te principe, Romam,   *pri.* C. 1. 2. 50.
    Si quantum cuperem, possem quoque; sed neque
        parvum
    Carmen majestas recipit tua nec meus audet   258. C. 1. 6. 9.
    Rem temptare pudor, quam vires ferre recusent.   S. 2. 1. 12.
260 Sedulitas autem stulte, quem diligit, urget,
    Præcipue cum se numeris commendat et arte:
    Discit enim citius meminitque libentius illud,
    Quod quis deridet, quam quod probat et veneratur.
    Nil moror officium, quod me gravat, ac neque ficto
265 In pejus voltu proponi cereus usquam,
    Nec prave factis decorari versibus opto,
    Ne rubeam pingui donatus munere, et una   *pin.* S. 1. 3. 58.
    Cum scriptore meo capsa porrectus aperta
    Deferar in vicum vendentem thus et odores
270 Et piper et quidquid chartis amicitur ineptis.

II.

    FLORE, bono claroque fidelis amice Neroni,   1. E. 1. 3. 1.
    Si quis forte velit puerum tibi vendere natum
    Tibure vel Gabiis et tecum sic agat: Hic et
    Candidus et talos a vertice pulther ad imos
  5 Fiet eritque tuus nummorum milibus octo,   5. S. 2. 7. 43.

280 Q. HORATI FLACCI

    Verna ministeriis ad nutus aptus eriles,
    Litterulis Græcis imbutus, idoneus arti
    Cuilibet; argilla quidvis imitaberis uda;
    Quin etiam canet indoctum, sed dulce bibenti.
    Multa fidem promissa levant, ubi plenius æquo   10
    Laudat venales, qui volt extrudere, merces.
    Res urget me nulla; meo sum pauper in ære.
tem. E. 2. 1. 120. Nemo hoc mangonum faceret tibi; non temere a me
ces. S. 2. 7. 100. Quivis ferret idem. Semel hic cessavit et, ut fit,
    In scalis latuit metuens pendentis habenæ:—   15
    Des nummos, excepta nihil te si fuga lædit;
    Ille ferat pretium poenæ securus, opinor.
pru. A. P. 462. Prudens emisti vitiosum, dicta tibi est lex:
    Insequeris tamen hunc et lite moraris iniqua.
    Dixi me pigrum proficiscenti tibi, dixi   20
    Talibus officiis prope mancum, ne mea sævus
    Jurgares ad te quod epistola nulla rediret.
    Quid tum profeci, mecum facientia jura
    Si tamen adtemptas? Quereris super hoc etiam, quod
    Exspectata tibi non mittam carmina mendax.   25
Luc. E. 1. 6. 40. Luculli miles collecta viatica multis
    Ærumnis, lassus dum noctu stertit, ad assem
    Perdiderat; post hoc vehemens lupus et sibi et hosti
    Iratus pariter, jejunis dentibus acer,
    Præsidium regale loco dejecit, ut aiunt,   30
    Summe munito et multarum divite rerum.
    Clarus ob id factum donis ornatur honestis;
    Accipit et bis dena super sestertia nummum.

   6. heriles.   8. imitabitur, κ.   16. lædat.   18. tibi...lex; ? tibist.
    22. veniret.   24. attentas.   28. ? vemens.

Forte sub hoc tempus castellum evertere prætor
35 Nescio quod cupiens hortari cœpit eundem
Verbis, quæ timido quoque possent addere mentem:
I, bone, quo virtus tua te vocat, i pede fausto,
Grandia laturus meritorum præmia. Quid stas?
Post hæc ille catus quantumvis rusticus: Ibit,
40 Ibit eo, quo vis, qui zonam perdidit, inquit.
Romæ nutriri mihi contigit atque doceri   41. S. 1. 6. 76.
Iratus Grais quantum nocuisset Achilles.   42. C. 1. 15. 34.
Adjecere bonæ paulo plus artis Athenæ,
Scilicet ut vellem curvo dinoscere rectum
45 Atque inter silvas Academi quærere verum.
Dura sed emovere loco me tempora grato,
Civilisque rudem belli tulit æstus in arma   47. C. 2. 7. 15.
Cæsaris Augusti non responsura lacertis.
Unde simul primum me dimisere Philippi
50 Decisis humilem pennis inopemque paterni
Et laris et fundi, paupertas impulit audax
Ut versus facerem; sed, quod non desit, habentem   *des.* S. 2. 3. 123.
Quæ poterunt umquam satis expurgare cicutæ,
Ni melius dormire putem quam scribere versus?   *dor.* S. 2. 1. 7.
55 Singula de nobis anni prædantur euntes;
Eripuere jocos, Venerem, convivia, ludum;   56. E. 1. 7. 25.
Tendunt extorquere poëmata; quid faciam vis?
Denique non omnes eadem mirantur amantque:
Carmine tu gaudes, hic delectatur ïambis,   *iam.* E. 1. 19. 23.
60 Ille Bioneis sermonibus et sale nigro.   *sal.* S. 1. 10. 3.
Tres mihi convivæ prope dissentire videntur,   *nig.* S. 1. 4. 85–91.
Poscentes vario multum diversa palato.

            42. Graiis.

	Quid dem? quid non dem? renuis tu, quod jubet alter;	
	Quod petis, id sane est invisum acidumque duobus.	
Ro. E. 1. 14. 17.	Præter cetera, me Romæne poëmata censes	65
	Scribere posse inter tot curas totque labores?	
spo. S. 2. 6. 23.	Hic sponsum vocat, hic auditum scripta relictis	
cub. S. 1. 9. 18.	Omnibus officiis; cubat hic in colle Quirini,	
2. 3. 289.	Hic extremo in Aventino, visendus uterque;	
	Intervalla vides humane commoda. Verum	70
	Puræ sunt plateæ, nihil ut meditantibus obstet.	
red. C. 3. 1. 35.	Festinat calidus mulis gerulisque redemptor,	
	Torquet nunc lapidem, nunc ingens machina tignum,	
74. S. 1. 6. 42.	Tristia robustis luctantur funera plaustris,	
	Hac rabiosa fugit canis, hac lutulenta ruit sus:	75
	I nunc et versus tecum meditare canoros.	
	Scriptorum chorus omnis amat nemus et fugit urbem,	
78. C. 3. 25. 1.	Rite cliens Bacchi somno gaudentis et umbra:	
4. 3. 11.	Tu me inter strepitus nocturnos atque diurnos	
	Vis canere et contracta sequi vestigia vatum?	80
	Ingenium, sibi quod vacuas desumpsit Athenas,	
	Et studiis annos septem dedit insenuitque	
	Libris et curis, statua taciturnius exit	
	Plerumque et risu populum quatit; hic ego rerum	
flu. E. 1. 1. 16.	Fluctibus in mediis et tempestatibus urbis	85
	Verba lyræ motura sonum conectere digner?	
	Frater erat Romæ consulti rhetor, ut alter	
hon. C. 1. 26. 10.	Alterius sermone meros audiret honores,	
	Gracchus ut hic illi, foret huic ut Mucius ille.	
	Qui minus argutos vexat furor iste poëtas?	90
	Carmina compono, hic elegos. 'Mirabile visu	

64. ? sanest.   80. contacta.

EPISTOLARUM LIB. II. ii.

  Caelatumque novem Musis opus!' Adspice primum,
  Quanto cum fastu quanto molimine circum-
  Spectemus vacuam Romanis vatibus aedem;   94. E. 2. 1. 216.
95 Mox etiam, si forte vacas, sequere et procul audi,
  Quid ferat et quare sibi nectat uterque coronam.
  Caedimur et totidem plagis consumimus hostem
  Lento Samnites ad lumina prima duello.   *lum.* S. 2. 7. 33.
  Discedo Alcaeus puncto illius; ille meo quis?
100 Quis nisi Callimachus? Si plus adposcere visus,
  Fit Mimnermus et optivo cognomine crescit.
  Multa fero, ut placem genus irritabile vatum,
  Cum scribo et supplex populi suffragia capto,   *suf.* E. 1. 19. 37.
  Idem, finitis studiis et mente recepta,
105 Obturem patulas impune legentibus aures.   *pat.* E. 1. 18. 70.
  Ridentur mala qui componunt carmina; verum
  Gaudent scribentes et se venerantur et ultro,   107. A. P. 444.
  Si taceas, laudant quidquid scripsere beati.
  At qui legitimum cupiet fecisse poëma,
110 Cum tabulis animum censoris sumet honesti;
  Audebit, quaecumque parum splendoris habebunt
  Et sine pondere erunt et honore indigna ferentur,
  Verba movere loco, quamvis invita recedant
  Et versentur adhuc intra penetralia Vestae.
115 Obscurata diu populo bonus eruet atque
  Proferet in lucem speciosa vocabula rerum,   *sp.* A.P.144-309.
  Quae priscis memorata Catonibus atque Cethegis   *C. C.* A. P. 50. 56.
  Nunc situs informis premit et deserta vetustas;
  Adsciscet nova, quae genitor produxerit usus.   *usu.* A. P. 71.
120 Vehemens et liquidus puroque simillimus amni

  112. feruntur.   120. ? vemens.

284 Q. HORATI FLACCI

    Fundet opes Latiumque beabit divite lingua ;
    Luxuriantia compescet, nimis aspera sano
    Levabit cultu, virtute carentia tollet,
    Ludentis speciem dabit et torquebitur, ut qui
125. S. 1. 5. 63. Nunc Satyrum, nunc agrestem Cyclopa movetur.   125
ine. A. P. 445. Praetulerim scriptor delirus inersque videri,
    Dum mea delectent mala me vel denique fallant,
    Quam sapere et ringi. Fuit haud ignobilis Argis,
    Qui se credebat miros audire tragoedos,
pla. A. P. 154. In vacuo laetus sessor plausorque theatro ;   130
    Cetera qui vitae servaret munia recto
    More, bonus sane vicinus, amabilis hospes,
133. S. 2. 2. 68. Comis in uxorem, posset qui ignoscere servis
    Et signo laeso non insanire lagenae,
135. A. P. 459. Posset qui rupem et puteum vitare patentem.   135
    Hic ubi cognatorum opibus curisque refectus
ell. S. 2. 3. 82. Expulit elleboro morbum bilemque meraco
    Et redit ad sese : Pol me occidistis, amici,
    Non servastis, ait, cui sic extorta voluptas
    Et demptus per vim mentis gratissimus error.   140
nug. E. 1. 1. 10. Nimirum sapere est abjectis utile nugis
    Et tempestivum pueris concedere ludum,
    Ac non verba sequi fidibus modulanda Latinis,
nu. m. E. 1. 18. 59. Sed verae numerosque modosque ediscere vitae.
    Quocirca mecum loquor haec tacitusque recordor : 145
146. C. 2. 2. 13. Si tibi nulla sitim finiret copia lymphae,
par. C. 1. 31. 17. Narrares medicis ; quod, quanto plura parasti,
    Tanto plura cupis, nulline faterier audes ?
    Si volnus tibi monstrata radice vel herba

    137. helleboro.   141. ? saperest.

EPISTOLARUM LIB. II. ii.

150 Non fieret levius, fugeres radice vel herba
Proficiente nihil curarier. Audieras, cui
Rem di donarent, illi decedere pravam
Stultitiam; et, cum sis nihilo sapientior, ex quo
Plenior es, tamen uteris monitoribus isdem?
155 At si divitiae prudentem reddere possent,
Si cupidum timidumque minus te, nempe ruberes,
Viveret in terris te si quis avarior uno.
Si proprium est, quod quis libra mercatur et aere; *pro.* S. 2. 2. 129.
Quaedam, si credis consultis, mancipat usus:
160 Qui te pascit ager, tuus est, et vilicus Orbi, *vil.* E. 1. 14. 1.
Cum segetes occat tibi mox frumenta daturas,
Te dominum sentit. Das nummos, accipis uvam,
Pullos, ova, cadum temeti: nempe modo isto
Paulatim mercaris agrum fortasse trecentis
165 Aut etiam supra nummorum milibus emptum.
Quid refert, vivas numerato nuper an olim?
Emptor Aricini quondam Veientis et arvi
Emptum cenat olus, quamvis aliter putat; emptis
Sub noctem gelidam lignis calefactat aënum;
170 Sed vocat usque suum, qua populus adsita certis
Limitibus vicina refugit jurgia; tamquam *li.* C. 2. 18. 25.
Sit proprium quicquam, puncto quod mobilis horae
Nunc prece, nunc pretio, nunc vi, nunc morte suprema
Permutet dominos et cedat in altera jura.
175 Sic quia perpetuus nulli datur usus, et heres
Heredem alterius velut unda supervenit undam,
Quid vici prosunt aut horrea? quidve Calabris *Cal.* Ep. 1. 27.

158. ? propriumst...mercatus et aere est.
163. modo sto, (*Lachm.*) 173. sorte.

	Saltibus adjecti Lucani, si metit Orcus	
179. C. 1. 4. 13.	Grandia cum parvis, non exorabilis auro?	
2. 3. 21; 14. 9.	Gemmas, marmor, ebur, Tyrrhena sigilla, tabellas,	180
mur. C. 2. 16. 35.	Argentum, vestes Gætulo murice tinctas,	
	Sunt qui non habeant, est qui non curat habere.	
ces. E. 1. 7. 57.	Cur alter fratrum cessare et ludere et ungi	
	Præferat Herodis palmetis pinguibus, alter	
	Dives et importunus ad umbram lucis ab ortu	185
mit. C. 1. 18. 2. E. 1. 2. 45.	Silvestrem flammis et ferro mitiget agrum,	
Gen. C. 3. 17. 14. E. 2. 1. 144.	Scit Genius, natale comes qui temperat astrum,	
	Naturæ deus humanæ, mortalis in unum	
	Quodque caput, voltu mutabilis, albus et ater.	
190. S. 1. 1. 51.	Utar et ex modico, quantum res poscet, acervo	190
her. E. 1. 5. 13.	Tollam, nec metuam, quid de me judicet heres,	
	Quod non plura datis invenerit; et tamen idem	
	Scire volam, quantum simplex hilarisque nepoti	
194. S. 1. 1. 104.	Discrepet, et quantum discordet parcus avaro.	
	Distat enim, spargas tua prodigus, an neque sumptum	
	Invitus facias neque plura parare labores,	196
	Ac potius, puer ut festis Quinquatribus olim,	
198. C. 3. 8. 27; 29. 32.	Exiguo gratoque fruaris tempore raptim.	
	Pauperies immunda *domus* procul absit: ego, utrum	
	Nave ferar magna an parva, ferar unus et idem.	200
201. C. 2. 10. 23.	Non agimur tumidis velis aquilone secundo;	
	Non tamen adversis ætatem ducimus austris,	
spe. E. 1. 6. 49.	Viribus, ingenio, specie, virtute, loco, re	
	Extremi primorum, extremis usque priores.	
205. S. 2. 3. 159.	Non es avarus: abi; quid, cetera jam simul isto	205
	Cum vitio fugere? Caret tibi pectus inani	
	Ambitione? Caret mortis formidine et ira?	

EPISTOLARUM LIB. II. ii.

    Somnia, terrores magicos, miracula, sagas,
    Nocturnos lemures portentaque Thessala rides?   *The.* C. 1. 27. 21.
210 Natales grate numeras? Ignoscis amicis?
    Lenior et melior fis accedente senecta?
    Quid te exempta levat spinis de pluribus una?   *spi.* E. 1. 14. 4.
    Vivere si recte nescis, decede peritis.
    Lusisti satis, edisti satis atque bibisti: 214. S. 1. 1. 119.
215 Tempus abire tibi est, ne potum largius æquo
    Rideat, et pulset lasciva decentius ætas.   216. C. 3. 15. 8.

    212. juvat.   215. ? tibist.

EPISTOLA AD PISONES,

SIVE

DE ARTE POETICA LIBER.

tur. E. 1. 3. 22.

HUMANO capiti cervicem pictor equinam
Jungere si velit et varias inducere plumas
Undique collatis membris, ut turpiter atrum
Desinat in piscem mulier formosa superne,
Spectatum admissi risum teneatis, amici?   5
Credite, Pisones, isti tabulæ fore librum
Persimilem, cujus velut ægri somnia vanæ
Fingentur species, ut nec pes nec caput uni
Reddatur formæ. Pictoribus atque poëtis
Quidlibet audendi semper fuit æqua potestas.   10
Scimus et hanc veniam petimusque damusque vicissim,
Sed non ut placidis coëant immitia, non ut
Serpentes avibus geminentur, tigribus agni.
Inceptis gravibus plerumque et magna professis
Purpureus, late qui splendeat, unus et alter   15
Assuitur pannus, cum lucus et ara Dianæ
Et properantis aquæ per amœnos ambitus agros,

Rhe. C. 4. 4. 38. Aut flumen Rhenum aut pluvius describitur arcus;

Sed nunc non erat his locus. Et fortasse cupressum
20 Scis simulare: quid hoc, si fractis enatat exspes
Navibus, ære dato qui pingitur? Amphora cœpit
Institui; currente rota cur urceus exit?
Denique sit quidvis simplex dumtaxat et unum.
Maxima pars vatum, pater et juvenes patre digni,
25 Decipimur specie recti: brevis esse laboro,
Obscurus fio; sectantem levia nervi   *ner.* S. 2. 1. 2.
Deficiunt animique; professus grandia turget;
Serpit humi tutus nimium timidusque procellæ;
Qui variare cupit rem prodigialiter unam,
30 Delphinum silvis appingit, fluctibus aprum.
In vitium ducit culpæ fuga, si caret arte.   31. S. 1. 2. 24.
Æmilium circa ludum faber unus et ungues   *unu.* S. 2. 3. 24.
Exprimet, et mollis imitabitur ære capillos,
Infelix operis summa, quia ponere totum   *pon.* C. 4. 8. 8.
35 Nesciet. Hunc ego me, si quid componere curem,
Non magis esse velim quam naso vivere pravo,
Spectandum nigris oculis nigroque capillo.   37. C. 1. 32. 11.
Sumite materiam vestris, qui scribitis, æquam
Viribus et versate diu, quid ferre recusent,   *rec.* E. 2. 1. 259.
40 Quid valeant humeri. Cui lecta potenter erit res,
Nec facundia deseret hunc nec lucidus ordo.
Ordinis hæc virtus erit et venus, aut ego fallor,
Ut jam nunc dicat jam nunc debentia dici,
Pleraque differat et præsens in tempus omittat;
45 Hoc amet, hoc spernat promissi carminis auctor.   *pro.* Ep. 14. 7.
In verbis etiam tenuis cautusque serendis,   S. 2. 3. 6.
Dixeris egregie, notum si callida verbum

   23. quodvis; quod vis.   32. imus.   33. molles.

	Reddiderit junctura novum. Si forte necesse est	
	Indiciis monstrare recentibus abdita rerum,	
Cet. E. 2. 2. 117.	Fingere cinctutis non exaudita Cethegis	50
	Continget, dabiturque licentia sumpta pudenter;	
	Et nova fictaque nuper habebunt verba fidem, si	
	Græco fonte cadent, parce detorta. Quid autem	
	Cæcilio Plautoque dabit Romanus ademptum	
	Virgilio Varioque? Ego cur, acquirere pauca	55
	Si possum, invideor, cum lingua Catonis et Enni	
	Sermonem patrium ditaverit et nova rerum	
	Nomina protulerit? Licuit semperque licebit	
	Signatum præsente nota producere nomen.	
pro. C. 4. 6. 39.	Ut silvæ foliis pronos mutantur in annos,	60
	Prima cadunt; ita verborum vetus interit ætas,	
	Et juvenum ritu florent modo nata vigentque.	
6}. E. 2. 2. 179.	Debemur morti nos nostraque; sive receptus	
	Terra Neptunus classes aquilonibus arcet,	
reg. C. 2. 15. 1. E. 1. 7. 44.	Regis opus, sterilisve diu palus aptaque remis	65
	Vicinas urbes alit et grave sentit aratrum,	
	Seu cursum mutavit iniquum frugibus amnis	
doc. E. 1. 14. 30.	Doctus iter melius, mortalia facta peribunt,	
	Nedum sermonum stet honos et gratia vivax.	
	Multa renascentur, quæ jam cecidere, cadentque	70
usu. E. 2. 2. 119.	Quæ nunc sunt in honore vocabula, si volet usus,	
	Quem penes arbitrium est et jus et norma loquendi.	
	Res gestæ regumque ducumque et tristia bella	
	Quo scribi possent numero, monstravit Homerus.	
	Versibus impariter junctis querimonia primum,	75
	Post etiam inclusa est voti sententia compos.	

48. ? necessest. 59. procudere. 72. ? arbitriumst. 76. ? inclusast.

ARS POETICA.

Quis tamen exiguos elegos emiserit auctor,
Grammatici certant et adhuc sub judice lis est.
Archilochum proprio rabies armavit ïambo;
80 Hunc socci cepere pedem grandesque cothurni,
Alternis aptum sermonibus et popularis
Vincentem strepitus et natum rebus agendis.
Musa dedit fidibus divos puerosque deorum
Et pugilem victorem et equum certamine primum
85 Et juvenum curas et libera vina referre.
Descriptas servare vices operumque colores
Cur ego si nequeo ignoroque poëta salutor?
Cur nescire pudens prave quam discere malo?
Versibus exponi tragicis res comica non volt;
90 Indignatur item privatis ac prope socco
Dignis carminibus narrari cena Thyestæ.
Singula quæque locum teneant sortita decenter.
Interdum tamen et vocem comœdia tollit,
Iratusque Chremes tumido delitigat ore;
95 Et tragicus plerumque dolet sermone pedestri.
Telephus et Peleus, cum pauper et exsul uterque
Proicit ampullas et sesquipedalia verba,
Si curat cor spectantis tetigisse querella.
Non satis est pulchra esse poëmata; dulcia sunto
100 Et quocumque volent animum auditoris agunto.
Ut ridentibus arrident, ita flentibus adsunt
Humani voltus: si vis me flere, dolendum est
Primum ipsi tibi; tunc tua me infortunia lædent,
Telephe vel Peleu: male si mandata loqueris,

79. E. 1. 19. 23.
C. 1. 16. 2.
soc. E. 2. 1. 174.
cot. C. 2. 1. 12.
S. 1. 5. 64.

83. C. 4. 2. 10–24.
1. 12. 1.

lib. C. 1. 4. 89.

pud. S. 2. 3. 39.

Thy. C. 1. 16. 17.

94. S. 1. 4. 48.
ped. S. 2. 6. 17.
Tel. Ep. 17. 8.
amp. E. 1. 3. 14.

81. populares. 97. projicit. 101. adflent.
102. ? dolendumst. 103. tum.

Aut dormitabo aut ridebo. Tristia mæstum 105
Voltum verba decent, iratum plena minarum,
Ludentem lasciva, severum seria dictu.
Format enim natura prius nos intus ad omnem
Fortunarum habitum; juvat aut impellit ad iram
Aut ad humum mærore gravi deducit et angit; 110
Post effert animi motus interprete lingua.
Si dicentis erunt fortunis absona dicta,
Romani tollent equites peditesque cachinnum.
Intererit multum divusne loquatur an heros,
Maturusne senex an adhuc florente juventa 115
Fervidus, et matrona potens an sedula nutrix,
117. C. 1. 1. 11–16. Mercatorne vagus cultorne virentis agelli,
Colchus an Assyrius, Thebis nutritus an Argis.
Aut famam sequere aut sibi convenientia finge.
Scriptor honoratum si forte reponis Achillem, 120
121. C. 4. 6. 17. Impiger, iracundus, inexorabilis, acer,
Jura neget sibi nata, nihil non arroget armis.
Sit Medea ferox invictaque, flebilis Ino,
Perfidus Ixion, Io vaga, tristis Orestes.
Si quid inexpertum scenæ committis et audes 125
Personam formare novam, servetur ad imum,
Qualis ab incepto processerit, et sibi constet.
Difficile est proprie communia dicere; tuque
129. E. 2. 1. 225. Rectius Iliacum carmen deducis in actus,
Quam si proferres ignota indictaque primus. 130
Publica materies privati juris erit, si
Non circa vilem patulumque moraberis orbem,
Nec verbo verbum curabis reddere fidus

114. Davusne.   116. an....an.   128. ? difficilest.

ARS POETICA.

    Interpres, nec desilies imitator in artum,
135 Unde pedem proferre pudor vetet aut operis lex.
    Nec sic incipies, ut scriptor cyclicus olim:
    ' Fortunam Priami cantabo et nobile bellum.'
    Quid dignum tanto feret hic promissor hiatu?   *pro. v.* 45.
    Parturiunt montes, nascetur ridiculus mus.
140 Quanto rectius hic, qui nil molitur inepte:
    ' Dic mihi, Musa, virum, captae post tempora Trojae   141. E. 1. 2. 19.
    ' Qui mores hominum multorum vidit et urbes.'
    Non fumum ex fulgore, sed ex fumo dare lucem
    Cogitat, ut speciosa dehinc miracula promat,   *spe.* E. 2. 2. 116.
145 Antiphaten Scyllamque et cum Cyclope Charybdin;
    Nec reditum Diomedis ab interitu Meleagri,
    Nec gemino bellum Trojanum orditur ab ovo.
    Semper ad eventum festinat et in medias res
    Non secus ac notas auditorem rapit et, quae
150 Desperat tractata nitescere posse, relinquit,
    Atque ita mentitur, sic veris falsa remiscet,
    Primo ne medium, medio ne discrepet imum.
    Tu, quid ego et populus mecum desideret, audi:
    Si plausoris eges aulaea manentis et usque   *aul.* E. 2. 1. 189.
155 Sessuri, donec cantor Vos plaudite dicat,   *ses.* E. 2. 2. 130.
    Aetatis cujusque notandi sunt tibi mores,
    Mobilibusque decor naturis dandus et annis.
    Reddere qui voces jam scit puer et pede certo
    Signat humum, gestit paribus colludere et iram
160 Colligit ac ponit temere et mutatur in horas.
    Imberbus juvenis tandem custode remoto

    136. cyclius.   139. parturient.   141. moenia.
                      157. Nobilibus, *B*.

apr. C. 1. 8. 3.	Gaudet equis canibusque et aprici gramine campi,
cer. E. 2. 2. 8.	Cereus in vitium flecti, monitoribus asper,

Utilium tardus provisor, prodigus æris,
Sublimis cupidusque et amata relinquere pernix.   165
Conversis studiis ætas animusque virilis
Quærit opes et amicitias, inservit honori,
Commisisse cavet quod mox mutare laboret.
Multa senem circumveniunt incommoda, vel quod

quæ. S. 1. 1. 92. Quærit et inventis miser abstinet ac timet uti,   170
E. 1. 7. 57.
Vel quod res omnes timide gelideque ministrat,
Dilator, spe longus, iners, avidusque futuri,
Difficilis, querulus, laudator temporis acti
Se puero, castigator censorque minorum.
Multa ferunt anni venientes commoda secum ;   175

175. E. 2. 2. 55. Multa recedentes adimunt. Ne forte seniles
Mandentur juveni partes pueroque viriles,
Semper in adjunctis ævoque morabimur aptis,
Aut agitur res in scenis aut acta refertur.
Segnius irritant animos demissa per aurem,   180
Quam quæ sunt oculis subjecta fidelibus, et quæ
Ipse sibi tradit spectator: non tamen intus
Digna geri promes in scenam, multaque tolles
Ex oculis, quæ mox narret facundia præsens.
Ne pueros coram populo Medea trucidet,   185
Aut humana palam coquat exta nefarius Atreus,
Aut in avem Procne vertatur, Cadmus in anguem.
Quodcumque ostendis mihi sic, incredulus odi.
Neve minor neu sit quinto productior actu

rep. S. 1. 10. 39. Fabula, quæ posci volt et spectata reponi;   190

172. pavidusque, *Bent.*   178. morabitur.

ARS POETICA.

Nec deus intersit, nisi dignus vindice nodus
Inciderit; nec quarta loqui persona laboret.
Actoris partes chorus officiumque virile
Defendat, neu quid medios intercinat actus,
195 Quod non proposito conducat et hæreat apte.
Ille bonis faveatque et consilietur amice,
Et regat iratos et amet pacare tumentes;
Ille dapes laudet mensæ brevis, ille salubrem   *bre.* E. 1. 14. 35.
Justitiam legesque et apertis otia portis;   *ap. po.* C. 3. 5. 23.
200 Ille tegat commissa deosque precetur et oret,
Ut redeat miseris, abeat fortuna superbis.
Tibia non, ut nunc, orichalco vincta tubæque
Æmula, sed tenuis simplexque foramine pauco
Adspirare et adesse choris erat utilis atque
205 Nondum spissa nimis complere sedilia flatu;   *spi.* E. 1. 19. 41.
                                                                                             2. 1. 60.
Quo sane populus numerabilis utpote parvus
Et frugi castusque verecundusque coïbat.   *fru.* S. 2. 5. 81.
                                                                                             1. 3. 49.
Postquam cœpit agros extendere victor et urbes
Latior amplecti murus vinoque diurno   *diu.* C. 1. 1. 20.
                                                                                                2. 3. 7.
                                                                                               E. 1. 19. 11.
210 Placari Genius festis impune diebus,   *Gen.* E. 2. 1. 144.
Accessit numerisque modisque licentia major;
Indoctus quid enim saperet liberque laborum   *lib.* C. 3. 17. 16.
Rusticus urbano confusus, turpis honesto?
Sic priscæ motumque et luxuriem addidit arti
215 Tibicen traxitque vagus per pulpita vestem;   *vag.* S. 2. 4. 77.
Sic etiam fidibus voces crevere severis,
Et tulit eloquium insolitum facundia præceps,
Utiliumque sagax rerum et divina futuri
Sortilegis non discrepuit sententia Delphis.

    196. amicis.   197. peccare timentes.

Carmine qui tragico vilem certavit ob hircum, 220
Mox etiam agrestes Satyros nudavit et asper
Incolumi gravitate jocum temptavit eo, quod
Illecebris erat et grata novitate morandus
Spectator functusque sacris et potus et exlex.
Verum ita risores, ita commendare dicacis 225
Conveniet Satyros, ita vertere seria ludo,
Ne quicumque deus, quicumque adhibebitur heros,
Regali conspectus in auro nuper et ostro,
Migret in obscuras humili sermone tabernas,
Aut, dum vitat humum, nubes et inania captet. 230
Effutire levis indigna Tragœdia versus,

mov. E. 2. 2. 125.   Ut festis matrona moveri jussa diebus,
C. 2. 12. 17.   Intererit Satyris paulum pudibunda protervis.
Non ego inornata et dominantia nomina solum
Verbaque, Pisones, Satyrorum scriptor amabo; 235

col. v. 86.   Nec sic enitar tragico differre colori,
Ut nihil intersit, Davusne loquatur et audax
Pythias emuncto lucrata Simone talentum,
An custos famulusque dei Silenus alumni.
Ex noto fictum carmen sequar, ut sibi quivis 240
Speret idem, sudet multum frustraque laboret
Ausus idem: tantum series juncturaque pollet,
Tantum de medio sumptis accedit honoris.'
Silvis deducti caveant me judice Fauni,
Ne velut innati triviis ac paene forenses 245
Aut nimium teneris juventur versibus umquam,
Aut immunda crepent ignominiosaque dicta;
Offenduntur enim, quibus est equus et pater et res,

225. dicaces.   231. leves.

ARS POETICA.

    Nec, si quid fricti ciceris probat et nucis emptor,   *cic.* S. 1. 6. 115.
250 Æquis accipiunt animis donantve corona.   2. 3. 182.
    Syllaba longa brevi subjecta vocatur ïambus,   *ïam.* C. 1. 16. 3.
    Pes citus; unde etiam trimetris accrescere jussit
    Nomen iambeis, cum senos redderet ictus   *ict.* C. 4. 6. 36.
    Primus ad extremum similis sibi. Non ita pridem,
255 Tardior ut paulo graviorque veniret ad aures,
    Spondeos stabilis in jura paterna recepit
    Commodus et patiens, non ut de sede secunda
    Cederet aut quarta socialiter. Hic et in Acci   *Acc.* E. 2. 1. 56.
    Nobilibus trimetris apparet rarus et Enni
260 In scenam missos cum magno pondere versus
    Aut operæ celeris nimium curaque carentis
    Aut ignoratæ premit artis crimine turpi.
    Non quivis videt immodulata poëmata judex,
    Et data Romanis venia est indigna poëtis.
265 Idcircone vager scribamque licenter? an omnis
    Visuros peccata putem mea, tutus et intra
    Spem veniæ cautus? Vitavi denique culpam,
    Non laudem merui. Vos exemplaria Græca
    Nocturna versate manu, versate diurna.
270 At vestri proavi Plautinos et numeros et
    Laudavere sales: nimium patienter utrumque,
    Ne dicam stulte, mirati, si modo ego et vos
    Scimus inurbanum lepido seponere dicto
    Legitimumque sonum digitis callemus et aure.
275 Ignotum tragicæ genus invenisse Camenæ
    Dicitur et plaustris vexisse poëmata Thespis,   *The.* E. 2. 1. 160.

---

256. stabiles.   260. magno cum.   264. ? veniast.
                     265. ut omnes.

Quae canerent agerentque peruncti faecibus ora.
Post hunc personae pallaeque repertor honestae
Aeschylus et modicis instravit pulpita tignis

cot. C. 2. 1. 12. Et docuit magnumque loqui nitique cothurno. 280
com. S. 1. 4. 2.   Successit vetus his comoedia, non sine multa
Laude; sed in vitium libertas excidit et vim
Dignam lege regi; lex est accepta chorusque
Turpiter obticuit sublato jure nocendi.
Nil intemptatum nostri liquere' poetae, 285
Nec minimum meruere decus, vestigia Graeca
Ausi deserere et celebrare domestica facta,
Vel qui praetextas vel qui docuere togatas.
Nec virtute foret clarisve potentius armis
Quam lingua Latium, si non offenderet unum 290

lim. S. 1. 10. 65. Quemque poëtarum limae labor et mora. Vos, O
Pompilius sanguis, carmen reprehendite, quod non

lit. E. 2. 1. 167. Multa dies et multa litura coercuit atque
Perfectum decies non castigavit ad unguem.

295. S. 1. 4. 43.   Ingenium misera quia fortunatius arte 295
san. E. 1. 19. 3. Credit et excludit sanos Helicone poetas
Democritus, bona pars non ungues ponere curat,
Non barbam, secreta petit loca, balnea vitat.
Nanciscetur enim pretium nomenque poetae,

Ant. S. 2. 3. 83; 166. Si tribus Anticyris caput insanabile numquam 300
Tonsori Licino commiserit. O ego laevus,
Qui purgor bilem sub verni temporis horam!
Non alius faceret meliora poëmata: verum
Nil tanti est. Ergo fungar vice cotis, acutum

277. faecibus atris.   292. reprendite.
294. praesectum; deciens.   304. ? tantist.

ARS POETICA.

305 Reddere quæ ferrum valet, exsors ipsa secandi;
Munus et officium nil scribens ipse docebo,
Unde parentur opes, quid alat formetque poëtam;
Quid deceat, quid non; quo virtus, quo ferat error.
Scribendi recte sapere est et principium et fons:
310 Rem tibi Socraticæ poterunt ostendere chartæ,   *Soc.* C. 1. 29. 14.
Verbaque provisam rem non invita sequentur.   3. 21. 9.
    S. 2. 3. 11.
Qui didicit, patriæ quid debeat et quid amicis,
Quo sit amore parens, quo frater amandus et hospes,
Quod sit conscripti, quod judicis officium, quæ
315 Partes in bellum missi ducis, ille profecto
Reddere personæ scit convenientia cuique.
Respicere exemplar vitæ morumque jubebo
Doctum imitatorem et vivas hinc ducere voces.
Interdum speciosa locis morataque recte
320 Fabula, nullius veneris, sine pondere et arte,   *pon.* E. 2. 2. 112.
Valdius oblectat populum meliusque moratur
Quam versus inopes rerum nugæque canoræ.   *nug.* S. 1. 9. 2.
Grais ingenium, Grais dedit ore rotundo   E. 1. 19. 42.
    or. S. 1. 4. 43.
Musa loqui, præter laudem nullius avaris.
325 Romani pueri longis rationibus assem
Discunt in partes centum diducere. Dicat
Filius Albini, Si de quincunce remota est
Uncia, quid superat? Poteras dixisse. Triens. Eu!
Rem poteris servare tuam. Redit uncia, quid fit?
330 Semis. At hæc animos ærugo et cura peculi   *æru.* S. 1. 4. 101.
Cum semel imbuerit, speramus carmina fingi
Posse linenda cedro et levi servanda cupresso?

309. ? saperest.   318. veras.   323. Graiis.
327. ? remotast.   328. poterat.   330. an.

Aut prodesse volunt aut delectare poëtæ,
Aut simul et jucunda et idonea dicere vitæ.
Quidquid præcipies, esto brevis, ut cito dicta 335
Percipiant animi dociles teneantque fideles;
Omne supervacuum pleno de pectore manat.
Ficta voluptatis causa sint proxima veris,
Nec quodcumque volet, poscat sibi fabula credi,
Neu pransæ Lamiæ vivum puerum extrahat alvo. 340
Centuriæ seniorum agitant expertia frugis,
Celsi prætereunt austera poëmata Ramnes:

pun. E. 2. 2. 99. Omne tulit punctum, qui miscuit utile dulci,
Lectorem delectando pariterque monendo:

345. E. 1. 20. 2. Hic meret æra liber Sosiis; hic et mare transit 345
Et longum noto scriptori prorogat ævum.
Sunt delicta tamen, quibus ignovisse velimus;
Nam neque chorda sonum reddit, quem volt manus et mens,
Poscentique gravem persæpe remittit acutum;
Nec semper feriet quodcumque minabitur arcus. 350
Verum ubi plura nitent in carmine, non ego paucis
Offendar maculis, quas aut incuria fudit
Aut humana parum cavit natura. Quid ergost?
Ut scriptor si peccat idem librarius usque,
Quamvis est monitus, venia caret; ut citharœdus 355
Ridetur, chorda qui semper oberrat eadem:

Chœ. E. 2. 1. 233. Sic mihi, qui multum cessat, fit Chœrilus ille,
Quem bis terve bonum cum risu miror; et idem
Indignor, quandoque bonus dormitat Homerus.
Verum operi longo fas est obrepere somnum. 360
Ut pictura, poësis: erit, quæ, si propius stes,

353. ergo est.

ARS POETICA. 301

    Te capiat magis, et quædam, si longius abstes.
    Hæc amat obscurum, volet hæc sub luce videri,
    Judicis argutum quæ non formidat acumen ;
365 Hæc placuit semel, hæc decies repetita placebit.
    O major juvenum, quamvis et voce paterna
    Fingeris ad rectum et per te sapis, hoc tibi dictum
    Tolle memor, certis medium et tolerabile rebus
    Recte concedi. Consultus juris et actor
370 Causarum mediocris abest virtute diserti
    Messallæ nec scit quantum Cascellius Aulus,   *Mes.* S. 1. 6. 42.
    Sed tamen in pretio est: mediocribus esse poetis   10. 29.
    Non homines, non di, non concessere columnæ.
    Ut gratas inter mensas symphonia discors
375 Et crassum unguentum et Sardo cum melle papaver
    Offendunt, poterat duci quia cena sine istis: 376. S. 2. 4. 86.
    Sic animis natum inventumque poëma juvandis,
    Si paulum summo decessit, vergit ad imum.
    Ludere qui nescit, campestribus abstinet armis,   379. E. 2. 1. 114.
380 Indoctusque pilæ discive trochive quiescit,   *pil.* S. 2. 2. 11.
    Ne spissæ risum tollant impune coronæ :   *tro.* C. 3. 24. 57.
    Qui nescit versus tamen audet fingere. Quidni ?   *cor.* E. 1. 18. 53.
    Liber et ingenuus, præsertim census equestrem   *equ.* E. 1. 1. 58.
    Summam nummorum vitioque remotus ab omni.
385 Tu nihil invita dices faciesve Minerva ;   *Min.* S. 2. 2. 3.
    Id tibi judiciumst, ea mens. Si quid tamen olim
    Scripseris, in Mæci descendat judicis auris   *Mæc.* S. 1. 10. 38.
    Et patris et nostras, nonumque prematur in annum,
    Membranis intus positis: delere licebit,   *mem.* S. 2. 3. 2.
390 Quod non edideris ; nescit vox missa reverti.   390. E. 1. 18. 71;
    20. 6.

365. deciens.   372. ? pretiost.   386. judicium est.   387. aures.

Silvestres homines sacer interpresque deorum
Caedibus et victu foedo deterruit Orpheus,
Dictus ob hoc lenire tigres rabidosque leones;

Amp. C. 3. 11. 2.
E. 1. 18. 41.
Dictus et Amphion, Thebanae conditor arcis,
Saxa movere sono testudinis et prece blanda 395
Ducere quo vellet. Fuit haec sapientia quondam,
Publica privatis secernere, sacra profanis,
Concubitu prohibere vago, dare jura maritis,
Oppida moliri, leges incidere ligno:
Sic honor et nomen divinis vatibus atque 400
Carminibus venit. Post hos insignis Homerus

mar. E. 1. 1. 64.
Tyrtaeusque mares animos in Martia bella
Versibus exacuit; dictae per carmina sortes,

404. E. 2. 1. 128.
gr. r. C. 3. 11. 6.
Et vitae monstrata via est; et gratia regum
Pieriis temptata modis, ludusque repertus 405

406. C. 1. 32. 14.
Et longorum operum finis: ne forte pudori

407. C. 4. 6. 25.
Sit tibi Musa lyrae solers et cantor Apollo.
Natura fieret laudabile carmen, an arte,

ren. C. 2. 18. 10.
Quaesitumst: ego nec studium sine divite vena,
Nec rude quid possit video ingenium; alterius sic 410
Altera poscit opem res et conjurat amice.
Qui studet optatam cursu contingere metam,
Multa tulit fecitque puer, sudavit et alsit,
Abstinuit Venere et vino; qui Pythia cantat
Tibicen, didicit prius extimuitque magistrum. 415

pan. E. 1. 18. 40.
Nec satis est dixisse: Ego mira poëmata pango;
Occupet extremum scabies; mihi turpe relinqui est
Et, quod non didici, sane nescire fateri.
Ut praeco, ad merces turbam qui cogit emendas,

394. urbis. 404. ? viast. 409. quaesitum est. 410. prosit.
416. non; nunc. 417. ? relinquist; est *om. B. S.*

ARS POETICA. 303

420 Assentatores jubet ad lucrum ire poëta
    Dives agris, dives positis in fenore nummis.
    Si vero est, unctum qui recte ponere possit
    Et spondere levi pro paupere et eripere atris
    Litibus implicitum, mirabor, si sciet inter-   *mir.* E. 1. 17. 26.
425 Noscere mendacem verumque beatus amicum.
    Tu seu donaris seu quid donare voles cui,
    Nolito ad versus tibi factos ducere plenum
    Lætitiæ; clamabit enim Pulchre! bene! recte!
    Pallescet super his, etiam stillabit amicis
430 Ex oculis rorem, saliet, tundet pede terram:
    Ut, qui conducti plorant in funere, dicunt
    Et faciunt prope plura dolentibus ex animo, sic
    Derisor vero plus laudatore movetur.   *der.* v. 452.
    Reges dicuntur multis urgere culullis   E. 1. 18. 11.
                                              cul. C. 1. 31. 11.
435 Et torquere mero, quem perspexisse laborant,   *tor.* E. 1. 18. 38.
    An sit amicitia dignus: si carmina condes,
    Numquam te fallant animi sub volpe latentes.
    Quintilio si quid recitares, Corrige sodes   *Qu.* C. 1. 18 et 24.
    Hoc, aiebat, et hoc; melius te posse negares,   *sod.* E. 1. 1. 62.
440 Bis terque expertum frustra, delere jubebat
    Et male tornatos incudi reddere versus.
    Si defendere delictum quam vertere malles,
    Nullum ultra verbum aut operam insumebat inanem,
    Quin sine rivali teque et tua solus amares.   444. E. 2. 2. 108.
445 Vir bonus et prudens versus reprehendet inertes,
    Culpabit duros, incomptis allinet atrum
    Transverso calamo signum, ambitiosa recidet   *rec.* S. 1. 10. 69.
    Ornamenta, parum claris lucem dare coget,

        422. ? verost.   435. laborent.   437. fallent; latentis.
                438. Quinctilio.   447. traverso.

Q. HORATI FLACCI ARS POETICA.

	Arguet ambigue dictum, mutanda notabit,	
450. E. 2. 2. 110.	Fiet Aristarchus; non dicet: Cur ego amicum	450
	Offendam in nugis? Hæ nugæ seria ducent	
	In mala derisum semel exceptumque sinistre.	
	Ut mala quem scabies aut morbus regius urget	
	Aut fanaticus error et iracunda Diana,	
ves. v. 296.	Vesanum tetigisse timent fugiuntque poëtam,	455
E. 1. 19. 3.	Qui sapiunt; agitant pueri incautique sequuntur.	
	Hic, dum sublimis versus ructatur et errat,	
	Si veluti merulis intentus decidit auceps	
	In puteum foveamve, licet, Succurrite, longum	
	Clamet, Io cives! non sit, qui tollere curet.	460
	Si curet quis opem ferre et demittere funem,	
	Qui scis, an prudens huc se projecerit atque	
	Servari nolit? dicam, Siculique poëtæ	
	Narrabo interitum: Deus immortalis haberi	
Em. E. 1. 12. 20.	Dum cupit Empedocles, ardentem frigidus Ætnam	465
	Insiluit. Sit jus liceatque perire poëtis;	
	Invitum qui servat, idem facit occidenti.	
	Nec semel hoc fecit, nec, si retractus erit, jam	
	Fiet homo et ponet famosæ mortis amorem.	
470. S. 2. 7. 117.	Nec satis apparet, cur versus factitet, utrum	470
	Minxerit in patrios cineres, an triste bidental	
	Moverit incestus: certe furit ac velut ursus	
	Objectos caveæ valuit si frangere clathros,	
474. S. 1. 3. 89.	Indoctum doctumque fugat recitator acerbus;	
	Quem vero arripuit, tenet occiditque legendo,	475
	Non missura cutem nisi plena cruoris hirudo.	

456. secuntur.   462. dejecerit.

Spottiswoode & Co., Printers, New-street Square and 30 Parliament Street.